The people I met.

내가 만난 사람들

김성락 장편소설

쿰란출판사

프/롤/로/그

    강나루 건너서 밀밭 길을 구름에 달 가듯이 가는 나그네 인생길인데 우리가 이 한생을 살면서 오고 가는 수많은 사람들과의 만남과 부대낌 속에서 제각기 한 날 한 날을 보내고 있다. 이 점에 대하여 생각할 제, 장수시대를 감안한다고 치자. 넉넉잡고 어림잡아서, 아홉 밤이나 열 밤을 자고 가도록 허락을 받고 왔다면 지금 사람에 따라서는 이제 한두 밤을 자고 아직도 여덟 밤이나 아홉 밤을 남겨 둔 푸르른 청춘들도 있을 터이고 아님 절반을 살아 다섯 밤을 지났는데도 불구하고 아직도 그만큼의 날들을 남겨 둔 중년도 무수할 것이고 어쩜 이 나그네처럼 예닐곱 밤을 자고 나서 이제 남은 날이라야 고작 두세 밤을 남겨 둔 이들도 즐비할 것이다.

    근본 '인생'이란 게 내가 서둘러 먼저 가고 싶다고 하여도 내 맘대로 앞질러 갈 수 있는 것도 아니고 혹은 더디게 가고 싶다고 하여도 무상하게 흐르는 세월을 역류하여 거역할 수도 없는 노릇이니 자신의 현실을 직시하여 타협적으로 잘 받아들이는 여유와 폭넓은 지혜가 필요하리라고 본다. 결코 새삼스러운 일은 아니련만 소설가 박경리께서 "다시 젊어지고 싶지 않다. 모진 세월 가고…. 아, 편하다. 늙어서 이렇게 편한 것을, 버리고 갈 것만 남아서 참 홀가분하다"라고

했다든지 또 다른 작가 박완서의 독백에 "다시 젊어지고 싶지 않다. 하고 싶지 않은 것을 안 할 수 있는 자유가 얼마나 좋은데, 젊음과 바꾸겠는가"라는 생각도 의미 있게 마음에 담아 둘 필요가 있으리라고 본다.

  물론 젊은이들이야 앞길이 구만 리 같은데 이런 사색을 하는 동안에 더욱 진취적이고 창조적인 삶을 도모하고 꿈을 꿔야 되겠지만 박완서는 심지어 생의 문제에까지 거론하며 "다시 태어나고 싶지 않다. 살아오면서 볼 꼴, 못 볼 꼴 충분히 봤다. 한 번 본 거 두 번 다시 보고 싶지 않다"라고 초연하게 언급하고 갔기 때문에 나로서도 그녀의 미련 없고 후회 없는 당찬 기백을 따르고픈 심정이다.

  그동안 칠십 평생을 살아오는 동안, 남의 앞길 가로막고 해코지하고 억지 생떼를 쓰거나 진상 노릇하는 사람이 왜 없었겠는가마는 그래도 하나같이 말하듯이 '인복(人福)이 많아서 대부분 좋은 사람을 만났고 복에 겨웁게 귀한 분들을 만나서 마냥 기쁘기도 했고 황홀했고 행복했있노라'고 회고해 보는 중이다.

  그래서 나는 다음과 같은 자작시를 마음에 새겨 두고 살아왔다.

너와 나의 인생

대체 우리에게 인생이란 무엇이드냐
너와 나의 생명이 누리는 삶이 아니던가
그 길 가면서 달리 더 바랄 게 무에런가!

행복을 머나 멀리 찾아갈 것 아니었어!
사랑하는 가족들과 정겨운 이웃들이
한데 어울려 살고지면 그게 곧 행복이지!

대체 행운도 내 생애 별난 게 아니었어!
중병 없고 괴롬 없이 유유자적한다면
그게 바로 다행이 아니고 무에런가!

기적도 생애 중에 특별한 게 아니었어!
별일 없이 큰 탈 없이 그날이 지나가면
그게 바로 기적이 아니고 무에런가!

게다가 축복 또한 요원한 것 아니었어!
맘 편하고 건강하고 근심 걱정 없다면
그게 바로 축복이 아니고 무에런가!

그렇다. 사람은 자기가 마음먹은 만큼 행복해질 수 있다고 했고, 더불어 자기가 행복하다고 여기지 않고서는 타인도 결코 행복하게 하거나 행복으로 안내할 수도 없다고 했으니 극히 자기중심적인 태도같이 보일지 몰라도 그건 아니라고 보는 것이, 항상 이런 생각이 불현듯 스치기 때문이다.

보아하니 짐 없는 사람이 없고, 병 없는 사람이 없고, 탈 없는 사람이 없고, 문제없는 사람이 없고, 상처 없는 사람이 없으니, 우리네 인생이 이러함에도 불구하고 너와 나의 인생이란 마음먹기에 따라 다른 것이니 행복이나 행운이나 기적이나 축복이나 요행이나 다행이나 머나먼 길 찾아 헤맬 것 전혀 없고 내 안에서 찾아야 할 것이고, 어떤 구비된 조건의 수를 늘려가기보다는 어떤 욕망을 줄이는 데에서 비롯된다는 짐에 치중하고픈 것이다.

사랑하는 독자들에게 이 글이 작은 위로나 도움이라도 된다면 이에서 더 바랄 것이 없겠다.

　나는 덧없고 부질없는 이 세상에 날 때 그저 스쳐 지나가는 길손마냥 한 나그네로 왔다. 이처럼 나그네로 여정(旅程)을 걷는 동안 김우진이나 윤심덕처럼 '사(死)의 찬미(讚美)'를 부르고 현해탄에 뛰어드는 염세주의(厭世主義) 사상을 갖거나 비관주의자가 되어 살기보다는 천상병 시인(詩人)처럼 세상살이를 어느 한 날의 소풍처럼 여기는 해맑은 영혼의 소유자가 되어 가능하면 낭만적(浪漫的)으로 생각하며 크게 거침없는 자유인(自由人)으로 살아가고 싶었던 게다.

　그리하여 내게 주어진 인생살이를 비록 고달프고 힘들 때가 있더라도 너그럽게 인정하고 진솔하게 받아들여서 흡사 고독한 방랑자(放浪者)가 아닌 노래하는 순례자(巡禮者)로 살아가고픈 마음이 더욱 역력하였던 것이다. 지금까지 이렇게 살아오면서 느끼거나 겪은 것, 아니면 여기저기서 사람들을 만나 지나온 이야기를 이제 풀어내 보고자 하는 것이다.

　길가에 다소곳이 피어난 작은 풀 한 포기에도 사연이 있고 모든 인생마다 제각기 나름대로의 소설(小說)이 있다고 하였으니 이제 내 나이 칠십을 바라보며 옛일을 회고해 보려는 것이다.

"태초(太初)에 하나님이 천지를 창조하시니라"고 하신 구약성경 창세기 1장 1절의 말씀대로 전능하신 하나님께서 삼라만상(參羅萬像) 우주만물(宇宙萬物)을 창조하셨고 천하만민(天下萬民) 억조창생(億兆蒼生)을 지으셨다. 그러므로 우리는 사람들을 만나기 전에 맨 처음 하나님을 먼저 만났고, 하나님의 명하심에 따라 하나님의 창조 사역에 동참하여 우리를 세상에 나게 해주신 부모(父母)를 만났다. 그리하여 세상에 나와 수많은 사람을 만나 그들과 상종하며 살아가고 있다.

"내가 만난 하나님"이라고 하면 이는 자신의 신앙고백이 되겠는데 "내가 만난 사람들"이라고 하면 이는 자신의 인생 이야기가 될 것이라고 여긴다. 나는 과거에 '간증문 작품대회'에 나가서 당선되어 작품이 지상에 발표된 바도 있었다. 또한 내가 심사위원이 되어 타인들의 작품을 심사하여 우승자를 가리는 일도 하였다. 그러나 이번에는 나의 자서전이나 회고록과도 같은 의미에서 지금껏 인생을 살아오면서 만나고 헤어지고, 또 헤어졌다가 다시 만난 수없이 많은 사람들과의 만남과 이별 사이에 있었던 일들을 나누고 싶어졌다.

이것은 먼 훗날 내가 지상을 떠나 또 다른 별나라로 옮겨 가더라도 사랑하는 독자들과 가족들이 남아 있기 때문에 그들에게도 무언가 남기고 싶은 이야기들이 모여진 책이 되리라고 본다. 사실을 벗어나 소설을 쓰고 싶지는 않지만 그러나 사실을 기록하다가도 인간의 한계가 있기 때문에 소설화(小說化)해야 작가(作家)로서 더 자유로이 작품을 써 내려갈 수 있다고 생각했다. 그러니까 대부분의 내용은 작가가 겪은 실화(實話)이지만 행여라도 조금은 더 나아가는 경우가 발생하기 때문에 소설이라는 말이 나오는 것뿐이지 실제로는 소설이 아니라는 말이다. 이 점을 염두하고 독자들께서 작품을 대해 주었으면 하는 바람이 있다. 그러니까 독자마다 입장과 시각과 판단이 제각기 다를 테니 '이건 실화로구나!' 싶으면 실화로 읽어 주시고 반면에 '이건 소설이구나!'라고 느껴지면 그 부분은 글을 읽는 여러분께서 소설의 독자가 되어 주시기를 바라는 마음이다.

과거에 소설가로서 '법당에도 계신 예수'나 '실로암' 혹은 '재회(再會)'나 '아름다운 추억 이야기', '하늘로 날아간 내 동생', '어떤 의사의 오진', '어떤 해후(邂逅)'라는 소설을 지상에 내놓았지만 이 또한 실화

장편소설이었듯이 여기 '내가 만난 사람들'이란 작품도 그런 마음으로 저술했으니 그렇게 가뿐하고 유쾌한 마음으로 책장을 넘겨가기를 바란다. 또한 독자들께 다소나마 읽을거리가 주어졌다면 이 또한 천만다행이라고 유쾌히 여길 생각이다. 이제 나는 이런 마음으로 차분하게 글을 써 나가도록 하겠다.

2022년 3월
김성락

차/례/

프롤로그 … 2

내가 만난 사람들!

1. 날 아끼고 사랑해 주시던 씨알 함석헌 선생 | 16
2. 구중궁궐 자택에서 만난 윤보선 전 대통령 | 22
3. 성균관대학교 총장 장을병 박사 | 28
4. 노래하는 음유시인 박인희 가수 | 34
5. 존경하고 그리운 연세대학교 부총장 김찬국 박사 | 40
6. 이승만 초대 대통령의 영부인 프란체스카 여사 | 46
7. '법당에도 계신 예수' 소설의 주인공 삼불(三不) 스님 | 52
8. 성경(聖經)을 선물하며 전도했던 이기택 총재 | 61

흘러가는 세월 속에!

9. 한국대학생선교회의 영원한 청년 김준곤 박사 | 68
10. 천재라 불리우던 MIT공대 출신 이태섭 박사 | 74
11. 당대 최고의 철학자 안병욱 선생 | 79
12. 언제나 그립고 보고픈 사랑하는 내 어머니 | 84
13. 부산 범어사(梵魚寺)의 법사(法師)였던 이명식 스님 | 92
14. 고려대학교 교수요 법학자였던 이문영 박사 | 100
15. 정일형 박사(이태영 박사)의 아들 정대철 의원 | 105
16. 성직자의 기풍을 지니고 살았던 최 훈 목사 | 110

강물같이! 시내같이!

17. 민주화 운동의 대부(代父) 홍남순 변호사 | 116
18. 이한열 열사의 모친 배은심 여사 | 121
19. 장편소설 '실로암'의 주인공 윤인한 사장 | 126

20. 만 권의 시집 소장, 백 권의 시인 용혜원 문우(文友) | 134
21. 기독교 세계관을 갖고 살았던 이원설 박사 | 139
22. 검찰청에서 임채진 검찰총장을 만나다 | 146
23. 김진표 종친(宗親) 국회의원과의 친분 | 152
24. 한완상 박사를 재야(在野)에서 만나다 | 158

웃으며 살까! 울면서 살까!

25. 축구선수 이영무와 차범근이 하나님을 만나다 | 166
26. 100세를 넘긴 노 철학자(老 哲學者) 김형석 교수 | 172
27. '죽으면 죽으리라'와 '죽으면 살리라'의 안이숙 여사 | 178
28. '품바극'의 원작자 김시라(金詩羅)와의 낭만계절 | 184
29. 충북 음성의 '꽃동네' 오웅진 신부와 함께하다 | 190
30. 청량리 '밥퍼'의 최일도 목사와 함께 서다 | 195
31. 어느 바보 청년이 이현숙 자매를 만나다! | 200
32. 강릉 '효도마을' 이무승 원장과 '선한 손길' 임기종 집사 | 209

자고 가는 저 구름아!

33. 김익두 목사의 외손(外孫)이라는 조영호 탈북자 형제 | 216
34. 혜수와 혜리를 만난 건 우리 가정의 큰 기쁨이었다 | 224
35. 한국교회의 성자(聖者)라 일컫던 한경직 목사 | 233
36. 성실하고 신실한 선교사의 표상(表象) 정도연 | 238
37. 어느 날 둘이 조용히 만났던 영산(靈山) 조용기 목사 | 243
38. 영국 '웨스트민스터 채플'에서 만난 캔달 박사 | 250
39. 세계 여행 중에 예루살렘에서 만난 론(RON) 형제 | 255
40. 이승만 박사의 수양아들 이인수 교수(敎授) | 260

에필로그 … 266
작가 소개 … 286

내가 만난 사람들!

1.
날 아끼고 사랑해 주시던
씨알 함석헌 선생

　가수 조영남이 김동건 아나운서, 김동길 박사와 함께 '낭만논객'(浪漫論客)이라는 방송 프로그램을 했다고 하면서 김동길 박사께 어려운 부탁이 있는데 들어주시겠느냐고 물으니 말해보라고 했다. 그러자 조영남이 말하기를 "저는 지금까지 살아오면서 만나보고 싶은 사람은 다 만나봤습니다. 그런데 단 한 분, 만나 뵙고 싶은데 못 만난 분이 있습니다" 하니까 그게 누구냐고 물었다. "'뜻으로 본 한국역사'의 저자 함석헌 선생님이십니다"라고 하자 "그건 문제가 아니다" 하면서 자신이 소개해 준다고 했다. 그런데 우물쭈물하다가 끝내 만나 뵙지 못하고 함석헌 옹이 세상을 뜨셨다는 것이었다. 그의 말대로 하자면 씨알 함석헌 선생은 아마도 조영남에게는 일종의 우상과 같은 존재였나 보다.
　그런데 필자는 그가 만나지 못했던 씨알 선생을 수차례 만나 뵙고 그분에게 역사적인 가르침도 받고 좋은 시간도 가질 수 있었다.

그래서 이 책을 펴내는 의욕적인 한 계기가 되었고 중요한 시발점이 되었다고나 할까. 함석헌 선생께서는 소년 시절에 의사가 되려고 했는데 뜻을 이루지 못하고 농부가 되려다가 농부가 되지 못하고 어부가 되려다가 고기를 한 마리도 못 잡았다. 그러다가 놀랍게도 의사와 농부 사이에 미술에 뜻을 두었다가 뜻을 이루지 못했다는 회고도 있었다.

원래 그분은 다석 유영모(多夕 柳永模) 선생에게서 배운 분이시다. 그는 한국의 교육자이자 종교인이었으며 오산학교에서 교사와 교장을 지냈고 톨스토이의 영향을 많이 받았다. 이런 분에게서 영향을 받은 탓에 함석헌 선생도 선각자의 뜻을 따라 '씨알'을 '씨' 이상으로 풀어 발전시켰으며 기독교, 노자, 불교, 톨스토이, 간디 등의 사상이 흘러내리고 있는 분이라고 말할 수 있다.

내가 어린 나이에 모순투성이인 세상에 눈을 떠서 사회운동이니 민주화니 인권운동이니 하면서 밖으로 나선 것이 함석헌(1901. 3. 13-1989. 2. 4) 선생을 만나게 된 계기가 되었다. 그분이 자택에 계시거나 혹은 몸이 불편하여 병원에 계실 때가 있었다. 혹은 수유리 4.19 묘지에서 뵙거나 종로에서 뵐 때도 있었는데 선생께서는 항상 '김성락'이라는 내 이름에 관심을 가져주셨다.

그것은 다름이 아니라 원조 김성락(金聖樂, 1904. 5. 22-1989. 8. 4)이라는 독립운동가이자 장로교회 목사가 주변에 계셨기 때문이었나 보더라. 1932년에 흥사단에 입단했고, 숭실대학교 교목과 교수를 역임하며 신사참배를 반대했으며 나중에는 숭실대학교 학장으로 있기도 했던 분인데, 함석헌 선생께서는 과분하게도 그분과 내 이름이 같다고 하여 늘 말씀하시기를, 김성락 목사는 참으로 훌륭한 분이었고 평양을 방문할 때면 김일성을 만나 식탁기도를 해주거나 북한에

1. 날 아끼고 사랑해 주시던 씨알 함석헌 선생

교회를 세우라고 권고하기도 했다는 것이다.

그러면서 함석헌 선생은 자주 나에게 말씀하시기를, "김성락 목사가 그렇게 훌륭하신 분이었으니 동명이인(同名異人)으로 같은 이름을 가진 제2의 김성락 목사께서도 교회뿐만이 아니라 나라와 민족을 위해서도 훌륭한 사람이 되시오!"라고 하시던 말씀이 아직도 귀에서 생생히 재생되어 들려오는 것만 같다.

지금도 나는 생각한다. 부족한 젊은이에게 걸맞지 않게 참으로 훌륭하신 민족의 지도자요 멋진 사상가(思想家)를 알고 지낼 수 있었다는 것과 그런 분과 대화를 나누고 교제를 할 수 있었다는 것이 지금 생각해도 가슴 뿌듯한 일이 아닐 수 없다.

요즘도 가끔씩 그 옛날을 더듬어 보다가 친구들과 대화하는 도중에 씨알 함석헌 선생에게서 배우기도 하고 서로 교제와 대화가 있었다고 말하면 주변에서는 그 전설(傳說) 같은 어르신을 어떻게 알게 되었느냐고 무척이나 신기해하는 이들이 많다. 더구나 이제 와서 알고 보니 숭실대학에서 학장을 지내시며 북한을 오가시던 김성락(1904-1989) 목사와 함석헌(1901-1989) 선생께서는 출생연도는 함석헌 선생이 세 살 위이지만 같은 해에 세상을 뜨신 것으로 기억된다.

내가 특히 함석헌 선생을 가까이하게 된 데에는 존경하는 나의 스승이신 목민(牧民) 고영근(高永根, 1933-2009. 9. 6) 목사의 영향이 크다. 물론 나 혼자서 그분을 만나 뵌 적도 있지만 주로 고영근 목사와 함께 함석헌 선생을 뵐 때가 더 많았기 때문에 함석헌 선생께서는 고영근 목사 곁에는 항상 젊은 김성락이 동행하고 있다는 것을 인식하고 계시는 듯하였다.

한번은 을지로에 있는 백병원에 노환으로 입원해 계셨는데 그때도 역시 나는 고영근 목사를 모시고 함석헌 선생의 병문안을 갔던 기억이 새삼스럽다. 그때 우리 세 사람은 당시의 암울하던 조국의 장래를 예견하며 누구라고 할 것도 없이 이심전심으로 서로가 마음 아파했다. 특히 함석헌 선생께서는 평소 당신의 마음에 품고 계시던 여러 가지 사상을 여과 없이 진솔하게 피력하시는 것이었다. 그 후 선생께서는 더 오래 생존해 계시지 못했고 88세를 일기로 생을 마감하셨다.

평소에 소박한 꿈을 꾸시어 의사가 되려 했지만 뜻을 이루지 못했고, 농부나 어부나 화가의 꿈을 가지셨는데 그는 한국사(韓國史)에 결코 과소평가할 수 없는 커다란 사상가로서의 족적을 남기고 가셨다. 다산 유영모 선생의 영향으로 퀘이커교도니 무교회주의자니 했어도 그의 자녀들은 기성교회에 나가 착실하게 신앙생활을 잘하고 있다는 선생의 말을 들을 수 있었다.

필자는 그를 다시 추념하며 그가 남긴 시 한 수를 재차 음미해 본다.

그 사람을 가졌는가

만 리(萬里) 길 나서는 길
처자(妻子)를 내맡기며
맘 놓고 갈 만한 사람
그 사람을 그대는 가졌는가

온 세상(世上) 다 너를 버려
마음이 외로울 때에도
'저 맘이야' 하고 믿어지는

1. 날 아끼고 사랑해 주시던 씨알 함석헌 선생

그 사람을 그대는 가졌는가

탔던 배 가라앉을 때
구명대(救命帶) 서로 사양하며
"너만은 제발 살아다오" 할
그 사람을 그대는 가졌는가

불의(不義)의 사형장(死刑場)에서
"다 죽여도 너희 세상 빛을 위해
저만은 살려 두거라" 일러 줄
그 사람을 그대는 가졌는가

잊지 못할 이 세상을 놓고 떠나려 할 때
"저 하나 있으니" 하며
빙긋이 웃고 눈을 감을
그 사람을 그대는 가졌는가

온 세상의 찬성(贊成)보다도
"아니" 하고 가만히 머리 흔들 그 한 얼굴 생각에
알뜰한 유혹(誘惑)을 물리치게 되는
그 사람을 그대는 가졌는가

그의 시는 대략 이런 것이었는데 그가 가신 후 33년이 지난 지금도 수많은 사람들이 이 시를 잊지 않고 찬찬히 기억하며 가슴으로 음미하고 생생히 암송하며 줄줄이 낭송하고 있다는 사실 자체만으로도 그 시가 끼친 선한 영향력(影響力)이 얼마나 지대하고 깊이 심겨진 역사의식(歷史意識)이 되었는지를 여실히 실감하게 된다. 그렇게 보면 그분이 지상을 떠나실 때 내 나이 겨우 삼십 대 중반이었으니 그분이 좀 더 지상에 남아 계시면서 우리들에게 훌륭한 스승이 되어 주셨더라면 나 자신에게나 우리 민족에게나 더욱 유익하고 좋았을 거라는 아쉬움이 여전히 애잔하게 남아있는 것이다.

2.
구중궁궐 자택에서 만난 윤보선 전(前) 대통령

나의 별명은 원래 '중 목사'였다. 왜 이 별명이 내 몫이 되었느냐 하면 절에서 수도하던 스님들이 개종해 오면 기독교방송국에서 내 연락처를 알려 주어 그들이 찾아와 함께 동숙(同宿)하며 살아왔기 때문이다. 맨 처음에 개종(改宗)해 온 사람은 김기일이란 스님이었는데 그는 4.19 혁명 당시 시민대표 여섯 명 중의 한 사람으로 뽑혔다. 그들은 경무대를 찾아가 이승만 대통령을 만났는데 각자 이승만 대통령 앞에서 한 마디씩 현 시국에 대하여 발언하기로 했다. 김기일은 대통령에게 이 모든 책임을 지고 하야(下野)하라고 권유하기로 되어 있었다. 그는 당당히 대통령 면전(面前)에서 대통령을 향하여 하야를 말했고 그 후 이승만은 "국민이 원한다면 물러나겠다" 하면서 결국 하야하게 되었다.

그 후 5.16 군사정변이 일어나 군부통치가 시작되어 박정희 의장으로부터 건국공로훈장을 받았지만 박정희 대통령이 다시 3선 개헌을 감행하는 등 여전히 유신독재의 길을 가게 되자 박정희에게 받았던 건국공로훈장을 부끄러워 더 이상 소지(所持)하고 있을 수 없다며 훈장을 총무처에 반납하고서 정신병자로 몰려 정치적인 핍박을 받았다. 그러던 중 서울 수유리에 있는 '불교 조계종 도선사' 사찰로 들어가 마침내 유명한 청담(靑潭) 스님의 제자가 되었고 '삼불(三不)'이라는 법명을 그에게서 받아 12년 동안 스님 생활을 했다.

그가 절을 옮겨 여주 신륵사에서 법당에 앉아 염불을 하던 중 석가모니 부처님은 간데없고 그 자리에 하얀 성의(聖衣)를 입으신 예수님이 나타나 "거짓 신을 버리고 주 예수를 믿으라"고 하는 외침을 듣고 곧바로 하산(下山)하여 속세로 내려오게 되었다. 그때 그는 어디로 누구를 찾아가야 좋을지 숙고하던 끝에 이리저리 찾아 헤매다가 마침 비교종교학을 강의하고 불교에 관심이 많은 한 젊은 목사가 있다는 소식을 듣고 나를 찾아왔다. 그와 함께 기거(起居)하며 성경공부를 하게 되었고, 그 후 신학교(神學校)에 보내 수학(修學)하게 하는 등 도왔다.

삼불 스님은 스님이 되기 전 경무대도 찾아갔지만 당시 4.19 혁명 동지들이 정계에 많이 들어와서 활동하고 있었고 교분(交分)의 폭이 두터운 터라 그이와 함께 이기택, 유일라, 이세기, 이태섭, 설송웅, 김대중, 김영삼 등 여러 사람을 만나게 되었다. 그런 차원에서 만난 또 한 분이 바로 윤보선 전 대통령이다.

그날 나는 김기일과 함께 안국동에 위치한 윤보선(1897-1990, 前 대통령)의 자택을 방문하였다. 그의 자택은 그야말로 구중궁궐(九重宮闕)이었으며 두말할 것 없이 으리으리한 저택이었다. 아흔아홉 칸까지는 몰라도 30내 초반의 청년인 나는 이런 어마어마한 저택 방문은 생전 처음 해 보는 가히 놀랄 만한 경험이었다.

집 안에 들어서자 먼저 공덕귀 여사께서 우릴 반가이 맞아 주었다. 물론 그는 전직 대통령이기도 하지만 1970년대 민주화 운동에 헌신했기 때문에 이런 점이 그를 찾는 계기가 된 것이었다. 또한 공덕귀 여사께서도 교육자요 사회운동가로서 명동이나 종로 등지에서 만난 적이 있었다.

이런 부인의 안내를 받아 들어가서 차를 마시고 막상 윤보선 대통령을 만난 곳은 드넓은 저택에 비하여 결코 넓어 보이지 않는 작은 방이었다. 나와 김기일은 전직 대통령 내외분과 함께 작은 방에 앉았고, 먼저 김도연이 대한민국의 현 시국에 대한 불만이나 부당함을 토로하며 잠시 정치적인 대화가 이어졌다. 이러한 대화는 그리 오래가지 않았고 하던 말을 끊은 다음, 그는 가는 곳마다 그렇게 하더니 거기서도 예외는 아니었다.

"각하! 보시다시피 여기 젊은 목사 한 사람을 모셔왔습니다. 저는 이분의 아버지뻘이 되는 나이지만 영적(靈的)으로는 이분이 저의 아버지요 스승이십니다. 저는 몇 해 전 절에서 하산하여 이제 신앙의 나이는 여섯 살입니다. 이분이 저의 신앙을 지도하고 있고 또한 저를 총신대학교 신학대학원에 입학시켜 주어서 지금은 유명한 신학자가 즐비한 그곳에서 김희보 박사, 차영배 박사, 박아론 박사 등에게서 신학을 배우고 있습니다. 앞으로 저는 스님이 개종하여 목사가 되는 반열에 서고 싶습니다. 이미 명진홍, 김진규 목사 등이 스님에서 목사로 재직하고 있는데 저도 그런 사람이 되고 싶습니다. 영부인 공덕귀 여사님도 교회 권사님이시고 또한 과거에는 전도사 사역도 하셨다고 들었습니다. 나이는 젊지만 우리 김성락 목사께서 이 가정을 위하여 기도하는 시간을 가졌으면 좋겠습니다."

아마 대략 이렇게 소개하는 듯 회상이 된다.

곁에서 이 말을 듣고 있던 나로서는 김기일 자신이 신학을 수학하고 목회자가 되겠다고 한 말은 좋았다. 하지만 나이가 어린 나를 향한 도에 지나치는 과찬(過讚)에 대해서는 참으로 난감하고 민망한 지경에 이르게 되었다. 함께 다녀보면 김기일은 우렁찬 목소리와 상대나 청중을 압도하는 카리스마가 뛰어나지만 때로는 너무 비약적이거나 침소봉대(針小棒大)하는 발언도 가끔 있어 다소 불안하고 좌불안석(坐不安席)인 경우가 더러 있었다.

그러자 이 말을 듣고 있던 윤보선 대통령께서 마치 기다렸다는 듯이 대뜸 하시는 말씀이 "우리 집에 목사님이 오셨으니 내 머리에 손을 얹고 기도해 주세요!"라고 하는 것이었다. 그렇게 되니까 아마도 그때 내 나이 겨우 서른두 살쯤 되었을 때이니 이중으로 당황하게 되었다. 김기일의 소개도 그러하였고 대통령의 기도 요청까지 듣고 보니 더욱 난감했다.

그때 나는 바로 손사래를 치며 극구 사양(辭讓)하였다.

"물론 예우도 좋고 호의도 좋지만 사양하겠습니다. 너그러이 혜량(惠亮)해 주십시오. 저는 그냥 한 교회의 젊은 목사일 뿐이지 아직 능력 있는 성직자도 아니요 그럴만한 그릇도 못 됩니다. 그냥 윤보선 전(前) 대통령을 뵈옵고 가는 것만으로도 황송할 따름입니다."

이런 식으로 거듭 거절하고자 하였지만 당시 방 안의 분위기는 그렇게 끝내도 될 상황이 아니었다. 하는 수 없이 나는 인간적인 생각보다는 하나님의 종으로서의 사명을 자각(自覺)하여 그들의 제안을 받아들여 요구하는 대로 전능하신 하나님께 당당히 기도하는 수밖에 달리 도리가 없었다. 아니 기왕 기도해야 될 자리에서 마지못하여 타의로 하는 셋이 아니라 신심(信心)을 빌휘하여 특유의 허스키 보이스로 당차게 확신(確信)을 가지고 기도를 드리고 돌아오게 되었다는 사실만큼은 지금 생각해도 마음이 들떠서 울렁거리고 벌렁거리는 일이었다. 그 자리에 함께한 공덕귀 여사께서도 마땅히 좋아하고 만족해하는 모습이 역력하였다.

나중에 알게 된 일이지만 윤보선, 공덕귀 두 분의 자제 가운데는 장남 윤상구(1949, 기업인, 사회사업가)와 차남 윤동구(1952, 대학 교수, 설치미술가)가 있는데 나에게는 이 두 분 모두 손위 형이다. 그러니까 이 분들은 자신의 두 아들보다 더 나이가 어린 손아래의 젊은이에게 자신을 위해 기도해 달라는 요청해온 겸손한 신앙인의 모습을 보여 준 것이었다.

그 후 몇 해가 지나 윤보선 대통령도 94세를 일기로 서거(逝去)하여 그의 신앙을 따라 하늘나라로 옮겨가게 되었다. 그때 사랑하는 남편 곁에서 그의 임종을 지켜보고 있던 공덕귀 전 영부인께서 이렇게 말을 했다고 전해진다.

"여보! 이제 이 세상을 떠나 하늘나라로 가시는 당신에게는 다른 아무것도 필요 없어요! 부귀도 영화도 명예도 성공도 출세도 이제는 더 이상 아무것도 필요 없어요! 우리 주님이신 예수님의 옷자락만 꼭 붙잡으세요! 여보! 잘 아셨죠?"

이 말을 꼭 알아듣고 아무런 차질 없이 주님의 품에 은혜롭게 안기기를 기원하는 마음만 가득했을 것이다.

인간이 평생에 지은 모든 죄를 예수님의 보혈로 용서받고 하늘나라에 이르는 구원의 문제는 모든 인간의 희망사항이지만 이는 덕담이나 축원만으로 되는 것은 결코 아니다. 전적으로 영원하신 하나님의 예정과 선택과 작정과 섭리 가운데서 되는 일이다. 대통령 내외가 그토록 주님을 구주로 의지하는 신앙심이 강력했다면 윤보선 전 대통령도 당연히 하늘나라로 부름 받아 주님 곁으로 갔으리라고 믿는다.

　한국의 정기섭, 정지우 부자(父子)가 2009년 8월 19일에 출국하여 한 달여 동안 프랑스, 독일, 이탈리아, 그리스, 불가리아 스페인 등지의 에펠탑이나 로렐라이 언덕, 아테네, 로마 성당, 스페인 광장 등 곳곳을 다니며 미리 한국에서 준비해 간 전도지에 "THERE ARE NO POCKETS IN THE ATTIRE OF WHICH THE DECEASED WEARS(죽은 사람들이 입고 갈 수의에는 주머니가 없다)"라고 써서 나누어 준 것이 필자에게 엄청난 공감을 일으킨 적이 있다. 어르신이 생전에 친밀하게 지냈던 노당 서정묵 화백이 세상을 뜨시고 그의 사후에 엄청난 고가(高價)의 미술품이나 골동품, 그리고 송추 일영에 있는 고급 별장이나 수많은 재산을 모두 놓고 가시는 모습을 나는 똑똑히 보았다. 현대그룹 정주영 회장의 자부요, 정몽준 회장의 부인인 김영명 권사께서도 "부(富)와 명예는 모두 한낱 물거품일 뿐이요 남는 것은 오직 믿음뿐!"이라고 대서특필(大書特筆)하여 지면에 공개한 글귀가 내 영혼을 깨우고 있는 중이다.

3.
성균관대학교 총장
장을병 박사가 남긴 말

　1933년에 강원도 삼척에서 태어난 장을병 박사는 평생 교육자로 지낸 분이나 다름없다. 그는 내가 가장 존경하는 분 가운데 한 분이신 목민 고영근 목사님과 동년배(同年輩)이기도 해서 두 분이 서로 존중하는 편이었다. 그리하여 나도 당연히 뵐 기회가 많았지만 학자이면서도 음성이나 스타일이 호탕한 편이어서 만나면 즐겁고 기분을 업(up)시켜주는 분이었다.

　그는 학부(學部, Faculty)도 성균관대학교를 나왔고, 대학원도 성균관에서 수학하였다. 또한 박사학위도 자신의 모교인 성균관대학교에서 정치학 박사를 따냈다. 뒤이어 강사와 전임강사, 조교수와 부교수를 거쳐 정교수가 되었다. 1980년 한국에 민주화의 봄이 피어오를 무렵 이를 저지하려는 독재자들에 의하여 교수에서 해직되는 아픔을 겪었다.

　그러나 미국에서 잠시 유학 생활을 하고 돌아와 다시 복직되어 성균관대학교에서 강의를 계속할 수 있었다. 결국 그는 1991년부터 1995년까지 자신의 모교에서 대학교 총장을 지내게 되었는데 그는 평생 '대학교 총장'이라는 칭호가 가장 잘 어울리는 교육자이기도 했다고 회고한다.

그의 주요 저서로는 《한국 정치론》이나 《정치적 커뮤니케이션론》과 《인간회복의 정치론》이 있다. 자신이 나온 학부도 법정대학 정치학과였고, 자신이 받은 학위도 정치학 박사였기 때문에 정계에 진출해도 크게 타 분야에 외도(外道)를 한다거나 부자연스러워 보이지 않고 당연한 일로 여겨도 타당했다. 더구나 해직교수라는 점도 당시에는 정계 진출의 등용문처럼 여겨지던 때였기에 무리한 것이 아니라 오히려 당연시 되는 입장이기도 했다.

그래서 그는 이제 정치인으로 살려는 듯 정치계에 들어왔고 15대 때는 국회의원을 지내게 되었다. 김대중 대통령과 정치관이 맞고 서로 동지적인 신뢰감이 쌓여 있었기 때문에 '새정치국민회의'라는 당에서 부총재를 맡기도 하였다. 흔히 정치인들의 주홍글씨와도 같은 '당연한 비호감' 인물이나 비난받는 정치인이라기보다는 비교적 신선하기도 하고 존중받는 인물이기도 했다.

그런데 오늘 내가 그를 추념하는 것은 의외의 반전(反轉)이 되는 사실이 있기 때문이다. 필자가 생각해 볼 때 후광 김대중(後光 金大中)의 주변에는 장을병 박사나 문동환, 김찬국, 이문영, 박영숙, 이우정, 양성우, 박석무 같은 분들이 있어서 더 나아보였다는 느낌이 들었는데 아마 모르긴 해도 이런 생각이 드는 건 한두 사람이 아닐 것이다. 그런데 그가 1933년에 태어나 2009년에 세상을 뜨셨고, 고영근 목사께서도 1933년에 대이니 2009년 같은 해에 세상을 떠나셨다. 장을병 박사는 7월 5일에, 고영근 목사는 9월 6일에 가셨으니 떠나심이 불과 두 달 차이이다. 두 분이 먼 길을 같이 가신 것은 서로 외로움을 달래는 듯 생각되어졌다. 이런 그가 세상을 뜨기 얼마 전 마치 유언(遺言)처럼 한 말이 있다.

"내 평생에 가장 후회스러운 일이 있다면 그건 잠시라도 내가 정치계에 뛰어들어 국회의원 한 번 지내고 부총재 한 번 했었던 것이다."

알렉산더가 20세에 황제가 되어 온 세상을 정복하다가 33세의 젊디젊은 나이에 세상을 떠나게 되니 대왕의 충성스런 군인들은 임종을 앞둔 그의 앞에서 눈물을 쏟으며 줄지어 병상을 지나갔다. 그때 철없는 참모들이나 부하들의 의중에는 더 중요한 것이 있었다. 바로 "죽어가는 대왕이 누구에게 왕국을 물려 줄 것이냐?"였다. 그때 대왕은 이렇게 답변했다고 한다.

"가장 강한 자에게 왕국은 주어질 것이다! 누가 맡을 것이냐? 누가 차지할 것이냐? 나서라!" 그리고 나서 숨을 거두었는데 막상 그가 죽음을 맞이하자 일련의 내전으로 제국은 산산조각이 났고 조각난 각각의 지역은 알렉산더의 참모와 부하 장군들이 알렉산더의 후계자를 자처하면서 서로 왕이라고 부르며 할거하였다. 결국 더없이 화려했고 그토록 위풍당당했던 왕조는 7명의 장수에 의해 나뉘어 다스려지다가 권력싸움에 의해 3명은 도태되고 4명의 장수가 차지해 분할 통치를 하게 되었다. 이들을 우리는 '디아도코스'라고 일컫고 있다.

신약에는 요한계시록이 있다면 구약에는 다니엘서가 있다고 한다. 다니엘 8장 8절 말씀에 "숫염소가 스스로 심히 강대하여 가더니 강성할 때에 그 큰 뿔이 꺾이고 그 대신에 현저한 뿔 넷이 하늘 사방을 향하여 났더라"고 기록되었다. 여기서 숫염소는 알렉산더 대왕과 함께 할 헬라를 상징하고(8:5, 11:3) 큰 뿔 대신에 현저한 뿔 넷이 하늘 사방을 향해 나왔다. 이것은 알렉산더 대왕 사후에 그의 네 장군들, 즉 7장 6절의 네 날개나 네 머리와 일치함을 보여주고 있다. 즉 카산더와 마케도냐, 리시마쿠스와 소아시아, 프톨레미와 이집트(남방 짐승), 셀류쿠스와 시리아(북방 짐승)로 나뉘어 나라를 형성할 것을 상징하고 있다. 사람의 관점에서 보면 헬라제국은 알렉산더 대왕의 죽음으로 끝날 것 같지만 하나님의 눈에는 헬라제국이 대왕의 네 장군들에 의하여 네 개의 제국으로 계속 존재할 것을 예언한 부분이라고 하겠다.

지금 우리나라에는 대통령 선거철이 다가옴에 따라 이제 얼마 남지 않은 대통령의 뒤를 이어 다시 청와대(靑瓦臺)로 이사를 가서 그 집의 주인이 되고자 하는 자들이 알렉산더의 휘하에 즐비하게 포진해 서 있는 중이다. 자신이 마치 참모나 부하나 후계자라도 되는 양 앞을 다투어 가며 설전을 벌이거나 골몰하고 있는 이들이 대략 어림잡아 20여 명은 넘는 성 싶다.

이재명, 이낙연, 정세균, 박용진, 추미애, 김두관, 최문순, 윤석열, 최재형, 황교안, 홍준표, 유승민, 원희룡, 안철수, 장성민, 윤희숙, 허경영, 하태경, 장기표, 박 진, 안상수, 김태호 등 무려 22명에 달하는데 또 누가 더 나오겠다고 팔을 걷어붙일지 종잡을 수 없는 일이다. 저 군상(群像)들 중 한두 명을 빼고는 연장자가 홍준표다. 그도 나와는 동갑이고 나머지는 모두들 손아래여서 이 형이 한마디 하겠다.

"얘들아! 알렉산더가 지나가고 여러 군웅(群雄)들이 할거(割據)함같이 너희들도 그런 거냐? 거기 너희들이 그토록 이사 가고픈 청와대 집터 말이다. 지금까지 거기 이사 갔다가 살고 나온 이들 중에 어느 뉘라서 성한 몸으로, 평상의 차림새로 뚜벅뚜벅 길이 나온 이들이 있더냐! 무사한 자가 있었다면 단 한 명이라도 말해 보거라! 얘들아!

3. 성균관대학교 총장 장을병 박사가 남긴 말

거기들 이사 가려고 앞다투어 몸살 나게 덤비지들 말고 내가 사는 화곡동으로 이사 오거라. 여기는 까치산도 있고 봉제산도 있고 살기가 참 좋다. 조금 더 가면 우장산도 있고 수명산도 있다. 산을 즐겨 하지 않거들랑 서울식물원에서 조금만 나가도 공암진이니 투금탄이니 하는 한강도 가깝다. 그래서 나는 한양의 서남 지역인 이곳에서 44년을 살고 있다. 이곳으로 이사 오거라. 살기 참 좋다.

정치하겠다는 너희들, 야! 이 진상들아! 장을병 박사의 이야기를 꼭 기억해 두거라! 내 평생에 후회스러운 일이 있다면 잠시나마 정치판에 뛰어들어 의원 자리 한 번 하고 부총재 한 번 했던 일이 후회 막급하다고 하지 않느냐 말이다.

그것도 이명박 형제나 박근혜 자매처럼 감옥소에서 깨달은 것도 아니고, 그렇다고 김일성처럼 무덤 속에 들어가서 후회하고 뉘우칠 것도 아니고, 버젓이 살아생전에 이토록 오묘한 진리를 깨달았다고 하니 장을병 박사는 역시 대단한 분이라는 것이 판명되지 않았느냐 말이다.

아마 모르긴 해도 짐작컨대 이승만 박사나 박정희 장군이나 김영삼, 김대중, 노무현, 이 사람들의 흘러간 자취를 보더라도 지금 문재인 대통령도 재차 재삼 깊이 깨달았으면 좋겠다는 것이다. 5년 중에 이미 4년 반이 지났기에 만시지탄의 늦은 감은 있지만 그래도 지금이라도 말이다. 최장집, 강준만, 진중권, 서민, 김경률처럼 나도 기대가 너무 커서 실망도 이토록 큰 걸까! 국민들이여! 제발 다음에는 우리 정신 차리고 두 눈 부릅뜨고 맑은 상태에서 제대로 한번 옳은 사람 뽑아 보자.

군자는 항상 좋은 것만 생각하고 좋은 것만 보고 좋은 것만 말하고 살아야 한다는 지론(至論) 때문에 할 수만 있다면, 어지간하다면 푸념을 털어 놓고 싶지도 않지만 정말 해도 해도 너무하고 '내로남불'에다가 친북, 종북, 좌경사상, 사회주의, 공산주의에 깊이 빠져 있는 젊은 학도마냥 한심하기 이를 데 없기에 더 이상 추한 말은 하고 싶지 않다. 명언(名言) 중의 명언이요 모든 정치인들이 새겨들어야 할 점잖은 장을병 박사의 '후회담'을 강력추천(强力推薦)하여 그대들에게 거듭거듭 전해주고 싶은 마음이 간절하구나."

4.
노래하는 음유시인
박인희(朴麟姬) 가수

　나는 하염없이 노래를 좋아하는 사람이다. 내가 집안의 일곱째니까 전해들은 얘기지만 우리 부모가 낳기는 11남매를 낳았는데 일찍이 세상을 떠난 경우도 두세 명이 있다. 일단 이름을 받은 형제자매들은 우리 모두가 하나같이 '성' 자로 시작한다. 이를테면, 성길, 성덕, 성엽, 성금, 성만, 성자, 성락, 성율, 성국, 성현 등등인데 나에게는 음악으로 성공하라는 이름이 주어졌다고 한다. 그러나 음악으로 성공할 재능은 애당초 없었고 그 대신 음악을 좋아하는 사람으로 바뀌었는지는 모르겠다. 그래서 나는 노래라면 모든 장르를 망라하여 대체로 좋아하는 편이다. 예수교회 주일학교 출신이니까 유년 시절부터 평생 불러오는 찬송가(讚頌歌)는 당연하고 그 외에도 가곡(歌曲)이든 군가(軍歌)든 대중가요든 판소리 육자배기든 팝송(pop song)이든 농요(農謠)든 운동권 저항가요(抵抗歌謠)든 투사가(鬪士歌)든 심지어는 구전 민요 중 하나인 만가(挽歌)나 상여소리, 장송곡(葬送曲)까지도

다 좋아하는 편이다. 노래를 부르는 건 하루 종일 부르라고 해도 지치지 않고 싫증내지 않고 좋아할 정도이다.

이처럼 음악을 좋아하고 김삿갓을 좋아하고 세계의 여행가 김찬삼을 부러워하기에 길거나 짧거나 여행을 즐기며 군중 속의 고독을 안다. 그래서 고요한 사색의 시간을 갖고 때로는 무한정의 낭만을 추구하는 필그림 스타일의 성직자 작가(作家)라고나 할까. 아무튼 이 사람의 내면세계는 날마다 숨 쉬는 순간마다 환상의 천상을 향한 마지막 여행을 꿈꾸며 자유로운 영혼으로 노래하면서 순례자의 길을 가고 있다. 그래서 나는 문학(文學)을 좋아하고 여행을 좋아하고 노래를 좋아하며 낭만을 좋아한다. 또한 예술을 좋아하고 영화를 좋아하고 그림을 좋아하고 서예(書藝)를 좋아하며 사람을 좋아하는 편인지 모른다. 그중에도 내가 노래를 좋아하는 건 마음의 위로와 감동 때문이요, 내가 여행을 떠나는 것은 진정한 자유와 힐링(healing) 때문이다.

나는 박인희의 '사랑의 추억'이라는 노래와 산울림의 '청춘'을 좋아한다. 그 가수(歌手)를 좋아하는데 좋아하는 노래가 어디 한두 곡뿐이겠는가. 산울림의 '청춘' 뿐 아니라 '꽃과 소년', '찻잔', '누나야', '창문 넘어 어렴풋이 옛 생각이 나겠지요', '나 어떡해'도 좋아한다. 박인희의 '산속의 집', '겨울바다', '그리운 사람끼리', '하얀 조가비', '끝이 없는 길', '목마와 숙녀', '스카브로우의 추억', '재회' 등도 당연히 즐겨 듣곤 한다.

사실 박인희(朴麟姬, 1945~)는 가수이고 작사가이며 또한 작곡가요 방송인이다. 1970년대의 대표적 통기타 가수 중 하나로 불리우며, 방송인으로도 크게 재능을 떨쳤다. 그녀는 차분하고 정아한 음색의 소유자로 숙명여자대학교 불문과 재학 중에 혼성 듀엣으로 출발했는데 이필원과 함께 '뚜아에무아'(너와나)를 결성해 '약속'을 불러 1971년 TBC 가요대상 중창단 부분에서 대상(大賞)을 수상하였다. 그러나 그리 오래지 않아 그룹을 해체하고 DBS 방송에서 '3시의 다이얼'의 진행을 맡았고 솔로로 전향하여 10여 년간 방송인으로 가수로 활약하다가 돌연 미국으로 떠나갔다. 거기에서도 방송인으로 활약하고 방송국장(放送局長)으로 재직하는 등 수십 년을 방송과 관련된 일을 했다고 한다. 그러던 그녀가 2016년 3월에 귀국을 하게 되었는데, 그때 나는 박인희를 만났다. 그녀가 35세 즈음에 미국으로 건너가 35년 만에 다시 돌아왔는데 그러자니 이젠 70이 넘었지만 여전히 소녀의 모습은 변하지 않고 간직하고 있었다.

　이처럼 거의 신비에 싸여 있던 박인희의 최근 근황이 알려지자 아는 몇 사람이 모여 '박인희 귀국환영회'를 열어 주었다. 방송국에서도 KBS 제2TV '불후의 명곡 박인희 편'을 내보냈으며 그녀는 다시 돌아와 열렬한 환영을 받기도 했다.

　그때 나는 꿈에도 그리던 그녀를 만나게 되었다. 그녀와 둘이만 있지 않고 7-8명이 함께 할 때도 있었다. 그녀는 나보다 아홉 살이나 더 많은 손위이다. 우리는 그녀를 '누님'이라고 불렀다. 마치 전설 속의 주인공을 만난 듯하였고, 꿈인 듯 생시인 듯 반가운 시간이었다. 삼십대 중반에 떠난 고국에, 흘러간 세월로 치자면 칠십 노파로 돌아왔다. 같이 노래를 부르기도 했는데 여전히 예전의 맑고 청아한 그 목소리였다. 우리는 며칠에 걸쳐 만나서 함께 커피도 마셨고 담소를 나누며 여의도 봄 거리를 걷기도 하였다. 그리고 어느 날엔 함께 여의도 어느 식당에서 만나 갈치조림을 주문하여 같이 식탁교제를 나누기도 하였다. 오랜만에 고국에 돌아오니 예전에 즐기던 음식이 아련히 떠오른다고 하였다.

나는 실제로 하는 일이 많고 다양하여 자신을 소개할 때는 대부분 '목회자'라는 말은 거의 들먹이지 않는 편이다. '글을 쓰는 작가'라고 하거나 혹은 구체적으로 '시인'(詩人)이거나 '소설가'(小說家) 때로는 '언론인'(言論人)이나 '서예가'(書藝家)라고 할 때도 있고 대학에서 '강의를 하는 사람'이라거나 '사회운동가'라고 할 때도 있다. 그런데 어찌하다가 내가 '사역자'인 것을 알게 된 '인희 누님'께서 '목사님, 목사님' 하면서 각별히 대하는 것이었다. 서로 마주 앉은 자리에서 식사를 하면서 갈치조림의 뼈를 세세히 발라 주면서 내 밥 위에 얹어 주기도 하고 많이 드시라고 권면도 하고 물도 가까이 밀어 주곤 하였다. 더욱 친밀감이 느껴지는 그녀의 애틋하고 따뜻한 섬김이요 친절이었다.

사실은 내가 우리 어머님을 닮아 갈치 요리를 좋아하긴 해도 평소에는 '조림'보다는 '구이'를 더 좋아하는데 오늘은 상대방을 배려하여 구이 대신 조림을 시킨 것이었다. 이렇게 서로 마주 앉아 식사를 하고 '인희 누님'이라고 불러도 우리는 골육지친(骨肉之親)은 아니니까 대부분의 신상에 대하여 잘 모르는 것이 당연지사(當然之事)다. 그러니까 이렇게 같이 마주 대하고 앉아 있으면서도 대체로 나의 관심은 이것이었다. '이분이 과연 예수 그리스도를 믿는 신자인가? 믿는다면 권사님일까? 아님 집사님일까?' 어느 순간에 적절하게 파고 들어가 이걸 한번 여쭈어 볼까 궁리하고 있었다. 항상 우리는 모든 인간을 대할 때 주를 믿는 형제자매(兄弟姉妹)나 기독교 신자라고 하면 모든 것이 통할 것 같아 반갑고 다정한 느낌이 있는데 종교가 다르거나 비신자라고 하면 서로 다르다는 안타까움이 있기 마련이다. 그래서 어떻게 그에게 접근을 할까 하고 쉽게 말을 꺼내기가 다소 망설여지는 경우가 간혹 있기도 하다.

그런데 그날 나는 누님에게 조용히 그리고 조심스럽게 물었다. 나의 질문은 두 가지였다.

오랜만에 고국에 돌아오니 환영도 대단하고 기다리고 있던 팬들도 많은데 과연 아주 귀국이 어렵다면 가끔씩이라도 다시 와서 '그토록 차분하고 청아(淸雅)하여 속된 기색이 없이 맑고 고아(高雅)한 음성을 들려줄 수 있는가?' 하는 것과 '음악가로서 앞으로의 계획과 비전이 무엇인가?'였다. 그때 누나는 귀국하여 여러 방송사들과 대략의 약속도 있으니 다시 만날 수 있다고 하였지만 지금에 이르러서는 그 약속이 상업적인 사람들과의 이견(異見)으로 원만하지 못하여 안타깝게도 이행되지 못하고 있는 실정이다.

그러나 두 번째 질문을 받은 누님은 분명하고도 확신에 찬 음성으로 이렇게 말하는 것이었다.

"지금껏 내가 살아온 칠십 평생에 음악인으로, 방송인으로 살아오며 내 마지막 소원이기도 하고 자신을 향한 나의 바람이기도 한데, 이제 내 소망은 내가 예수님을 구주로 믿는 신앙인의 한 사람으로서 내 노래 중간 중간에 대사를 삽입하여 취입하였듯이 앞으로는 찬송가와 복음성가 대부분의 전곡(全曲)을 부르되 사이사이 대사를 곁들여 완성하고 싶다"는 것이었다.

내가 정말 듣고 싶었던 말들이 한꺼번에 다 나와 버린 셈이었다. 기독교 신앙인이라는 것도 너무나 반가운 일이었고 찬송가와 성가를 부르겠다니 몹시도 가슴 벅차고 은혜로운 간증이었다. 이보다 더한 간증이 필요 없었다. 그날 나는 무척 감동했다. 왜냐하면 꼭 듣고 싶었던 대답을 그녀에게서 듣게 되었기 때문이었다.

박인희 누님은 이해인 수녀 시인과는 1945년생 해방둥이 동갑내기로 풍문여중 동기 동창이기도 하고 나중에 이해인 수녀와 함께 수필집을 내기도 했는데 이해인 수녀와 친밀한 가톨릭 복음가수 김정식(대학가요제 대상 수상 경력) 형제의 부친인 김영철 집사께서 내가 섬기던 교회의 교우여서 서로 친숙하게 된 사이이기도 하다.

왜냐하면 이해인, 김정식이 함께 성당을 대상으로 '시낭송과 복음성가 집회'를 다녔기에 박인희 가수의 근황이 세간에 알려지지 않을 때에도 김정식 가수만큼은 미국의 박인희와 서로 연락을 주고받고 하던 사이였는데 김정식의 부친은 필자에게서 세례를 받고 신앙지도를 받다가 교회의 집사로 세워져 아름다운 신앙의 길을 가다가 하늘나라로 가게 된 분이기도 하다.

박인희 누나가 다시 미국으로 돌아가 쉽게 고국을 찾지 못하는 안타까움 속에서 지금도 나는 여전히 '노래하는 음유시인(吟遊詩人)'이라고 부르는 박인희 누님의 차분하고 고운 노래를 들으며 그녀가 뜻하는 바를 이루게 되기를 바라며 그녀를 위해 주님께 기도하고 있다.

5.
존경하고 그리운
연세대학교 김찬국 박사

　김찬국 박사님은 모든 면에서 나의 진정한 스승이시다. 그분은 당시 연세대학교 부총장이셨다. 나는 그분에게 강의도 들었고 쉬는 시간이면 교정 뜨락에서 시간 가는 줄 모르고 서로 이런저런 대화를 이어갔고 그분의 고고한 인품에 젖어드는 듯하였다. 그를 대할 때면 항상 느끼는 감정인데 그는 어느 시골 촌부처럼 소탈하고 하루 종일 웃고 있는 표정에 선하디 선한 모습이 환히 드러나 보인 분이시다. 마치 천사처럼 온유하신 분이셨다.
　가끔씩은 '어떻게 저런 분이 재야인사요 투사이실까?' 하는 의구심이 들 정도였다. 그때는 박사님 내외분을 내 차에 태워 모시고 여러 행사나 집회 장소에 갔고 끝나면 다시 모셔다가 댁까지 바래다드리는 일도 있었다. 그때 나는 물론 목회를 하고 있었고 그 해에 한국문인협회 회원이 되었기 때문에 저서 출간에도 한껏 의욕이 부풀어 있었던 때이기도 했다. 언제 다시 거론할 지면이 남아 있겠지만 나에게는 김준곤(1925-2009)(세브란스, 9.29) 박사님과 김찬국(1927-2009)(세브란스, 8.19) 박사님, 그리고 고영근(1933-2009)(세브란스, 9.6) 목사님 이 세 분이 스승이시며 존경하고 따르던 분이셨다. 그래서 저서를 출간할 때도 세 분에게 추천서를 부탁하였고 세 분은 기꺼이 수락하시어 부족한 졸저의 품위를 한층 더 높여주기도 했다.

이 지면을 빌어 김찬국 박사님께서 써 주신 추천서를 소개하고 싶다.

추천서

목사직을 직업으로 알고 목회를 하는 교역자는 없을 것이다. 전문직이지만 먹고 살기 위한 직업은 아니다. 목사가 하는 일은 매우 많지만 그중에 설교하는 일은 가장 귀한 일이다.

하나님의 말씀을 설교를 통해서 전달하는 하나님의 대변자로 '하나님 나라의 실현을 위한 사자(Messenger)'로 역할을 하는 것이 목사직이다. 그런데 설교를 말로 하는 것도 힘이 드는데 글로 옮겨 다듬어 문자설교를 내는 일은 더욱 어려운 일이 아닐 수 없다. 언변(言辯)이 좋으면서 문필력(文筆力)을 겸한 설교자가 된다는 것이 참으로 쉬운 일이 아님에도 불구하고 나의 사랑하는 제자요 또한 동역자인 김성락(金聖樂) 목사께서 설교를 책으로 내놓아 훌륭한 결실을 맺게 된 것을 기쁘게 생각하는 바이다.

김 목사는 사회구성원 모두가 다함께 행복하게 살 수 있는 민주사회를 위한 인권존중(人權尊重)과 정의의식(正義意識)이 강한 성직자로서 불이익과 고난도 많이 당하였을 뿐만 아니라 바쁜 목회생활 중에도 학교에 나와 학업을 계속하고 학문 연구(研究)를 하는 등 실력 향상과 자기 수련에도 충실하여 늘 타의 모범이 되어 왔다.

우리나라 목회자들은 외국(外國)에 비해 설교하는 일이 너무 많고 기타 업무량도 너무 벅찬 실정에 있다. 그런 중에도 많은 목회자들이 시대적인 증언을 겸한 자신의 영적 체험과 영감 속에서 얻은 지혜로운 메시지들을 개인 독점이 아니라 나누어 가지기 위해서 많은 저술들을 발간했으면 좋겠다고 생각한다. 비민주적(非民主的)이고 불의(不義)한 요소가 산재해 있는 현시점에 의로운 교회의 소리는 더 높아져야 하고 바른 설교자의 외침은 더 큰 영향을 끼쳐 개인의 영혼구원뿐만 아니라 우리 사회의 구원을 위한 공동관심사를 실현하는 데 이바지해야 하겠다.

끝으로 김 목사의 강단설교(講壇說敎)와 문서설교(文書說敎)가 더욱 넓게 공개되어 많은 분들에게 깊은 감명과 큰 영향을 끼치게 되기를 기대하면서 한국교회의 앞날에 하나님의 크신 은총을 빈다.

1991년 12월
연세대학교 부총장 김찬국

김 박사님의 추천서는 이렇게 한 줄 한 줄 애정이 담겨 있었고 너무 과찬을 해주셔서 민망한 마음이 앞선다. 그런데 2009년 그해를 다시 회고해 본다. 동교동 자택에서 적어도 대여섯 차례나 이희호 여사께서 차려 주신 식탁에서 둘이 겸상(兼床)을 하기도 했던 김대중 전 대통령이 나의 쉰다섯 번째 생일날 세상을 뜨시더니 바로 다음 날 김찬국 박사님이 홀연 떠나가셨다. 다음 달인 9월 6일에는 고영근 목사님께서 하늘로 가시고, 같은 달 29일에는 김준곤 박사님께서 하나님의 부름을 받으셨다. 그러니까 그해 40여 일 동안에 존경하는 은사님 세 분과 김대중 前 대통령까지 하나같이 세브란스병원 장례식장에서 세상에서의 마지막을 장식하고서 생을 마감하신 후 허허(虛虛)로이 훌쩍 떠나가셨던 것이다. 이분들이 숭고한 삶을 살고 아름다운 족적을 남기고 가셨으니 더더욱 그분들이 뚜벅뚜벅 걸어가신 발자취를 따라 하나님과 사람들과 자신의 양심 앞에서 후회 없이 살다가 아름다운 종말을 맞이했으면 하는 마음이 가득하다.

한편 사람이 세상에 나서 생로병사(生老病死)의 굴레에서 허덕이다가 한번은 떠나가지만 참으로 다시 한번 절절히 인생무상(人生無常)을 체득하는 그해의 늦여름과 초가을이 되었다. 그분들의 유족들이 다 그러했던 것은 아니었지만 대체로 장례식장에 '조의금함'이나 '조화'를 예절로 표하는 일마저도 겸손히 사양하였고 오는 조문객들은 정중하고도 따뜻이 맞이하여 음식을 섭취하고 돌아가도록 권면하는 모습은 참으로 본받고 싶어졌다. 그리하여 나는 어떤 날 자녀들이 다함께 모이게 된 자리가 있어 자녀들에게 이렇게 일러두었다.

"우리가 살다가 자녀들의 결혼식은 부모들의 잔치가 되기 십상이고 이와는 반대로 부모들의 장례식은 자녀들의 행사가 되기 일쑤이니, 우리 둘이 하늘의 부르심을 받아 세상을 떠나게 되거들랑 이렇게 하려무나. 상조회는 매달 조금씩 불입하여 장례식장 준비는 미리 해 두었다. 그리고 우리가 묻힐 장지도 '하늘문'에서 배려하여 자리를 내주더라. 그러니까 우리 둘의 장례식장 비용이나 우리가 장차 묻히게 될 장지(葬地) 문제는 이미 다 해결이 되었으니 그리 알고 행사를 치르면 될 거야. 그리고 조문객 중에 자녀들을 보고 오는 이들은 그대들이 임의로 하되, 세상을 떠난 고인(故人) 즉 우리들의 벗이거나 일가친지들이 오시거든 일체 조의금이나 조화(弔花)는 사양하고 받아들이지 말고 대접은 후하게 하여 마음껏 드시고 가도록 해 주라."

이렇게 타일렀고 그들도 부모님의 심정을 충분히 헤아려 잘 이해 하는 듯하였다. 그날 나는 그 외에도 일러 둘 수 있는 말을 더 하였지만 이를 세세히 적고 싶지는 않다.

여하튼 김찬국 박사님이 가시고 나니 큰 스승을 잃어버렸다는 서글픔이 밀려왔다. 물론 아주 단명하신 것은 아니지만 82세 향년이 요즘 시대로서는 결코 장수(長壽)하신 것도 아니었기 때문이다. 유엔(UN)에서도 새로운 연령을 구분하여 발표하기를 0세-17세가 미성년자요, 18세-65세가 청년이요, 66세-79세까지가 중년이요, 80세-99세까지가 노년이라고 했는데 말이다.

김찬국 박사님은 교육자요 신학자이며 목사로도 활동하였다. 내가 태어나던 해인 1954년부터 연세대학교 교수로 재직했다. 물론 미국 유학을 하기도 했지만 모교인 연세대학교에서 신학박사 학위를 취득하여 당시 한국에서는 이례적인 경우였다. 또한 경상북도 영주 출신이었으나 당시로서는 드물게 민주주의를 외치는 용맹(勇猛)이 있었고 한없이 온순하고 여린 성품에 걸맞지 않게 광야의 세례 요한처럼 불의를 외면하지 않고 나서는 모습 때문에 훗날 내가 그분을 존경하고 따르는 계기가 되었을 것이다.

김찬국 교수는 유신정권 당시 동교(同校) 선배인 김동길(金東吉) 박사와 함께 반정부 인사로 낙인이 찍혀서 구속 수감되었는데 옥고(獄苦)를 치르다가 3.1절 특사로 석방이 되기도 하였다.

연세대학교에서는 부총장을 지내셨지만 그 후 강원도에서 명문 사립대학교로 알려진 상지대학교에서 총장을 맡으시기도 했다. 그러다가 김문기(金文起) 등의 음모로 인해 총장 자리에서 해임되기도 했다. 하지만 응당 상지대학교의 전교생들이 일제히 불같이 들고 일어나서 김찬국 총장(總長)의 해임을 강력히 반대했고 그에 따르는 투쟁을 벌이기도 했다.

재야(在野)에서 내가 본 것은 땀 흘리고 피 흘려 투쟁하고 막상 몸을 사리지 않고 나섰던 진정한 애국자들은 대부분 새로운 세상이 열려도 아무런 대가(代價)나 보상(報償)도 없이 홀대받기 일쑤였다. 이와는 반대로 적당히 몸을 사리고 적당히 요령껏 처신하던 그들은 시대가 바뀌면 가장 먼저 단상으로 뛰어 올라가 상을 받고 공신(功臣)으로 대접받고 좋은 자리를 거뜬히 차지하는 것을 수없이 보아 왔다. 당장 이런 위인들을 예닐곱은 여기에 적어두고 싶어도 어느 날 그들이 이 글을 읽고 부끄러워 쩔쩔 매고 난처해할까 봐 그들의 얼굴을 봐서 그만둔다.

김찬국 박사님은 전자에 속한 분이었는데 어느 날 박사님 내외분을 모시고 차 안에서 대화할 때 대통령께서 박사님의 그간의 노고(勞苦)와 업적을 다 알고 계시더라고 하니까 두 분이 얼마나 흐뭇해하시며 좋아하시던지 지금도 눈에 선하다. 내가 나서서 될 일도 아니었지만 이해찬 같은 이들이 차지했던 교육부 장관이나 국무총리 자리는 깜도 안 되는 이들보다는 당연히 김찬국 박사님 같이 덕망 있고 경륜 있고 존경스러운 인물이 적당했다고 본다.

6.
이승만 초대 대통령(大統領)의 영부인 프란체스카 여사

　내가 프란체스카 여사가 생존해 있을 당시 '이화장'으로 찾아가 프란체스카 여사를 만나 뵐 수 있었던 것은 순전히 불교 스님에서 기독교로 돌아와 나중에 목사가 된 김기일 선생의 주선 때문이었다. 왜냐하면 그분이 바로 4.19 의거 당시 시민대표 6인에 뽑혀 경무대로 찾아가 이승만 대통령(李承晚, 1875.3.26 - 1965.7.19)을 면담했고 그중에 여섯이 맡은 역할 중에 가장 말하기 어려운 "대통령이 하야(大統領下野)하라!"는 말을 했던 장본인이기 때문이었다.
　당시 우리가 생각했던 것은 지금 이승만 대통령은 생존해 있지 않더라도 '이화장'(梨花莊)으로 그의 가족이라도 찾아가 대통령에게 하야를 권유했던 장본인이 '가족과 함께 화해를 한다'는 의미에서 비롯된 일이었다. 그리하여 우리는 먼저 그들을 만나 뜻을 묻고 동의할 경우 날짜와 시간을 정하여 이 중요한 거사(擧事)를 치르기로 하였다. 우선 이 대통령의 양자(養子)인 이인수 박사(명지대학교 교수)와 연락을 취하였다. 다행히 환영한다는 답변을 듣고 들어가 가족을 만나게 되었는데 김기일 선생은 예전처럼 가는 곳마다 김성락 목사가 예배를 드리고 설교를 해야 한다는 주장을 펴기 때문에 그날 그렇게 가족들과 함께 예배를 드렸다. 이날 예배는 이화장 측에서 프란체스카 여사와 이인수 박사, 그의 부인 조혜자 여사가 함께 하였고 우리 측에서는 나와 김기일 선생 등 다섯 명이 같이 모여 예배를 드리게 된 것이다.

원래 나는 몹시도 내성적인 데다가 투철하지 못하여 대중 앞에서 당당하지 못하였고 신자들 앞에서 설교를 할 때에도 자주 당황하거나 떨기도 하였다. 그런데 하나님께서 연단을 시키시려고 하신 것인지 제법 똑똑하고 훌륭한 분들을 만나 그들 앞에 서게 하시더니 차차 담대한 사람으로 변하여 가게 되었음을 이 자리를 빌어서 고백(告白)하는 바이다.

그들도 모두 신자들이라 예배를 드린다는 데 주저하거나 망설이지 않았고 우리가 이렇게 예배를 드리고 나서 가능하면 4월 19일을 근접하여 일정을 잡고 '화해예배'를 드리기로 뜻을 모았다. 우선 날을 잡고 신현균 목사께 연락을 하여 그날에 적절한 설교를 부탁하였다. 그리고 한국일보 이계성 기자(李啓星 記者)에게 연락하여 신문 지상에 보도하도록 당부해 두었다.

이윽고 그날이 와서 우리는 신현균 목사와 김천식 목사, 에드먼드 미국인 선교사와 '인어 이야기'로 알려진 허림 복음가수와 당시 내가 속한 교회 여성들이 깨끗한 한복 차림으로 안내와 봉사를 맡아 주어 고마웠다. 신현균 목사는 '화해'에 대하여 매우 은혜롭고 감동적인 메시지를 순비해 왔다. 나는 과거 신학생 시절 힌때 신현균 목사가 섬기시던 염천교회에 나간 적도 있었고 우연히 해외여행 중 성지인 이스라엘 베데스다 연못에서 서로 만난 탓에 신 목사님과 교분이 있었다. 이성봉 목사님 이후에는 당대 최대의 부흥사이시라 그분이 적합하다고 판단했던 대로 신현균 목사는 이러한 기대에 부응하여 주셔서 참 은혜로운 행사였고 감격적인 자리였다. 충분히 사회적인 이슈가 될 수 있었고 한국일보 이계성 기자도 중요한 지면을 할애하여 역사적인 자리에서 드려진 멋스러운 행사를 기사로 엮어 세상에 알려 주었다.

우리가 흔히 프란체스카 여사를 '호주댁! 호주댁!' 하는데 이는 바른 호칭이 아니라는 사실을 후일 알게 되었다. 사실 대한민국 초대 대통령 영부인을 지낸 프란체스카 여사(Franziska Donner Rhee, Franceska, 1900.6.15 - 1992. 3.19)는 오스트레일리아 즉 호주 출신이 아니라 오스트리아 즉 오지리의 빈 교외의 인처스도르프(Inzersdorf)에서 출생한 '오지리댁(墺地利宅)'이라고 불러야 타당한 호칭이 되는 것이다. 오지리는 조선시대 때부터 오스트리아를 부르던 명칭이다. 우리나라에도 강원도, 충청도, 전라남도, 전라북도, 경상도 등 다섯 군데나 '오지리'라는 면이나 읍에 속한 시골마을이 있기는 하다. 나는 예전에 알프스 산맥을 끼고 잇대어 있는 여러 나라를 여행하던 중 바로 알프스 산과 연결되어 있는 '오스트리아'라는 나라의 산간 지방 한 호텔에 투숙했을 때 저녁식사 후 호텔을 나와 그곳의 주민들과 대화를 나누는 도중 한국의 초대 대통령 영부인을 지낸 '프란체스카' 여사가 이 나라의 여성이었다는 사실을 그들에게서 비로소 들을 수 있었다. 그날 우리는 서로 한 가족이라도 된 듯하였다.

프란체스카는 원래 스포츠 선수인 헬무트 뵈링거와 결혼을 하였지만 곧 이혼을 했는데 1933년에 스위스 여행 중 제네바에서 이승만을 만나 1934년 10월에 미국 뉴욕에서 두 사람이 결혼을 하였다. 두 사람은 25세의 나이 차이에도 불구하고 국제결혼을 하여 드디어 한 가정을 꾸렸다. 그녀는 이승만의 독립운동을 옆에서 도왔으며 먼저 귀국한 이승만을 따라 1946년 3월, 한국에 온 뒤로도 남편의 비서실장 같은 역할을 계속했다. 프란체스카는 1948년 법에 준하여 정식으로 한국 국적을 취득했고 나중에 1952년에는 이화여대에서 명예법학박사 학위를 얻었으며 1955년에는 중앙대학교에서 명예법학박사 학위를 받았다.

그러나 이승만의 3선 개헌이나 사사오입파동, 4.19 의거 등에 의하여 이승만 대통령이 하야(下野)하여 하와이로 망명하자 남편을 따라 같이 떠났으며 1965년 7월 이승만이 별세(別世)할 때까지 함께 생활했다. 남편이 세상을 뜨고 두 달 뒤에 자신의 고국인 오스트리아 빈(Vienna)으로 거처를 옮겨 이승만의 기일 때마다 한국을 방문하는 생활을 하다가 1970년 한국으로 아주 돌아와 이화장(梨花莊)에서 양아들인 이인수 박사의 가족과 더불어 살아왔다. 이럴 때쯤에 우리가 이화장으로 프란체스카 여사를 방문하게 된 것이다.

당시 국내에서는 초대 대통령의 부인이 한국인이 아닌 외국 여성이라고 하여 말도 많았던 때도 있었다. 실제로 상대해 보니 프란체스카 여사는 여전히 한국어는 거의 못하고 다만 영어로만 대화가 가능하였고 의사소통에 고충이 있거나 불편한 점은 양아들 이인수 박사가 곁에서 도왔다. 이인수 박사가 어머니를 호칭할 때 곁에서 들으니 "마더(Mother)!" 하지 않고 "매덤(Madam)!" 하기에 나는 놀라 묻기도 했다. 마치 예수께서 십자가에 달리실 때, 모친 마리아께 "여자여! 보소서! 아들이니이다!"(요 19:26) 하심도 경어를 쓰심이라 하더니, 이도 역시 친모 아닌 양모(養母)에게는 존칭이라는 설명을 그에게서 들을 수 있었다.

이화장에서 대통령 하야를 권유한 장본인과 이 권유를 듣고 백성이 원하는 일이라고 여기고 물러난 대통령의 가족이 함께 하여 '화목예배'를 드림은 정치적으로, 종교적으로 또는 사회적으로도 그 시사(示唆)함이 대단히 크고 신선한 이슈가 되는 일이라 여겨졌다. 더욱이 인간이 서로 화목하게 살기를 원하시는 하나님께서 기뻐하실 테니 우리가 이 일을 해냈다고 생각하니 가슴 뿌듯한 일이었고 피스메이커(Peace maker)로서 보람을 느끼는 날이기도 하였다.

이렇게 화목예배를 잘 마친 우리는 서로 한데 어우러져 기념 촬영을 하였고 음식도 나눌 수 있었으며 여기저기 이화장을 돌며 과거 이승만 박사의 독립운동 활약상이나 대한민국 건국 대통령이자 초대 대통령이기도 한 두 내외의 젊었을 적 모습에 눈길이 갔다. 그 중에도 프란체스카 여사가 소녀 시절에 예쁜 모자를 쓰고 찍은 사진은 집에 돌아와서도 자꾸 떠올랐다.

나는 서울 여인과 결혼을 하였지만 아내의 아버지 즉 나에게 장인(丈人)어른은 이북에서 월남한 '실향민'(失鄕民)인데 당시 가족이 다 북한에 남고 반공정신(反共精神)이 뚜렷한 장인과 장모님이 휴전선을 넘어 장남을 데리고 서울에 정착하게 되었다고 한다. 월남해 올 때 장인의 바로 손아래 친동생은 나중에 인민군 '상장'(上將, 북한 계급, 한국으로는 중장(中將)에 속한 별 셋의 상위 계급인데도 가족과 사상이 다르니 당당히 남한으로 내려와 살았다. 그러다가 나의 아내를 낳아 길렀고 아내는 창경원 부근의 그 집에서 태어나 거기에서 성장하였다. 그 집에서 살던 26세 아리따운 처녀 시절에 한 살 위인 27세 청년인 나를 만나 결혼하여 가족이 되었다. 명절이나 생신 때 처가를 가면 항상 장인께서는 '이승만 박사를 가장 존경하는 인물로 꼽고 있노라고 하시던 말씀이 귀에 박혔다. 참 신기한 것은 나의 선친(先親)과 처가(妻家)의 장인께서 생신이 11월 29일 같은 날이었는데, 나중에 우리 가정의 둘째 딸 혜리가 결혼을 하고 보니, 또 장인(丈人)인 나와 혜리의 남편인 사위(裵雄熙 목사)가 생일이 8월 18일로 똑같은 날이었다.

　친가, 처가 양가의 두 분이 살아 계셨을 때 우리는 항상 두 어른을 찾아 나섰는데 이제는 장인과 사위가 같은 날이라 자녀들이 내 생일을 망각할 일은 없을 것 같아 은근히 다행이다.

　나는 지금도 장인어른을 떠올리면 이승만 박사가 생각이 나고 또한 프란체스카 여사가 기억에 삼삼하다. 그녀는 1992년 3월에 노환으로 별세하여 국립묘지 이승만 대통령 묘역에 합장(合葬)되었다. 이 '합장'에 대하여는 나중에 다른 누군가를 거론할 때 할 얘기가 남아 있다.

7.
'법당에도 계신 예수' 소설의
주인공 삼불(三不) 스님

    나는 유년 시절부터 교회를 다니던 주일학교 출신이고 이미 중학생 때부터 부모님이 '하나님의 일을 할 사람'으로 사무엘처럼 바쳐놓아, 마치 '나실인'(Mazarite, Nazirite) 같은 사람이었다. 그러나 그 위험천만한 사춘기를 지나던 중학생 시절에 딱 한 번 마음을 잘못 먹었더라면 그 길로 출가하여 절에 들어가 '스님'이 될 뻔한 적이 있었다. 물론 그때도 교회를 다니고는 있지만 어린 생각에 왠지 미국이나 독일 사람, 영국이나 프랑스 사람들은 교회 다니면서 예수를 믿어도 동양 사람인 나는 절에 들어가 산속에 살면서 석가모니 부처님을 따라 스님생활을 해야 딱 맞고 당연할 것 같이 생각되는 그런 엉뚱한 시절이 있었다.
    대부분의 사춘기를 지나는 소년 소녀들이야말로 자기 자신만의 희한하고 말도 안 되는 것도 옳은 거라고 믿는 지극히 자기중심적인 무지한 판단에 의지하여 일을 저지르기도 하고 일을 그르치기도 하

기 때문에 누군가가 핀잔하기를 "이 바보야! 왜 그런 못난 생각을 했니?"라고 할지는 몰라도 그것이 바로 비행접시를 타고 금성이나 화성쯤에서 내려온 외계인 같은 사춘기의 심리적 특성인 것을 뭐라고 달리 설명할 수 있겠는가.

물론 그런 생각도 바른 판단이 아니었지만 더욱 심각한 것은 석가모니에 관한 서적들을 몇 권 읽고 보니 석가모니가 보통 멋있는 사람이 아니었던 것이다. 사울은 자신의 권력 유지를 위하여 국가에는 공신(功臣)이요 자신에게는 충신(忠臣)인 다윗을 죽이려고 거의 미쳐 있고, 다윗의 아들 압살롬은 부왕을 끌어내려 처단하고 자신이 왕을 차지하고자 혈안(血眼)이 되어 있었다. 솔로몬은 적자(嫡子)가 아닌 서자(庶子)로서 자신의 왕위를 위하여 손위의 왕자들도 중히 여기지 않고 처리했다. 거기에 비하여 석가모니는 왕의 아들로 태어나 부왕의 대를 이어 얼마 후면 자신이 천하의 왕이 될 세자임에도 불구하고 이 모든 부귀영화(富貴榮華)를 훌훌 벗어버리고 모든 인간의 문제인, 풀어도 풀리지 않는 생로병사(生老病死)의 번뇌를 해결하기 위하여 출가하여 산으로 뚜벅뚜벅 걸어들어갔다.

그런 모습이 사울 왕이나 압살롬 왕자에 비하여 더 나아 보이고 더 멋져 보이던 때가 있었던 것이다. 물론 그 한두 가지의 멋스러움이 참된 진리를 대변하는 것도 아니고, 나의 일생이 모두 하나님의 손 안에 있고 그 전능자의 선택과 예정과 작정과 섭리 가운데서 이루어지는 일들이다. 다행히 그런 엉뚱한 생각이 오래가지 않고 다시 주님 안으로 돌아왔기 때문에 오늘의 내가 있게 되었다. 머나먼 그 옛일을 지금 생각해 보면 가히 웃음이 절로 나는 해프닝처럼 여겨진다.

이런 일이 있고서 하나님의 섭리 가운데 목회 사역자가 되었는데

7. '법당에도 계신 예수' 소설의 주인공 삼불(三不) 스님

사람들이 날더러 '중 목사'라는 별명을 붙여 이름을 부르기도 하였던 것이다. 이른바 이 '중 목사'는 다른 말로 하자면 '스님 목사'라는 뜻인데 왜 이런 별호가 나에게 붙여졌을까.

그것은 내가 과거에 스님 생활을 했다는 뜻이 아니라 불교에서 12년, 14년, 24년, 25년씩이나 스님으로 살다가 개종(改宗)하여 귀소본능(歸巢本能)에 따라 주님께로 돌아와 신자가 되고 목회자가 된 이들이 신학교(神學校)에 다닐 수 있도록 양육하고 도와주는 일을 하는 나의 사역 때문에 그렇게 불려졌다는 점을 여기에서 분명히 밝혀두고 싶다.

일단 김기일 스님은 강제로 입원해 있던 병원에서 나와 세상과 정치에 환멸을 느끼고서 산 좋고 물 맑은 산사(山寺)에 입산하여 속세와의 인연을 버리고 남은 생을 절에서 중이나 되어 조용히 살기로 결심하고 출가하고자 다짐했다. 그전부터 불도(佛徒) 생활에 충실하였고 몇몇 고승들과 교분을 갖고 지내왔던 터라 막상 김기일이 입산하겠다는 소식을 들은 여러 사찰에서는 서로 맞아들이겠다며 대환영이었다고 한다.

이미 삭발을 하고 승복까지 차려 입은 그는 차일피일 산행을 미뤄 오던 중 입산하기 전에 마지막으로 찾아가서 하직 인사를 드리고 싶은 사람이 두어 분 있었는데 먼저 이 나라 헌법의 초안을 작성하였고 고려대학교 총장을 지냈으며 법조계의 석학으로서 그가 늘 존경해 오던 유진오(俞鎭五, 1906.5.13-1987.8.30, 고려대학교 총장, 신민당 총재) 박사를 찾아갔다. 사실 두 번이나 유 박사 댁을 찾아갔으나 강아지만 짖어댈 뿐 인기척이 없어 되돌아오곤 하다가 이번이 세 번째 찾아가는 길이었다.

초인종을 누르니 여자분이 누구냐고 묻기에 그냥 '선생님의 제자'

라고만 하였다. 그러자 나와서 문을 열어주는 분은 유 박사의 부인 홍 여사였다. 그는 내심으로 "선생님께서 헌법을 제정하신 본뜻이 오늘의 정치 현실이 아니었을진대, 이 나라는 왜 이처럼 비참하게 타락해가고 있습니까?" 하고 따져 묻고도 싶고 은사님의 마지막 가르침을 들으며 목 놓아 통곡이라도 하고픈 심정이었다.

"그런데 승복은 뭐야!"

"선생님! 저는 아직 중이 되지는 못하였습니다. 이제 중이 되기 위해 산으로 올라가는 길에 선생님께 하직 인사차 들렀습니다."

"이 사람, 무슨 소린가! 왜 하필이면 중이 되려고 그래!"

그러면서 유진오 박사는 한참 동안을 만류해 보았으나 계속하여 입산을 고집하며 뜻을 굽히지 않는 김기일을 보고 푸념하듯 내뱉었다.

"그래, 그토록 절로 가고 싶으면 가 봐! 그러나 석가모니는 삼불(三不)이야. 그건 내 말이 아니고 자기 스스로 고백한 말이야! 절에 가서 고승들에게 '삼불'이 무엇인지를 물어 보고 깨닫거든 다시 내려와 하나님을 믿고 살라고…"

"예! 선생님! 부디 건강하시고 100세까지 오래오래 사십시오."

이렇게 다시 큰절로 엎드려 하직하고 대문을 나서면서 그는 이렇게 중얼거렸다.

'잘 있거라, 삼각산아. 다시 보자, 한강수야. 어이하여 잊으리요, 사랑하는 나의 임아. 이제 가면 다시 볼 날, 기약조차 없다마는 자유여! 들풀처럼! 정의여! 강물처럼!'

유진오 박사 댁을 나온 김기일은 이제는 또다시 백낙준(白樂濬, 1896.3.9.-1985.1.13, 연세대학교 총장, 문교부 장관) 박사 댁을 찾아가고 있었다.

속세에 환멸을 느끼고 입산하여 중이 되셌나는 김기일의 말을 들은 백 박사는 유 박사보다 더욱 단호하게 노발대발하시면서 '마귀적인 착상'을 버리고 하나님을 믿고 공부하여 자기처럼 목사가 되라고 권면하였다. 유 박사에 버금가게 백낙준 박사를 존경하여 찾아왔을 뿐인데 오나 가나 '예수 타령'이니 구차스럽기 그지없고 백 박사께서 목사라는 말도 여기 와서 처음 듣는 일이었다고 한다. 백낙준 박사는 애착을 가지고 더욱 적극적으로 설득하고자 애를 썼다는 것이다.

"김 선생, 불교는 허무주의 철학이나 수양은 될지언정 종교가 아니에요. 당신에게는 지금 구원을 베푸는 종교가 필요합니다. 수고하고 무거운 짐 진 김 선생, 예수를 믿으시오. 그래야 삽니다. 예수님은 김 선생의 억울함과 고통의 무거운 짐을 벗겨주시고 삶의 의욕을 주시고 생의 기쁨을 주십니다. 그러니 이 시간 김 선생의 마음속에 주님을 영접하시오!"

"박사님, 저는 박사님이 목사님이신 줄은 미처 몰랐습니다. 저는 지금 생을 포기한 사람이기 때문에 산에 가서 조용히 살다가 거기서 죽어 그곳에 묻혀 땅속 깊이 잠들고 싶습니다. 저는 존경하는 백 박사님께 마지막으로 하직 인사를 드리러 왔을 뿐입니다."

백낙준이 아무리 애를 쓰고 긴 시간 동안 땀을 흘리며 권면해도 이승만 시대와 박정희 정권에 환멸을 느끼고 마음으로는 이미 속세와 인연을 끊은 그는 누구의 말에도 감동을 받지 못했다. 오히려 그는 자신의 결심을 확고히 굳히는 데 주력하였다.

오늘 이 시간까지 살아오는 동안 단 한 번도 교회에 가본 일도 없고 성경이 무엇인지, 하나님의 진리와 사랑이 무엇인지를 알 턱이 없는 김기일이었는지라 간곡한 어른들의 권면을 모두 뿌리치고 서울 우이동에 소재한 '대도선사'에 들어가 승려로서의 첫발을 내딛게 되었다. 또한 입산 전 유진오 박사의 말대로 청담(靑潭, 1902.10.20.-

1971.11.15., 조계종 총무원장) 스님에게 '삼불' 얘기를 꺼내자 청담은 마치 기다렸다는 듯이 대답하기를, "그래, 석가도 삼불이었어! 그럼 오늘부터 그대 이름은 삼불이야!" 하면서 삼불(三不)을 김기일의 정식 법명(法名)으로 내리는 것이었다.

그 후 삼불 스님은 제주 관음사, 순천 송광사, 합천 해인사, 경주 불국사, 서울 도선사, 여주 신륵사 등 전국 십여 사찰을 돌아다니며 승려로 지내오다가 마지막 삼국시대 신라의 원효대사가 창건했다고 하여 천년 고찰로 알려진 여주 신륵사(神勒寺)에서 수도하고 있었다.

어느 날 법당 안에서 목탁을 두드리며, 천상천하 유아독존(天上天下唯我獨尊)이시고 성인(聖人) 중에 성인이시고 오직 석가모니 부처님 외에는 달리 다른 분이 없다는 확신을 갖고 불상 앞에서 염불을 하고 있었다. 그런데 갑자기 법당 안이 환해지더니 순간적으로 정면에 가부좌(跏趺坐)를 틀고 천년만년을 세월없다고 앉아 있는 부처의 형상이 순간적으로 오간 데 없이 사라지고 그 자리에 예수님이 사뿐히 나타나 외치기를, "이 대역 죄인아! 지금까지 네가 믿어온 것은 거짓이요 가짜다. 모든 우상을 버리고 주 예수를 믿으라! 주 예수를 믿으라!" 하시는 것이었다. 이런 말씀과 더불어 나중에 알게 되었지만 기독교의 경전(經典)인 성경(聖經) 중에 고린도전서 2장과 사도행전 9장 가운데 오직 하나님의 성령으로 이것을 우리에게 보이셨다는 것과 사울이 환상 중에 예수님을 만나는 장면 등을 통하여 깨닫게 되었다. 이런 신비스러운 체험을 법당 안에서, 그것도 염불하던 바로 그 자리에서 하게 된 것이었다.

법당 안에서 소란이 일어나는 것처럼 떠들썩하자 밖에 있던 도우(道雨) 스님이 법낭 안으로 들어오게 되었고 나중에는 함께 기거하던 동료 스님들이 모두 알게 되어 '삼불 스님은 우리 부처님과는 인연이

7. '법당에도 계신 예수' 소설의 주인공 삼불(三不) 스님

끝났으니 속히 행장을 꾸리고 속세로 하산(下山)해서 내려가시라'는 의견들이 대두하여 하는 수 없이 신륵사를 떠나오게 되었다.

그리고 그 후 김진규 목사와 윤석표 목사를 거쳐 김성락 목사와 함께 하게 되어 김 목사의 신혼가정 한 칸짜리 방에서 7개월 동안 200여 일을 지내기도 하는 등 6-7년을 함께 동거동락(同居同樂)하였다. 그러면서 양육을 받고 신앙지도를 받아 총신대학교 신대원과 아세아연합신학대학교 및 바울총회신학교 등으로 인도해 주고 기독교의 사랑을 베풀어 주었다고 간증하는 대목을 1986년 9월 30일자 CBS 기독교방송 프로그램인 '새롭게 하소서'에 출연하여 소상히 밝히는 것이었다.

김기일 선생은 세상에서 고려대학교 정외과를 나왔고 스님으로 지낼 적엔 동국대학교 인도철학과에서 수학했다. 그야말로 세상에서나 불교계에서나 정치계에서나 경력이 화려하고 대가 무척 세고 영적으로도 체험하고 보고 들은 게 많고 한마디로 말해서 다방면에서 스케일이 큰 사람이었다. 이런 사람을 내가 만나게 되었으니 당시 내가 얼마나 벅찬 사명이었겠는가 말이다.

그를 영적으로 압도하고 제압해야 되고 영적으로 물리칠 것은 물리치고 다스릴 것은 다스려야 하기 때문에 '센 김기일보다는 더 센 김성락'이 요청되었던 것이다.

더구나 김기일은 자주 환상을 보거나 자주 음성을 듣거나 자주 꿈을 꾸기 때문에 주변에서는 늘 혼란스럽게 여겨 가까이하기를 두려워하고 꺼려하였다. 신학교를 세 군데나 보내 주어도 학교에서 문제를 일으켜 사고를 치기도 하고 퇴학 조치까지 겪게 되는 아픔도 없지 아니하였다. 심지어는 총신대학교 신대원에 다닐 때였는데 어느 학기에는 신대원생들이 소풍인지 사찰로 가는 경우가 있었는데 김기일 학생이 법당 안에서 예전에 승려로 있을 때의 행동이 나타났는지 퇴학 조치를 당하여 다시 오대산 월정사로 들어가 1년쯤을 절에서 생활하던 때도 있었던 것이다.

그때는 모든 사람들이 그를 일컬어 '개종자(改宗者)가 아니라 개종자(犬宗者)'라고 혹평하기도 하였고 어떤 이는 '종교 스파이'라고도 하였다. 그이 때문에 "김성락 목사에게 책임을 물어라. 문제를 해결해라" 하면서 별의별 소리가 들려왔다. 하지만 모든 사람이 그를 다 외면했을 때에도 오직 한 사람, 나만은 절로 올라간 그를 포기하지 않고 변함없이 기다리면서 '하나님이 살아 계신다면, 인간에게 귀소본능이 있다면, 하나님의 구원 역사가 그에게 분명히 나타났다면' 반드시 그는 다시 돌아올 것이라고 기도하며 기대하며 기다렸다. 그러자 결국 그는 다시 나에게로 찾아와 다시 신학교에 다니겠다고 하였다. 그래서 다른 신학교에 편입시켜 졸업하도록 하였고 마침내는 그를 목사로 안수를 받게 하는 자리에 이르게 하였던 것이다. 이러한 사실은 당시 기독교방송 '새롭게 하소서'에도 세 번이나 나가 간증하였고 극동방송에도 두 번이나 출연하여 좌담회를 가졌던 일이 생생히 떠오른다.

사실 김대중이란 한 사람의 정치인이 대통령 선거에서 연거푸 낙선하고 그것도 차등(次等)이 아니라 삼등(三等) 이하로 전락하면 재야 단체나 민주화 단체에서는 단일화를 못하는 모든 책임을 그에게 부과했기 때문에 개도 고양이도 모두 그를 저버렸고 그는 마침내 정계를 은퇴하고 영국으로 떠날 때가 있었다. 그때 고맙게도 장성민(張誠珉, 1963)이 영국으로 내동해 주었고, 국내에서는 내가 끝까지 그를 포기하지도 배반하지도 아니하였다. 그래서 그와 겸상을 여섯 차례 가졌다는 것이 바로 그때의 일들이다.

여기에 하나만 덧붙이자면 고영근 목사께서 활동이 대단할 때에는 주변에 수많은 사람들이 몰려왔고 국회의원 선거철이나 장관직에 대한 포부가 있는 사람들이 수없이 찾아와서 도움을 요청했다. 하지만 그가 병들어 화곡동이나 부천요양원에서 생의 말년을 보내게 될 때에는 어땠을까. 가족들의 말로는 모두 다 떠나고 '김성락 목사', 단 한 사람만 고 목사 곁에 남아 있다고 말할 정도였으니 인간들은 의리 있게 끝까지 그 자리를 지키는 일이 어려운 일인가 보다. 김기일, 김대중, 고영근, 나는 이 세 사람을 끝까지 도왔고 함께 했고 곁을 지켰다.

이 부분은 김기일과의 만남에 대한 공간이니 이 책 어떤 부분에서 또다시 김기일 스님에 대한 이야기를 더 언급할 기회가 주어질 것이라고 여겨 오늘은 이만 줄인다.

8.
성경(聖經)을 선물하며 전도했던 이기택 총재

'이기택(李基澤, 1937.7.25-2016.2.20.)'이라는 분은 포항 출신으로 한국의 유수한 정치인 가운데 한 사람이다. 그는 부산상업고등학교를 나와 고려대학교에 입학하였고 대학에 다닐 때 4.19가 터져 시위에 가담했다. 나중에 4.19 세대의 정치 거목(巨木)으로 발돋움했고 한국 근대사의 한 시대를 주름잡는 주요인물(主要人物)이 되었다. 이기택은 1960년 고려대학교 상과대학 학생위원장이었는데 자유당(自由黨)의 부정선거에 항의하는 '4.18 고대 의거'를 주도해 4.19 혁명의 상징적 인물로 부상했고 그의 정치인 역사상 '4.19 혁명 영웅' 같은 이미지가 평생 그를 따라다녔다. 4.19 세대의 대표주자로서 자연스레 정치권에 입문한 그는 처음에는 7대 국회 때 신민당 전국구로 나왔고 군부 전두환 집권 직후인 11대를 제외하고는 14대까지 내리 당선되어 7선 의원을 역임한 정계의 대부이다.

고향은 포항이지만 부산이 지역구였던 이기택은 박정희 정권과 전두환 신군부 시절에도 야당 외길을 걸었고 야권의 두 거목인 고 김영삼, 김대중 전 대통령과 어깨를 나란히 겨루며 한국정치사를 써 나갔다. 하지만 양김의 그늘에서 벗어나기가 쉽지 않았고 때로는 양김(兩金)과 협조하거나 때로는 양김과 대립하면서 정치인의 길을 걸어 나갔다. 이기택은 자신의 나이 서른에 국회원의원이 되어 39세에 야당의 사무총장직과 부총재에 잇따라 오르면서 명실상부한 정계 지도자로 발돋움하면서 결정적인 선거에서나 아니면 김대중과 김영삼 간의 대립에서 양자택일이 요청될 때는 같은 영남 출신인 김영삼의 편에 서서 도와왔다. 그러나 막상 1990년 3당 야합 때에는 김영삼의 강력한 권유에도 불구하고 그를 따라가지 않고 노무현이나 홍사덕이나 이철 의원 등과 함께 '(꼬마)민주당'을 창당해 총재로 선출되었다. 이듬해 김대중의 신민주연합당과 합당해 공동대표의 자리를 차지하게 되었다. 그때가 이기택으로서는 김대중과 정치를 함께하는 중요한 한때이기도 했다.

그는 비정하고 살벌하기까지 한 한국의 정치판에서 여러 우여곡절을 수없이 겪으며 때로는 낙선의 고배를 마시기도 했지만 그래도 7선 의원에 빛나는 혁혁한 선거의 승리자로 지내왔다. 내가 그를 만났을 때는 4.19 세대가 정치 현실에서 하나둘씩 밀려나는 석양녘이 아니라 그의 정치인생 여정에서 가장 화려하고 중요한 직책을 차지하며 휘날리던 시절이었다.

원래 이기택은 태어난 가정이 부유했고 재물이 부족하지 않은 유복한 가정으로 알려져 있다.

이처럼 화려한 정치 이력을 자랑하는 이기택 총재 역시 내가 나서서 혼자 찾아갈 위치는 아니었는데 김기일 선생과 4.19 동지인지라 쉽게 서대문구 아현동 그의 자택을 찾아가게 되었던 것이다. 우리가 아현동에 있는 그의 자택을 방문했을 때를 되돌려 보면 그의 저택은 으리으리하다는 표현보다는 한없이 드넓고 마치 전원주택처럼 멋스러운 관상목들이 우거지거나 수양버들가지가 늘어져 있었고 대문을 들어서서도 한참을 들어가서 저택에 다다랐던 느낌이 든다. 오랜 일이라 필자의 상상이 다소는 바뀌어 있을 수도 있다는 생각이 든다.

서울 시내에서 저토록 드넓은 집을 가지려면 대체 그의 가정은 얼마나 부자여야 되는가 하는 생각이 들었고 그의 걸출한 신장과 호탕하고 자유분방해 보이는 모습이 집과 잘 어울렸다.

우리는 그 집을 방문하기 전에 먼저 서점에 들러서 고급 성경책을 한 권 사가지고 들어갔다.

들은 바에 의하면 이기택 총재는 메이퀸 출신의 미인 이경의 여사와 결혼하여 부부가 되었는데 이경의 여사는 당시 다니던 교회에서 집사로 임명받아 신앙심이 두터웠던 분으로 알려진 반면에 정작 이기택 총재는 아직도 신앙생활을 하지 않는 것으로 전해졌다. 그래서 김기일 선생의 권면을 받아들여 준비해 간 성경이기 때문에 미리 마음에 결심을 굳히고 오늘 꼭 성경을 건네주고 전도하여 예수님의 가족으로 삼겠다는 마음이 대단히 강했던 것이다.

그런데 그의 자택 방문은 외부인의 방문이라기보다는 마치 교회 목회자가 어느 신자 가정을 심방하는 듯한 느낌이 지배적이었다. 왜냐하면 응접실에 들어서자마자 잠시 인사를 건네고는 곧바로 선물 증정 시간이 있겠다는 김기일 선생의 소개에 따라 나는 미리 준비해 간 성경을 기꺼이 이기택 총재에게 선물로 전달하게 되었다. 또한 이기택 총재는 환하게 웃는 모습으로 흔쾌히 하나님의 말씀인 성경을 건네받았다. 그러자 김기일 선생은 말하기를, "이기택 동지님! 이제 하나님의 말씀인 성경을 선물로 받았으니 미국의 링컨 대통령처럼 매일 이 성경을 읽으시고 이 성경 말씀을 따라 실천하는 훌륭한 정치인이 되기를 바랍니다!"라고 하자 일제히 참석자들이 박수세례를 퍼부으며 하나 같이 축하하고 좋아하는 분위기였다. 그리고 건네받은 성경과 찬송가를 들고 모두가 함께 예배를 드리기 시작하게 되었다.

그때 이기택 총재가 자리에서 벌떡 일어나더니 한 말씀을 드리겠다고 하였다.

"오늘 우리 집을 찾아오신 여러분을 환영합니다. 그동안에 나는 나의 아내 이경의 집사로부터 함께 신앙생활을 하자는 부탁을 수차례 듣고 살아왔지만 한 번도 속 시원하게 대답해 주지 못하였는데 오늘 젊은 목사님께 성경책을 선물로 받고 보니 이제 오늘부터 나도 기독교 신자가 되어야겠다는 마음을 굳게 다짐하게 되었습니다. 그동안 나를 위해 항상 기도해 주었던 아내에게 감사드리고 오늘 결심이 변치 않도록 여러분께서도 많이 기도해주시기 바랍니다."

대략 이런 요지의 인사말이 있었다. 그리고 나는 이날 예배에서도 이기택 선생의 정치 앞날을 위해 기도했고 가정의 화목과 이기택 선생의 신앙생활이 지속되기를 주님 앞에 기도를 드렸다. 그날 이후로 그를 더 이상 만나지 못했고 먼발치에서 그가 독실한 신자가 되어 신앙생활을 잘하기만을 늘 기도해 왔다. 그런데 물론 한참 후이기는 하지만 어느 날 갑자기 그야말로 느닷없이 이기택 총재의 별세 소식을 TV 뉴스를 통해 듣게 되었다. 평소에 지병도 없었고 항상 건강하고 씩씩한 모습만을 보여준 그가 급작스럽게 세상을 떠난 것이 너무나 아쉬웠다.

아마도 그 무렵 그는 자신의 일대기를 남기고자 하는 마음으로

'회고록'을 쓰고 있었는데 그 일에 너무 무리한 것인지 갑자기 하직하게 되었다. 당시 그의 비서실장 박계동 씨에 의하면 세상을 뜨기 전날만 해도 여의도 사무실에서 6년간 준비해 온 자서전 원고 작업을 끝냈고 사무실을 나오면서, "아, 큰일을 마쳤네!"라고 말할 정도로 흡족해했다고 한다. 평소 지병이 없던 그가 다음날 아침 박계동 의원이 깨우러 들어가니 이미 운명하신 상태였다고 하니 가족으로서나 정치적 동지들 사이에는 너무나 허망한 일이 아닐 수 없었던 것이다.

  그에게 전도를 했던 나로서는 TV의 뉴스 보도를 여기저기 살피면서 그의 영정 사진 앞에 세워진 패를 보면서 주의 깊게 관심을 기울여 찬찬히 들여다 볼 수밖에 없었다. 한 사람이 생을 마감하고 세상을 떠나갈 때에는 어김없이 신자들은 붉은 십자가 명패 아래에 '장로 ○○○' 하거나 '집사 ○○○' 하거나 성직자일 경우에는 '목사 ○○○'라고 표기한다. 그래서 그가 '신앙생활을 잘하여 장로가 되었으면… 아님 집사라도 새겨져 있으면…' 하고 살폈지만 끝내 '성도 이기택(聖徒 李基澤)'이라고 써 있는 것을 보고서 다소 실망스러움과 아쉬움이 교차하는 마음이었다. 사실 직분이란 크게 중요하지 않는 것 같아도 그의 일생을 대변해 주는 표시이기도 하기 때문에 그러한 것이다. 그래서 남성 신자는 모두 장로가 되고 여성 신자는 권사가 되길 바란다.

  그는 30세에 의원나리도 되었고 39세에는 최연소 제1야당 사무총장도 되었고 42세 때에는 부총재로 세움을 받아 차세대 40대 기수로 각광을 받기도 했다. 잘 되었다면 즉 3당 합당 때 김영삼을 따라갔거나 아니면 노무현과 겨루어 이겼다면 '노무현 대통령' 대신에 '이기택 대통령' 시대를 우리에게 안겨줄 수 있는 인물이기도 했다.

그의 영정 앞에서 우리가 똑똑히 기억하고 잘 살아가야 할 것은 마지막 남은 이력은 의원이니 장관이니 총재니 7선이니 이런 것은 하나도 남지 않고, '성도'냐, '집사'냐, '장로'냐 하는 직분으로 주님 앞에 서게 된다는 사실을 모든 사람이 마음에 꼭 새겨두었으면 좋겠다는 생각이다.

흘러가는 세월 속에!

9.
한국대학생선교회의
영원한 청년 김준곤 박사

김준곤 박사는 참으로 아름답고 고결한 인생을 살다간 이 시대의 진정한 모델이요 참 표상이 되는 인물임에 틀림이 없는 분이시다. 그는 예수 중독자요 예수에 미친 사람이요 복음 전도자였다. 그가 조선대학교에서 문학과를 마치고 미국에 건너가 '풀러신학교'에서 유학할 당시 C.C.C. 설립자인 빌 브라이트 박사를 만나 한국에서도 대학생선교회를 시작하라는 권면을 듣고 귀국하여 한국 C.C.C.를 창설했다. 그는 서울대학교, 고려대학교, 이화여자대학교 등을 직접 다니며 복음 전도에 나섰는데 1958년 11월에 서울에서 시작해 오늘날 330개 대학에 16,500명의 회원을 가진 단체로 길러냈고 지금까지 C.C.C.를 거쳐간 대학생은 300,000명을 훌쩍 뛰어넘는다고 보고 있다. 그중에도 홍정길(남서울교회 목사), 하용조(온누리교회 목사), 정운찬(국무총리), 이광자(서울여대 총장), 주수일(기업 회장), 박세환(예비역 대장) 등이 대표적인 C.C.C. 출신 인사들이다.

그는 1965년 대한민국 국회조찬기도회를 시작했고 1968년 나사렛 형제들을 창단했으며 《예수칼럼》이나 《김준곤 문설집》, 《김준곤 명상》, 《김준곤 예화》, 《김준곤 설교》 등의 명저를 남겼으며 본래는 대한예수교 장로회(합동) 소속이었으나 훗날 예장 합동을 탈퇴하고 한국독립교회선교단체연합회 창설에 함께 하였다.

1900년 7월 4일 평안남도 강동에서 태어난 이성봉 목사가 소학교 시절 김익두 목사의 교회에 출석하면서 신앙의 영향을 받아 목사가 되고 부흥사가 되었다. 그 당시 전남에 최초로 세워진 목포 북교동 성결교회 3대 목사로 부임하여 새벽마다 청년들과 함께 유달산에 올라가 기도와 찬송으로 목포의 새날을 열던 무렵 그가 북교동교회에 재임하는 동안 부흥과 성장을 거듭했고 교회도 증축했다. 그리고 목포 주변의 섬인 암태도, 임자도, 증도, 압해도, 신안의 섬 곳곳에 교회를 설립해 갈 무렵 '문준경'이라는 신안 출신 여성이 북교동교회의 어느 전도인을 통해 복음을 접하고서 교회에 나가게 되었고 북교동교회 신자가 되었다.

문준경은 신자가 된 이후에는 이전과는 전혀 다른 새로운 인생을 접하고 충성된 신자로 살아가는 계기가 되었는데 특히 문준경의 새 인생길에 불을 당겨 준 사람은 다름 아닌 이성봉(李聖鳳, 1900.7.4-1965.8.2) 목사였다. 그리하여 문준경은 이성봉 목사의 신앙 지도 아래 전도자로서의 새로운 인생길을 걸어가고자 1931년 그녀의 나이 41세에 경성성서학원에 입학했다. 1936년에 신학교를 졸업한 문준경 전도사는 중동리교회를 중심으로 본격적인 전도자의 생을 보냈다. 그녀는 복음전도자로, 목회자로, 의사로, 간호사로, 산파로, 유모로 지역주민을 섬기며 전도했다. 때로는 우체부 역할도 하고, 시신도 염하는 장례사 역할도 마다하지 않았다.

1950년 한국전쟁 당시 목포의 안전한 곳에 있었으면서도 성도들의 안위가 염려되어 섬에 들어가 1950년 10월 5일 새벽, 그녀의 나이 60세에 결국 순교의 제물이 되었다. 그녀의 복음 전도 사역 기간에 수많은 신자들과 기독교 일꾼들이 배출되었다. 이를테면 '남도의 백합화'라고 불리우던 문준경 전도사의 전도의 결실이 바로 김준곤 박사, 신복윤 박사, 이만신 목사, 정태기 박사 등이었다. 그들이 회심하고 돌아와 한국교회의 주요 부분들을 담당해 왔는데 그분들 중에 한 분이 바로 김준곤 목사이다. 내가 김준곤 목사를 만난 것은 High C.C.C.를 통해서이다.

　당시 우리는 중고등학생 때 S.F.C.라는 단체에 소속해 있었는데 이 S.F.C.는 Student For Christ의 약자로 그리스도를 위한 학생이요, 이른바 '학생신앙운동'이었다. 이런 단체에 속하여 신앙생활을 잘하고 있던 우리들에게 형이나 누나들이 속해 있던 C.C.C.에서 고등학생들에게도 미리 C.C.C. 훈련이 필요하다 하여 C.C.C.에 들어가기 전부터 신앙지도를 받게 된 것이었다. 그 후 대학에 들어간 후에 자연스럽게 C.C.C.에 속하게 되었고 김준곤 목사님을 만나게 된 것이다. 내가 '한얼산기도원'에 올라가 은혜를 받고 주간 집회로 약 16회나 참석하여 같은 설교 말씀에 심취한 바 있었다. 김준곤 목사님께도 똑같은 내용의 메시지를 약 50차례 들어도 싫증은커녕 감동과 은혜의 물결에 출렁거렸다.

　그 후 '타이타닉'이라는 영화가 나왔는데 몹시도 감명을 받아 여러 사람들을 모시고 가는 바람에 여섯 차례나 감상하게 되었다. 저 유명한 '김시라'라는 일인극작가(一人劇作家)가 '품바'라는 공연을 할 때는 외국에서 귀국하는 지인들이나 문화생활을 좋아하는 주변 분들을 초청하여 가는 일들이 많아 무려 50여 차례나 같은 내용의 공연을 관람 때마다 감동 있게 구경했던 이력이 거기서 생겨난 것일까. 그러나 그보다 먼저 정비석의 '김삿갓 전집' 6권이나 테니슨의 '이노크 아든,' 롱펠로우의 '에반젤린', 그리고 막스 밀러의 '독일인의 사랑', 알퐁스 도데의 '별' 등은 해마다 한 번씩 접하기도 하기 때문에 되새기고 반복하는 일에는 집요하리만치 이력이 나 있는 사람이다.

우선 김준곤 목사님의 메시지는 문학을 추구하는 나에게 신선하였고 다른 분들과는 차이가 뚜렷하였다. 그의 복음 전도에 대한 열정이 한국의 젊은이들을 그렇게 끌어들였나 보다. 그분도 생존해 계실 때 부족한 제자의 저서를 발간할 때 추천서를 달아 주셨는데 책이 '천로역정'이었기 때문에 대략 이렇게 써 주셨다.

기독교 고전을 통한 감동적인 메시지.
요한 번연의 '천로역정'은 너무나 유명한 책이어서 새삼 소개할 필요가 없을 줄 압니다.
아마도 이 지상에서 성경중심 사상을 증거한 책 가운데서 '천로역정'만큼 널리 읽혀진 책도 드물 것입니다. 그만큼 이 책은 읽는 이를 감동시키고 변화시키는 영적인 양서입니다.
제가 처음 '천로역정'을 접했을 때 크고 신선한 충격을 받았는데 김성락 목사님께서 저에게 추천을 희망하며 보내주신 '설교로 엮은 천로역정'을 읽으며 다시 한번 감동과 새로운 충격을 경험하게 되었습니다.
본서는 일종의 강해설교라 할 수 있습니다. 세계적인 기독교의 고전을 바탕으로 하여 오늘에 맞게 다시 쓴다는 김 목사님의 새로운 시도가 훌륭히 이루어졌다는 점에서 우선 놀랍습니다. 아울러 이러한 발상만큼이나 그 내용도 은혜스러워 읽는 이들에게 많은 영적 교훈과 깨달음을 주고 있습니다.

그리고 원작자 요한 번연이 그러했듯이 본서의 저자도 '천로역정'이라는 문학작품을 통해 하나님의 구원의 과정과 역사를 철저히 성서적 근거로 증명하고 있다는 점에서 대단한 공헌을 하였습니다. 본서를 읽다 보면 기독교의 불멸의 작품인 '천로역정'이라는 명작의 핵심을 완전히 이해하게 될 것입니다. 이제 본서가 강단을 지키는 목회자는 물론, 생활 속에서 '기독도'의 삶을 사는 모든 성도 여러분께 사랑받게 되기를 바랍니다.

한국대학생선교회 총재
김 준 곤

다행히 김준곤 박사님과 고영근 목사님의 추천서도 있었고 기독교 간행물마다 '신간 안내' 코너에서 알려주었고 특히 예장(합동) 측의 총회 기관지인 '기독신문'에서는 지난번 '법당에도 계신 예수'라는 나의 부족한 졸저(拙著)에 이어 이번에도 기관지 언론 1년을 결산하는 '구독자 독후감 응모' 추천도서로 발표하여 그해의 책 10권 중에 두 번째 오르는 흡족함도 있었다.

우리 김준곤 목사님은 저에게는 거의 선친님과 별반 차이가 나지 않는 연세이시고 워낙 오랫동안 신앙의 지도를 받아왔기 때문에 지금도 기억에 새롭고 친근한 마음이 가득하며 특히 그분의 문학적인 표현과 뛰어난 언어구사 능력은 평생을 닮고 싶어도 닮지를 못한 아쉬움과, 아마도 차마 범접(犯接)할 수 없는 머나먼 거리에 있는 분 같은 생각이 지배적이다.

존경하고 사랑하는 김준곤 목사님은 한국전쟁 때 부친도, 첫 번째 사모님도 공산당에게 희생을 당하셨다. 자신도 수차례 죽을 고비를 넘겨 살아 나셨다고 하시며 우리가 사회주의 사상이나 공산당과는 도저히 함께 할 수 없고 가까이해서는 안 될 참으로 무서운 사상이라는 점을 수차 말씀하셨기 때문에 우리는 지금까지 철저한 반공정신이 뇌리에 깊이 새겨져 있는 것만 같다.

10.
천재라 불리우던
MIT공대 출신 이태섭 박사

이태섭 박사도 4.19 혁명동지요 회원이시다. 나는 4.19가 일어날 당시 예닐곱 살밖에 되지 않는 어린아이였기 때문에 내가 그분과 동지일 수는 없고 그분이 여러 4.19회에 관계된 분들과 동지란 뜻이다. 그래도 내가 4.19를 높이 평가하고 그 정신을 기리는 것은 이런 데에서 엿볼 수 있을 것이다.

애당초 나는 1980년 새해가 밝아올 무렵 저 유명한 한얼산기도원에 있었다. 그야말로 그때 나는 집도 절도 없는 신세로, 말하자면 노숙자나 떠돌이에 지나지 않았다. 듣노라니 '음식은 가리지 않고 먹더라도 잠자리는 가려 자라'는 옛말이 있다는데 나는 공부할 때 음식도 수없이 굶어 가릴 겨를이 없었고 잠자리도 가려 잘 만한 입장이 되지를 못했다. 모르긴 해도 아마 기도원을 자주 찾은 것도 오갈 데가 없어 갈 때도 많았을 거다.

그런데 그날 밤은 1979년이 저물어 가고 1980년 새아침이 밝아오는 교차의 순간이었다. 밤에 보니 산이나 나뭇가지에 눈이 소복이 쌓였고 물 저장고인지 아니면 공동우물쯤 되는 것인지 곁에 있는 물을 보니까 가로로 네모진 칸에 물이 꽁꽁 얼어붙어 있었다. 그래서 나는 그 얼음을 깨고서 물이 나오자 그 물을 길어다가 얼음물로 몸을 정갈하게 씻었다. 한참을 씻고 나서 마음은 개운해지고 정신은 번쩍 들어 다시 산으로 가서 무척이나 두텁게 쌓인 눈밭에 앉아 내가 믿는 전능하신 하나님께 기도를 드렸다.

"하나님이시여! 보시다시피 아시다시피 저는 지금 집도 절도 없고 아직 공부하는 학생입니다. 그런데 지금까지 스물일곱 살 되는 해에 결혼을 하게 해 달라고 하나님께 기도해 왔는데 이제 드디어 그날이 다가왔습니다. 신부도 없고 잡아 놓은 예식장도 없고 거처할 신혼집도 없고 아무것도 없습니다. 그러나 올해 4월 19일 토요일 낮에 결혼식을 하게 해 주십시오! 이제 정처 없는 떠돌이 생활을 그만하고 결혼해서 안정되게 공부도 하고 종의 길을 가게 해 주십시오!"

이렇게 기도하는 걸 보면 그럴싸해 보이지 않는가. 내 나이가 비록 어려서 4.19 혁명에는 참여하지 못했고 경무대로 밀고 들어가진 못했을지라도 결혼식이라도 4.19 혁명일에 치르고 그 4.19 선배들의 정신을 이어 받아 혁명가의 기백으로 굳세게 살기를 빌고 빌었던 것이다.

물론 이렇게 기도하고 산에서 내려가 1월 23일에 어여쁜 자매를 만나고 4월 19일에는 결국 결혼을 하기는 한다. 만나고 나서 3개월이 채 되기 전에 4월에 해당하는 네 차례와 19일에 해당하는 열아홉 번을 만나고서 총 23번의 만남 끝에 가정을 이루었다. 다른 얘기는 뒤로 넘기고 일단 내가 4.19를 얼마나 흠모하고 중히 여기며 살아왔는지를 말하고 싶은 것뿐이다.

10. 천재라 불리우던 MIT공대 출신 이태섭 박사

그리하여 나는 4.19 혁명의 진정한 주역인 김기일 선생과 함께 또 다른 4.19의 주체세력인 이태섭 박사를 만나기 위하여 그의 사무실을 찾아갔다. 이태섭은 6.25 전쟁 때 부모를 잃고 고아가 되었으나 팔탄국민학교와 경기중학교, 경기고등학교를 수석으로 졸업하고 서울대학교 화공과를 마친 뒤에 미국으로 유학을 가서 MIT공대를 다닌 대한민국의 자랑스런 인재(人才)에다가 천재라는 말도 듣는다. 이때 그는 석사학위를 거치지 않고 바로 박사학위를 받았다고 전해진다.

그가 다시 서울로 돌아와 유명한 강남에서 10대, 11대, 13대와 15대 국회의원을 지냈고 국회상공위원장, 정무1장관, 과학기술처장관 등을 두루 거쳤다. 나중에는 한국원자력문화재단 이사장, 국제라이온스협회 부총재와 국제라이온스협회 국제회장도 지냈던 자랑스런 한국인이다. 그런데 그가 서울대학교 재학 시절 학생회장으로 학생운동에 참여했기 때문에 김기일과 잘 아는 동지였는데 1991년 한보그룹의 정태수와 관련된 수서 비리 사건이 있어 의원직을 상실하고 수감되었다. 한편 그는 수감생활 중에 신앙인이 되어 돌아왔고 다시 보궐선거에서 당선되어 명예를 회복하게 되었다.

이때도 김기일 선생이 "오늘은 이태섭 박사를 만나러 가자" 해서 가게 되었는데 그때는 그가 다시 선거에 당선되었고 신앙심도 돈독해진 상태에서 만나게 된 것이었다. 우리가 그의 사무실로 들어서자 그는 자신의 4.19 혁명 동지와 젊은 목사를 진정성이 느껴질 정도로 정말 따뜻하게 대해 주었다.

이날 이태섭 박사와 마주 앉아 세 사람이 예배를 드리는데 이날도 역시 예배는 내가 맡았다.

찬송을 부르고 기도를 하고 성경을 찾아 읽고 이제는 말씀을 전할 시간이 되어 설교를 했다.

그런데 그가 잠시 예배를 드리며 말씀을 전하는 동안 줄잡아 대략 50번 이상은 '아멘! 아멘!'을 연발하는 것이었다. 구구절절 메시지 부분부분마다 간절한 마음으로 계속 연달아 아멘이었다. 오래도록 사역을 해왔지만 이토록 사모하는 심정으로 예배를 드리고 간절히 은혜 받는 모습은 쉽게 보기 흔치 않는 일이었다.

더구나 이분이 누구인가. 천하에 이태섭이요, 천재라는 소리를 듣는 이태섭인데 말이다. 나도 고아원 생활을 해보았다. 나는 고아도 아니면서 아이들을 가르치느라 고아원에서 아이들과 한방 생활을 하고 '형' 소리를 들어가며 방장 노릇을 해 본 적은 있지만 이태섭 박사야말로 전쟁고아가 되어 그 험난한 인생길을 헤쳐 왔을 테고 다행히 주변에서 좋은 분을 만나 명문 중고등학교를 나오고 명문 대학에 다니다가 미국에 유학 가서 명문 MIT공대까지 졸업하고 거기에서 박사까지 따 왔으니 참 대단한 인물이고 자랑할 만한 인물임에는 틀림없다. 그럼에도 불구하고 그의 겸손한 태도, 겸손한 인품, 겸손한 예배 자세는 두고두고 잊을 수 없을 만큼 나에게도 커다란 감동이요 더없는 배움이요 깨우침이었다. 까딱하면 우리는 거들먹거리고 방자하고 기고만장(氣高萬丈)하기가 일쑤인데 진정으로 무르익은 인물들은 역시 범상한 우리들과는 사뭇 다르다는 느낌을 강하게 받았다.

지금도 나는 어떤 조그마한 일로 우쭐대려는 자고병(自高病), 오만병(傲慢病) 증상이 나타나려 하면 그때 그의 일을 되새기며 엄히 꾸짖어 가라앉히곤 한다.

성경말씀에도 "교만은 패망의 선봉이요 거만한 마음은 넘어짐의 앞잡이니라"고 했으니 언제나 우리가 겸손해야만 더 좋은 하나님의 선물을 지속적으로 받아 누리는 은총의 사람이 될 것이다(잠 16:18). 또한 겸손한 자와 함께 하여 마음을 낮추는 것이 교만한 자와 함께

하여 탈취물을 나누는 것보다 나음을 기억하며 살아야 하겠다(잠 16:19).

4년간의 남북전쟁이 북군의 승리로 끝나고 링컨 대통령과 스토우 부인이 만났다. 한 사람은 북군의 지도자로서 노예해방을 위해 싸웠고, 다른 한 사람은 '엉클 톰스 캐빈'이라는 소설을 통해 흑인 노예들의 비참한 삶을 묘사해 백인들의 반성을 촉구하고 노예해방의 정당성을 갈파했다. 링컨은 스토우 부인을 보고 깜짝 놀랐다.

"선생님이 정말 스토우 부인입니까? 위대한 소설을 쓴 부인의 용모는 강인할 줄 알았습니다."

그때 스토우 부인은 입가에 잔잔한 미소를 지으며 말했다.

"사실은 그 소설을 쓴 사람은 제가 아니었습니다. 노예제도를 보고 노여워하신 하나님이 쓰신 것입니다. 저는 단지 그분의 도구였을 뿐이지요. 각하의 모습도 제가 상상한 것과는 너무 다릅니다. 의외로 인자한 표정이군요."

링컨 역시 스토우 부인에게 말했다.

"사실은 제가 싸운 것이 아닙니다. 저도 작은 도구였을 뿐이었죠."

우리는 링컨과 스토우 부인과의 대화를 들으며 '역시 하나님은 이런 겸손한 사람들을 통해 위대한 역사를 이루어 가시는구나'라는 감탄을 자아낼 수밖에 없다. 오늘날 모든 신자들이 이태섭 박사처럼 겸손한 모습으로 주님께 의로운 도구로 붙들림 받아 아름답게 쓰임받게 되기를 바라는 마음이 간절하다.

"그러므로 하나님의 능하신 손아래에서 겸손하라 때가 되면 너희를 높이시리라"(벧전 5:6)는 하나님의 말씀을 가슴에 품고 끝까지 겸손한 사람으로 하나님의 영광을 드높이고 이태섭 박사 자신에게도 하나님의 은총이 가득하기를 기도하고 돌아왔다.

11.
당대 최고의 철학자
안병욱(安秉煜) 선생

    지금도 나는 이당 안병욱 선생께서 친히 일필휘지(一筆揮之)하여 건네주신 서예작품(書藝作品)을 귀중한 보물로 여기고 소중히 간직하고 있다. 그 작품의 의미는 '세심정혼'(洗心淨魂)이라고 쓰신 대로 '마음을 깨끗이 씻고 영혼을 정결케 하라'는 깊은 뜻을 가지고 있는 고귀한 작품이다. 숭실대학교 교수이던 이당 안병욱 선생께서는 당대 김형석 연세대 교수와 더불어 한국 철학자로서의 양대 산맥 역할을 해주셨다. 더구나 선생께서는 독특한 자신의 서체를 '고유화'하고 '특허화' 할 만큼 서예계의 일가를 이루어 그 뛰어남은 이미 정평이 나 있는 분이시다.

    이당 안병욱(怡堂 安秉煜, 1920.6.26-2013.10.7) 선생께서는 위의 작품뿐만 아니라 더 많은 작품을 선사해 주셨다. 나에게 친필로 보내주신 손 편지도 잘 간직하고 있다. 이분은 내가 자택으로 찾아가 뵈옵게 된 분이 아니고 그분이 친히 누추하고 초라한 남헌(南軒) 거처까지 찾아오실 만큼 친밀감을 나타내 보여 주셨고 자상하시고 따뜻한 마음도 보여주신 분이시다. 나중에 내가 한중일(韓中日) 3국의 서예 1인자이신 고암 김영두(古岩 金榮斗) 선생을 양부(養父)로 모시게 되어 자주 찾아뵈었는데 그때 고암 선생께 듣기로는 강원도 양구군 내에 대단한 문화촌을 건립한다는 말씀을 전해 듣게 되었다.

강원도 양구는 문화예술계의 인재들을 많이 배출한 예향(藝鄕)의 땅이라고 부를 수 있는데 우선 미술계에서는 박수근 화가와 시인으로는 이해인 수녀와 철학자로는 안병욱 교수와 김형석 교수의 기념관을 갖고 있고 서예가로는 고암 선생의 기념관이 들어서게 되어 '강원도 양구' 하면 명실공히 '시화학서예'(詩畵學書藝)를 자랑할 수 있어 시인과 화가와 학자와 서예가, 그리고 예술가를 망라하여 이들의 정취를 느끼고 돌아갈 수 있도록 '테마 여행지'로도 손색이 없게 가꾸고 있다는 것이다. 물론 독자들도 잘 아시겠지만 안병욱 교수와 김형석 교수는 강원도 양구 출신이 아니고 이북 용강과 대동 출신들이지만 그들도 실향민 입장에서 고향을 그리는 마음이 애틋하여 북한과 가까운 양구군에 자신들의 기념관 세우기를 허락하여 그렇게 된 것이라고 한다.

그리고 안병욱 교수와 김형석 교수는 같은 해에 태어난 동갑내기로 출생일 날짜도 겨우 열흘밖에 차이 나지 않는 사이로 평소에도 친할 수밖에 없는 것이 같은 '실향민'에다가 같은 '동년배'에다가 같은 '철학자'에다가 두 분이 성격도 서로 온화한 지성인(知性人)들이어서 여러 모로 친밀한 죽마고우(竹馬故友)처럼 지내게 되었다. 그러나 안병욱 교수께서 먼저 세상을 뜨셨는데 안(安) 교수도 향년 94세까지 사셨으면 대단히 장수하신 분인데 뒤에 남은 김형석 교수께서는 금년에 무려 102세가 되시니 이에 비하면 94세는 너무 일찍이 가신 것이라고 말하게 되고 말았다. 아차! 나의 선친이신 현암 김태석(玄岩 金泰錫, 1917-2008) 장로께서는 88세에 어머님이 먼저 가 계신 하늘로 가셨다. 이 두 철학자 어른보다 세 살이 더 많으셨으니 지금 생존해 계신다면 105세가 되셨을 것이다.

　나는 이당 선생을 고등학생 때 처음 만나게 되었다. 물론 그때는 대강당에서 철학을 강연하시는 그분을 먼발치에서 바라다보며 사춘기 시절에 그 멋스러운 철학자의 음성을 마음에 새기며 들을 수 있었다. 그 후 나이 서른이 넘어서 그분을 더 가까이 모실 수 있는 교분을 갖게 된 것이었다. 여러모로 부족하기 이를 데 없는 사람이 저런 귀한 분들을 대할 수 있다는 것 자체가 내 인생 가운데서 참으로 결코 잊을 수 없는 은총의 세월이었던 것 같다.

　나는 그분의 건강을 위하여 선물을 사 드린 적도 있었고 그분의 마음에 위로가 되도록 기분을 유쾌하게 해 드리기 위하여 세심한 배려도 아끼지 않았다. 항상 느끼는 것이지만 사람들은 훌륭한 어른들이나 어떤 명사(名士)를 대하노라면 무척이나 힘들고 까다롭고 어려울 줄로 알지만 우리가 실제로 그런 분들을 가까이서 대해 보면 그분들의 인품이 뛰어나고 고상하기 때문에 오히려 마주하기가 쉽다. 또 상대방을 워낙 편히 대해주시고 친절하시기 때문에 더 포근함을 느낀다. 우리가 교회생활을 해 보아도 신자들이 사역자의 옆으로 다가오기를 망설이고 혹시 식사 시간에 사역자와 서로 보고 앉아 있게 되면 마치 한 끼니의 식사 시간을 참으로 난감하게 여기면서 꺼려하는 분들을 더러 보게 된다. 하지만 사실은 그러지 않아도 될 것이라는 마음을 전달해 드리고 싶을 때도 있다.

　나노 성주 김장규(星州 金昶圭) 신생에게 사사를 받았고 작품 활동도 하면서 어줍잖은 서예가로 활동하고 있지만 이당 안병욱 선생의 서체(書體)는 사전에 나와 있지도 않고 어느 서예가에게서도 보지 못했던 자기 자신만의 독특한 서체이다. 그것이 오히려 한층 더 고고(高高)하고 멋스러워 보인다는 점을 꼭 밝혀드리고 싶다.

어려서부터 나는 이런 생각을 했다. 학교에서 교편을 잡거나 아니면 정치가가 되거나 혹은 작가가 되거나 문학인이 된다면 평생 글을 쓰며 살아야 하기 때문에 그 글씨 솜씨는 꼭 배울 때 잘 배우고 습득할 때 잘 습득하여 소위 명필(名筆)이라는 칭찬이나 평가를 들을 만해야 좋다고 생각했다.

그런 마음을 갖고 배우고 익혀서 그런지는 몰라도 나는 어려서부터 늘 공부는 못해도 글씨를 잘 쓴다는 칭찬이나 평가는 들었던 것 같다. 초등학교 때는 벌써 잉크병을 가지고 학교에 다니고 그 잉크병에 꼭꼭 찍어 철필로 글을 썼는데 대체로 정자체(正字體)로 배웠기 때문에 "너는 중학생 글씨 같구나! 너는 고등학생 글씨 같구나!"라는 칭찬을 들은 것 같다. 중학생 때 수학 시간에도 "네가 고등학생 형들보다 더 잘 쓰는구나!"라는 칭찬을 들었고, 군대에 가서도 내내 행정반에서 병사들에게 게시할 차트나 글을 썼다. 심지어는 후반기 교육이라고 하여 810 주특기를 받은 내가 대구 효목동에 가서 국군군의학교(國軍軍醫學校) 시절에도 군 행정을 맡았던 일들이 주마등처럼 떠오른다.

그 후로도 사회에 나와서 시도 짓고 소설도 쓰고 서예도 하고 하기 때문에 나의 일생은 글 쓰는 일이 엄청 많은 터라 어렸을 때 맘 먹고 제대로 잘 배웠다는 생각이 든다. 요즘에는 대부분의 친구들이 모두 은퇴(隱退)하여 집에서 구박을 안 받고 삼식(三食)이 소리를 안 들으려고 산이나 들이나 바다로 나간다. 하지만 나는 아직도 맡은 일이 있어 그전에는 대부분 컴퓨터로 처리하던 것들을 요즘에는 일일이 노트에 손으로 기록하여 깔끔하게 잘 정리해서 상큼하게 사용하고 있다.

　이번에는 유명한 철학자이신 이당 안병욱 교수 만남에 대한 지면인데 어줍잖게 이 말 저 말을 보태기보다는 그냥 내 글 쓰는 얘기나 하다가 매듭을 지어야 하련가. 그래도 말인데 흔히 세상에서 말하기를 "모든 사람이 잠들어 있거나 취해 있는 가운데 단 한 사람 철학자가 깨어 있다!"라는 말도 있다. 세상에 잡다한 경영이나 치열한 경쟁보다는 나는 유유자적하게 보이는 철학자들이 참 좋다. 그리고 아니나 다를까, 그런 분들은 적어도 인생을 논하고 학문을 논하고 문학을 말하고 철학을 해득하기 때문에 중년이거나 노년이거나를 무론(無論)하고 참 멋스러운 분들이라고 생각한다.

　예전에 독일에 갔을 때 괴테가 걷던 거리를 걸으며 그의 작품인 '파우스트'를 구상하던 곳이라던데 우리에게는 그런 곳이 좋았다. 그리고 프랑스인가 '레미제라블'의 현장이나 '플란다스의 개', '안네의 일기'의 배경이 되었던 곳, 단테가 '신곡'을 집필하던 곳, 또 영국에 돌아와서는 셰익스피어의 생가라든지 이런 데를 찾아가는 여행이 너무나 좋았다는 생각이 든다.

12.
언제나 그립고 보고픈 사랑하는 내 어머니

사랑하는 내 어머님께서 세상을 떠나 하늘로 가시고 지상에 계시지 않은 지가 오늘로 꼭 45년째 되는 날이다. 그러니까 나는 지금까지 어머니가 계시지 않은 세상에서 45년째 고아로 살아오고 있다. 1976년 9월 7일 화요일 오후 4시 30분에 눈을 감으시고 영면(永眠)에 들어가신 우리 어머니시다. 어머니가 생을 마치고 떠나시던 그 해에 나는 스물세 살 젊은 청년이었다.

굳이 말하자면 나는 그때 강원도 철원군 갈말면 문혜리 텃골이라는 산간 지방에서 군인생활을 하던 병사였다. 군목시험(軍牧試驗)을 치르지 못하여 일반 사병으로 입대하게 되었는데, 같이 근무하던 의무실의 동료 장병은 조병일과 지상섭, 최무영, 김대열 그리고 나와 김광수, 김영현, 김선태 등 도합 7명이었다. 하나는 군의관이고 하나는 선임하사이고 다섯은 의무병 주특기를 받은 위생병이었다.

그때 우리는 155mm 곡사포 포병부대 안에 들어 있는 의무실에서 함께 모여 병사들의 건강을 살피고 다친 전우들을 치료하던 일을 했다. 그러나 본부에서 네 명이 근무하고 있고 나머지 세 명은 '알파'와 '브라보' 그리고 '챠리' 때로는 깊은 산속 '탄약고'까지 오가며 근무하는 '파견병'들이었다.

그때 나는 본부에 있었는데 어머니가 돌아가셨다는 비보(悲報)를 접하게 되었다. '모친사망 급귀가망'(母親死亡 急歸家望). 이것이 어머니가 돌아가셨으니 속히 집으로 돌아오라는 당시의 전보문이었다. 25일짜리 첫 휴가를 다녀온 지가 불과 한 달도 채 안 돼서 이런 급보가 온다는 것은 더 이상 물어볼 필요도 없이 혹시 다른 여지가 남아 있을까 상상할 필요도 없이 어머님이 세상을 떠나셨다는 사실이 분명함을 알리는 청천벽력(靑天霹靂) 같은 슬픈 소식이 분명했다. 때로 특별 음식이 먹고 싶어 감옥소에서 월남 이상재 선생처럼 생일이 한 해에 서너 차례 있을 수도 있고, 군인으로 간 아들이 너무 보고 싶어 부모의 위독을 알리거나 사망 운운하며 특별 휴가를 설득하는 일이 사람 사는 세상에서는 간혹 있다고 하더라도 이번 일은 어김없이 어머님께서 세상을 뜨셨다는 사실 앞에 추호도 가정(假定)이나 가능성(可能性)이나 다른 여지(餘地)는 남아 있을 수 없다는 것을 알았다. 그렇기 때문에 비보의 사실을 직감했고 가슴 아픔도 몹시 쓰렸다.

군인의 일이라 부대에서 바로 허락이 나와 출발하지 못했고 조금 늦어져 집에 돌아오니 이미 장례식은 모두 끝났고 나는 곧장 어머님이 묻혀 계신 산으로 올라갔다. 울며불며 산을 오르는 나를 보고 형제들과 세 누님이 곡(哭)소리를 내며 따라왔다. 듣노라니 우리가 아무리 형제가 많아 11남매가 되어도 군인으로 간 아들이 돌아오지 않았으니 장례식을 미루자고 하여 삼일장을 하루 연기했지만 그래도 돌아오지 못하자 전례상으로는 있지도 않은 사일장(四日葬)을 치르게 되었는데 그날이 바로 어제였다는 것이다.

불과 한 달도 못되어 뵈옵던 어머님이었는데 지금 땅속에 묻히셨다니 너무나 비통하였다. 그래서 나는 그때의 슬픔과 소망을 담아 어머님 전에 이렇게 사모곡(思母曲) 올려 드렸다.

사모곡(思母曲)

앞산 들길에 코스모스 만발하여 한들거리고
청해(靑海)보다 푸르른 하늘이 열리던 엊그제 오후
어머님, 당신은 주님의 부르심에
즐거이 순응하셨구려.
남은 소자(小子)
지나간 과오 한탄하여 죄책에 서럽고
아직 나 어린 아들 하나이 그리워하나이다.
이제 내게 즐거운 일이 있더라도
보여드릴 어머님 계시잖고 나의 성공(成功)도
어머님 바라시던 목사(牧師) 되어도
내가 박사(博士)를 얻어도
나의 어떠한 사정도 들려 드릴 길 없군요.
어머님, 마음에 얘기 가득한데
왜 못 들으시나이까.
그 옛날처럼 성경 찬송 들고
논둑길 지나고 신작로 걸어
예배당 가시던 길에, 돌아오시던 길에

뜨락 밭에 나가 김매시던 때에
그리고 마당 앞에서 바라다 뵈던
포근한 잔디밭에 앉아 얘기하시고
소곤소곤 주섬이시더니
왜 이제 말이 없으시나요.
왜 이제 고요하기만 하시나요.

새벽길 걸어 예배 파한 후 오시려나요.
서울에 자녀들 만나보고 오시려나요.
긴 여행 후에나 돌아오시렵니까.
영영 빈 발자국 소리.
결국 끝끝내 마저 돌아오지 못하는 그림자.
군인 되어 나갔던 이 아들
전우를 싸매고 치료하던 중, 슬픈 비보 듣고
잠자리에서도, 차 안에서도
머나먼 길을 걸어 가까이 묘지에 이르러서도
어머님 여기 잠드심 믿기지 않아서
스스로를 기만이라도 해볼라치면
아, 아직도 코스모스는 피어 있는데
공허한 음성, 빈 목소리
이 땅에 어머님 계시지 않구나.
슬픔, 슬픔은 내 가슴에…

사실로 어머님은 먼지 기시고
이제는 주님 품에 안식하시네.

몸 안에 잠재해 있어 기거하던 영혼은
주님 곁에 나래를 펴고
영혼을 담으셨던 그 형체가
그대로 장막이 되어 이곳에 잠드셨구려.
어머님, 세상에서 같이 계실 때
주님을 따르면서 고생하던 일
어려웠던 일과 박해받았던 일 하며
더러의 사혼(死魂)을 옳은 데로 인도하시더니
이제는 하늘에서 위안을 얻으시며
주님 친히 눈물을 닦아 주시겠지요
상찬(賞讚) 받으시며 광채의 흰 예복을 입고
면류관(冕旒冠) 쓰시고 기뻐하실 테지요.
구원해 주심 모두가 '주님 은혜'라 찬미하시겠지요.
혼백 담으셨던 장막 야위어 무시로 고통당하시더니
숱한 나날을 약한 중에 욕보시더니
이제는 천사의 형상을 입으셨군요.
근본 마음 순전하시어
작은 일에도 수시로 애타시더니
종시일관(終始一貫) 고해(苦海)의
환경과 여건에 힘겹게 시달리시더니
주님 은혜로 부르심 받아 예수를 구주로 믿고
믿음생활 전념하시다가 이제 평안히 쉬시나이까.

어머님, 주님 계신 그곳에서
열두 가지 생명과일 맛보시며

열두 진주문(眞珠門), 찬란한 보석성(寶石城) 곁에서
사시사철 시들지 아니하는 꽃밭에 둘러 앉아
무얼 그리도 즐기고 계시나이까.
주님의 은혜, 주님의 영광을
오래오래 잊지 말자고 춤추며 찬미하시는군요.
어머님, 이제는 눈물도 모르시겠지요.
질병도, 아픔도, 슬픔 염려 죽음까지도
영영 이제 다시는 어머님과는 상관없는 일들이군요.
가실 때 작별인사 못 드려 애달프지만
인생의 본능(本能) 몹쓸 것이 때로는 서럽고 그립지만
어머님, 참으로 잘 가셨습니다.
후일(後日)에 생명 그칠 때 당신이 사랑해 주시던
은혜 입은 이 아들도 주님 계신 그 나라에 찾아가
우리 서로 기쁨으로 만나서 그간의 회포를 풀고
손에 손을 잡고 덩실덩실 춤을 추며
구속의 은총(恩寵)을 한없이 노래합시다.
세상 고통 모두 다 꿈에 본 듯 잊어버리고
거룩한 길 다니며 기뻐 뛰며 주를 뵈려 합니다.

지금이라도 당장 이별 없는 그곳으로
가고 싶은 내 염원은 주께서 나에게
수고를 그치고 쉬라고 부르시면
언제 어디서라도 서두르지 않고
예비해 주신 세마포 예복 갈아입고
밝은 등불 높이 들어

죄 많은 이 몸 의롭게 되어서
그 영광스러운 잔치에 참예하겠나이다.
어머님, 머잖아 잠시잠간(暫時暫間) 후면
가고 싶은 숙원(宿願) 이룩되리니
그때 되도록 슬픔 세상에 남아 있으면서
주님이 명하신 사명 충성(忠誠)되이 맡고 있다가
잘했다 칭찬 들을 수 있도록 참으로 고결하게 살다가
주께서 오라고 손짓하시면 그때에 저도 승천(昇天)하여
그 나라에 시민이 되어
영원히 영원히 웃으며 살아갑시다.
주님께 찬미의 제사를 드립시다.
나의 어머님, 주님의 거룩한 따님이여!
며칠 후 며칠 후
요단강 건너가 뵈오리다.

어머님께서 9월 7일에 돌아가셨고, 9월 9일에 삼일장을 예정했다가 이 아들 때문에 하루를 넘겨 9월 10일에 장례식을 치렀고 나는 9월 10일에 강원도 철원으로부터 기나긴 이동 후에 마침내 무덤에 당도하여 뒤늦은 작별 인사를 드렸다. 그리고 다음날인 9월 11일 상주의 심정에서 슬픔을 부활의 신앙으로 승화(昇華)시켜 어머님을 추모하면서 지상에 발표한 시작(詩作)이요 사모곡이 되었다. 그때 내 나이는 불과 스물 셋이었고 마음은 한없이 애달프고 여린 심정(心情)이었다.

더구나 나라에 매인 몸이라 자유롭게 움직일 수 없어 마지막 가시는 길에 잘 가시라고 배웅해 드리지 못한 일 때문에 지금도 늘 불효자(不孝子)의 심정으로 살아가고 있다. 자대(自隊)에 복귀하기 전에 어머님이 매주일 다니시며 예배하시던 그 교회에 가서 신자들과 함께 예배를 드리게 되었는데 '지난 주일까지만 해도 어머니께서 여기서 예배를 드리셨는데 오늘은 우리 어머니가 예배하는 회중 가운데 없구나!'라는 생각이 미치자 다시 한번 왈칵 울음이 엄습해 왔고, 지금 글을 쓰는 이 시간에도 그때를 생각하니 눈물이 앞을 가린다.

13.
부산 범어사 법사(法師)였던
이명식 스님

한 소년이 일찍이 속세를 떠나 산으로 들어가 스님이 되었다. 스님의 말에 의하면 초등학교를 겨우 마치고 중학교 진학이나 고등학교 교육이라고 할 것 없이 다 제치고 곧바로 범어사(梵魚寺)의 동자 스님마냥 곧장 절 생활을 시작하게 되었다고 한다. 내가 그에게 들은 바로는 불교와 기독교는 다른 게 한둘이 아니지만 그중에도 세수와 입산이나 득도 일을 구분지어 따지거나 세상에서의 학문은 별로 중히 여기지 않고 얼마나 깊이 불심을 가지고서 해탈이나 열반의 깨우침을 했느냐를 높이 사는 풍토도 다르다.

물론 기독교도 입교(入敎)나 신앙연조를 살피기는 하지만 불교 같지는 않을 터이고 또한 우리는 아무리 영성이 깊고 훌륭한 목회자가 되려고 해도 일반대학에서 철학을 전공하든 문학을 전공하든 아니면 경영학이나 심리학이나 학부에서 또는 대학원이나 유학생활에서 연마하는 학문도 가벼이 보지 않고 모든 이력과 경력에 큰 보탬으로 삼는 것이 사실이다.

이렇게 서로 다르다 보니 '명식 스님'이 중등교육도 뒤로한 채 오직 자신이 부처가 되든지 부처의 제자가 되든지를 목표로 삼고 어린 나이에 출가를 하여 '절 사람'이 되지 않았을까 싶다. 그는 성격상 책임감이 강하고 정신이 또렷이 박혀 있어 섣불리 판단을 하거나 어떤 일을 쉽게 중단을 하는 일도 없을 뿐더러 만사를 신중하고도 사려 깊게 생각하고 판단하는 사람이라고 여겨졌다. 그가 어려서부터 절에 들어가 선승(禪僧)이나 고승(高僧)이 되거나를 무론하고 평생을 고고한 품성을 가다듬은 수도자들과 함께 성장했을 테니 얼마나 규모 있고 절제력 있는 사람이 되어 있겠는가 말이다. 그래서 명식 스님은 절에서도 업신여김을 받는 게 아니라 도리어 존중받고 스님 생활을 하고 있었다. 절에 찾아오는 신도들이나 부산에 있는 시내 대학의 불교 학생 서클을 대상으로 교리를 가르치면서 불자의 길을 충실히 가면서 기대가 촉망되는 법사(法師)였다는 사실이다.

그러던 어느 날, 절에 올라와 법당 앞의 탑을 돌던 두 여대생(女大生)이 주고받으며 하는 말에 큰 충격을 받게 되었다는 것이다. 탑돌이를 하던 그 여대생의 말은 대략 이런 내용이었다.

"어느 날 교회에 다니는 친구의 권유로 부산 시내의 한 교회에 나가게 되었는데, 그 교회의 목사께서 불교의 허구성을 지적하고 허황된 교리를 비판하면서 불교는 한낱 수양이나 하고 고행을 하며 인생 무상을 해결하지 못해 도를 닦는 일종의 허무주의 철학 사상에 불과하며 기독교와는 달리 구원도 없고 영생도 없을 뿐만 아니라 결론으로 말하자면 종교도 아니다"라고 했다는 것이다.

물론 명식 스님이 이런 말을 듣는 것은 그날이 처음은 아니었지만 신기하게도 그날따라 가슴에 깊이 새겨들을 수밖에 없었다는 것이다. 당시 각 교회는 물론이고 절에서 개종해 나간 자들까지 합세하여 불교를 공격해 오다니 위기감마저 느꼈다는 것이다. 더구나 그로서는 자신의 젊음과 생명을 바쳐 천상천하(天上天下)에 가장 심오하고 유일무이한 진리로 믿고 있던 한 사람의 불자로서 도저히 속수무책으로 그냥 아무런 대책도 없이 바라보고만 있을 수 없어, 자신도 불교의 진리로 기독교를 공격하고 반박하여 불교의 진리를 지키는 글을 쓰기 위하여 큰 스님의 재가를 받아 준비하기 시작했다. 그러던 가운데 예수교를 비판하려면 먼저 성경을 알아야겠다고 생각하여 시내 어느 서점에서 성경책을 구입해서 절에 딸린 뒷산의 한 작은 암자(庵子)에 들어가 두문불출(杜門不出)하며 성경을 읽기 시작했다는 것이다.

흔히 스님들이 어느 한 가지 일에 몰두하면 그러하듯 명식 스님은 오로지 성경 읽는 일에만 몰입하였다. 수염도 깎지 않고 세면도 잊은 지 오래되었으며 게다가 머리칼은 길어져 이마를 흘러내리고 식사는 겨우 연명할 정도로 소량의 섭취만 하면서 하루 서너 시간을 잠자는 것 외에는 새벽 예불도 물리친 채 계속하여 성경을 읽으니 어느덧 신구약성경 정독 횟수가 5회, 10회, 30회로 그 숫자가 점점 불어났다. 그런데 이 어찌된 일인가. 명식 스님이 성경을 읽으면 읽을수록 독파 횟수가 많아지면 많아질수록 기독교를 공박하고자 하는 마음은 허물어지기 시작하고 오히려 자신이 그 속에 빨려 들어가는 것을 느끼게 되었다는 것이다.

이렇게 하여 성경을 70여 회를 꼬박 읽고 나니 그는 이제 점차적으로 스님이 아닌 예수교 신자로 변모해 가는 자신을 발견하고는 소스라치게 놀라지 않을 수 없었다. 도저히 이해할 수도 없고 자신도 모를 불가사의(不可思議)한 일이 벌어지고 있었던 것이다. 마침 당시 불교신문(佛敎新聞)과 잡지사(雜誌社)에서는 "스님이 그동안 성경을 읽었을 터이니 기독교를 공박할 글을 써 달라"는 원고 청탁이 들어온 바 그는 글을 쓰고자 책상 앞에 앉게 되었다.

이렇게 하여 원고지를 메워가던 명식 스님은 20여 장을 쓰고 나서 내용을 검토하는 가운데 다시 한번 소스라치게 놀라고 말았다. 그는 이미 자신을 조절하지 못하는 상태였으며 마치 누군가에 의해서 이끌림을 받고 있다는 사실을 절감하고 있었던 것이다. 성경을 읽는 가운데 신약성경 사도행전에서 많이 볼 수 있는 바와 같이 자신도 예수교의 '성령'께서 지배하는 것이 아닌가 하는 의문을 갖게 되었다. 그러나 그것은 의문이 아니라 엄연한 사실이었다. 자신이 써 놓은 원고지를 읽어보니 기독교에 대한 공박은커녕, 온통 불교의 허구성과 우상숭배의 실상을 드러내는 성경 구절만 잔뜩 쓰고 말았다.

그는 성경을 집중적으로 70여 차례를 읽었을 뿐더러 읽는 것만으로는 안 되겠다 싶어서 창세기와 시편, 그리고 신약성경의 복음서를 외우게 되었으며 이해하지 못할 부분이 많아지자 성경을 해석해 놓은 주석까지 서점에서 구입해서 곁에 놓고 샅샅이 뒤지고 있었던 터라 성경의 주요 줄거리는 이미 그의 뇌리에 박혀 있었던 것이다. 그의 원고지에는 대체로 이렇게 성경 구절이 쓰여 있었는데 그것들은 모두 유일신(唯一神) 사상에 대한 성경(聖經)의 구절들이었다.

"나 외에는 다른 신(神)이 없나니 나는 공의를 행하며 구원을 베푸는 하나님이라 나 외에 다른 이가 없느니라"(사 45:21).

"다른 이로서는 구원받을 수 없나니 천하사람 중에 구원을 얻을 만한 다른 이름을 우리에게 주신 일이 없음이라."

"그들의 우상은 은과 금이요 사람의 손으로 만든 수공물(手工物)이라 입이 있어도 말하지 못하며 눈이 있어도 보지 못하며 귀가 있어도 듣지 못하며 코가 있어도 냄새 맡지 못하며 손이 있어도 만지지 못하며 발이 있어도 걷지 못하며 목구멍으로 소리조차 내지 못하느니라 우상을 만드는 자들과 그것을 의지하는 자들이 다 그와 같으리로다"(시 115:4-8).
"주 예수를 믿으라 그리하면 너와 네 집이 구원을 받으리로다"(행 16:31).

이외에도 더 많이 성경 말씀만 잔뜩 쓰고 말았으니 불교신문에서 이 글을 실어 줄 리 만무하였고 이로 인하여 불교계는 한때 발칵 뒤집혔다. 이리하여 결국은 큰 스님께서 어느 날 아침 공양 때에 명식 스님을 불러 조용히 타이르시기를 "이제 너는 부처님과의 인연이 다 되었으니 어서 산에서 내려가라"고 종용하기에 이르렀다.

그리하여 명식 스님은 하산과 동시에 자신이 몸담고 있던 절이 있는 부산을 벗어나 서울로 올라와 신림동 변두리에 조그만 방 하나를 세 얻어 살면서 우선 먹고 지내기 위하여 건축 현장에 나가 노동일로 얻은 소득을 근거로 생활해왔다. 그러다가 이틀 전 현장에서 일하다가 갑자기 일을 못할 만큼 심한 통증을 느껴 그만 작업을 중단하고 집에 돌아와 누워 있던 중 기독교방송을 듣다가 김기일 선생과 김성락 목사가 전하는 CBS 기독교방송의 '새롭게 하소서'라는 간증 내용을 듣게 되었다. 방송국에 문의하여 선교회의 위치를 확인한 다음 찾아오게 되었다는 것이다.

그리하려 우리는 그에게 조그마한 방을 하나 구하여 교회 가까이에 마련해 주고 여러 가지 필요한 살림도구를 제공해 주었다. 우선 시장 어귀에서 튀김을 튀겨 팔 수 있도록 제반 기구와 리어카까지 일체를 장만해 주었다. 거기다가 매월 절반 정도의 생활비를 따로 지원해 주며 식량도 부족하지 않게 여기저기서 교인들이 앞을 다투어 공급하였다. 다만 그로 하여금 최소한의 일이라도 하게 하는 것은 자신도 떳떳할 뿐만 아니라 일하지 않고 사는 자가 없도록 하기 위함이었던 것이다. 이렇게 사노니 참으로 주께서 보시기에도 아름다운 모습이요 작은 천국이었다. 또한 저녁이 되면 교우들은 그가 팔지 못하고 남아 있는 튀김요리가 있을까 하여 서로 번갈아 가며 찾아와 기쁨으로 사 가지고 갔다. 이제 명식 스님도 '스님이 아닌 우리의 형제'가 되었고 이런 일을 용케도 잘 감당해 주었다. 그는 이러한 모습을 보면서 비로소 "주를 믿는 믿음의 형제들의 사랑이 무엇인지 실감하게 되었다"라고 고마워하며 몸둘 바를 몰라 하였다. 그러던 중 새 학기가 시작되어 김기일 선생과 김성락 목사는 얼마 전 집사로 임명받은 명식을 인도하여 봉천동에 소재한 웨스트민스터 신학교에 입학시켜 주었다.

"학장님, 불교의 우상권에서 14년 동안 스님으로 살다가 이번에 주님 품으로 돌아온 이명식 형제를 부탁합니다. 하나님의 말씀에 대한 체험이 남다른 형제입니다. 저희가 여러 가지를 돕고 있으나 학비를 조달하기는 벅찹니다. 그에게 전액 장학금을 주시어 등록금 걱정 없이 부지런히 공부하여 하나님의 복음을 전하는 신실한 일꾼이 되도록 지도해 주십시오"라고 부탁하니 학장께서도 기뻐하며 쾌히 승낙해 주었고 결국 명식 형제를 받아들여 마음 놓고 신학을 공부할 수 있도록 배려해 주었다.

"좋습니다. 신학교 4년과 대학원 3년 과정을 다 마칠 때까지 전액 장학금으로 공부하도록 특별 배려하겠습니다. 우리 신학교 개교(開校) 이래 전액 장학금을 받는 학생은 이번이 두 번째입니다. 김 목사님, 이런 귀한 분을 우리 신학교로 인도해 주셔서 오히려 감사할 따름입니다"라고 하면서 흔쾌히 그의 입학을 허가해 주었다. 참으로 감사한 일이었다.

그리하여 명식 형제는 낮에는 튀김을 튀겨 팔면서 은혜와 기쁨이 충만하였고 저녁에는 신학교에 나가 열심히 공부하였다. 이러한 사실들이 밖으로 알려지자 기독교방송을 비롯한 여러 교회에서 간증 요청이 쇄도하였고 그를 돕고자 하는 도움의 손길도 나타나기 시작하였다.

무엇보다도 그가 석가를 버리고 예수께 돌아올 수밖에 없었던 간증의 내용은 모든 듣는 이들로 하여금 놀라움과 탄성을 자아내기에 충분한 것이었다. 마치 미국의 대령 출신 루 월리스가 기독교를 말살하여 지상에서 아예 없애 버리고자 비판의 글을 쓰기 위하여 자기 친구와 함께 성경을 조사하다가 읽고 또 읽던 중 도저히 더 이상 자신의 양심을 속일 수 없어서 마침내 그 자리에서 무릎을 꿇고 하나님께 굴복하여 비판의 붓을 꺾고 다시 필(筆)을 들어 은혜스러운 글을 쓴 바 그 내용이 저 유명한 '벤허'가 되었다고 하는 것처럼 그가 절에서 기독교를 공박하기 위해 성경을 읽다가 결코 거역할 수 없는 하나님의 은혜를 받아 죽은 신을 버리고 살아 계신 하나님의 품 안으로 돌아오게 되었다는 사실이 어느 누구의 간증보다도 설득력 있게 파고 드는 것이었다.

명식 형제도 자신의 일을 앞서 김기일처럼 '귀소본능'이라고 표현하기에 주저하지 아니하였다. 인간은 근본 석가모니가 지은 것이 아니요, 하나님이 지으셨다. 석가모니가 인생의 주인이 아니요 하나님께서 주인이시기 때문에 그가 설령 마음에 하나님 두기를 싫어하여 아무리 절에 올라가 승려가 되고 무당이 되고 타락자가 되어 하나님을 등지고 멀리멀리 떠나갔다가도 하나님께서 부르시면 반드시 제 집으로 돌아오는 본능이 있다는 것을 깨달았다는 것이다.

아버지의 품을 떠나 미리 받은 상속물을 창기와 술친구들로 더불어 탕진하고 허랑방탕하던 탕자가 제정신이 들었을 때 비로소 부친에게로 다시 돌아왔듯이 자신이 지난 세월 14년 동안 불교에서 중노릇을 했으나 결국 하나님께서 부르시매 정신을 차리고 하나님께로 돌아온 것은 지극히 당연한 '인간의 본능'임을 절감케 되었다는 것이다.

명식 스님이 석가와의 인연을 끊고 돌아와서 주를 구주로 믿고 믿음의 형제가 된 지 그리 오래지 않아 또 한 번의 '귀소성'이 나타났으니 그가 바로 홍익대학교 미술대학을 나와 절에서 탱화를 그리다가 곧 하나님의 품으로 돌아온 유태각 스님이다.

14.
고려대학교 교수요
법학자였던 이문영 박사

그때 당시 정치제도나 시대상이 암울하여 지식인 가운데서 해직 교수가 되거나 언론인 가운데에서 해직 기자가 되는 것은 사람에 따라서는 어려운 일이기도 했지만 시대상으로 볼 때는 쉬운 일이기도 했다. 어찌 보면 쉬운 일이 아닐 것도 같은데 까딱하면 어느 장소에서의 강연이나, 어느 대학 강의실에서의 말 한마디에, 집회 한 번 참석으로, 기사 한두 문건 때문에 사람들이 쉽게 해직 교수나 해직 기자가 되는 일이 비일비재(非一非再)했다. 또 나중에는 해직 교수 한번 안 되어 보고 해직 기자 한번 안 되어 보는 사람은 어디 가서 "내가 조국의 민주화를 위하여 이렇게 투쟁하고 싸웠노라"고 말하기조차도 민망한 시절이 있었다. 그런 중에도 한국 근대사에 있어서 '민주화의 상징' 같은 분이 바로 고려대학교 정경대학 명예교수로 재직했던 이문영 박사가 아닌가 싶다.

이 박사께서는 관상이 마치 '안암골 호랑이'처럼 늠름하고 듬직한 데가 있었고 이마가 넓고 시원한 풍채(風采)에 카리스마가 느껴져 상대방이 쉽게 압도당하는 과묵한 분이셨다.

이문영(李文榮, 1927.1.28-2014.1.16) 박사는 1927년 서울에서 출생하여 고려대학교 법학과를 1951년에 마쳤고 미국으로 유학을 가서 디파이언스 대학에서 경영학 학사를 얻고 미시건 대학교 대학원에서 수학한 후에 귀국하여 1963년부터 모교인 고려대학교에서 교수로 재직하게 되었고 고려대학교 대학원에서 법학박사 학위를 따내 당대에 실력 있는 법학자의 길을 가던 출중한 인물이었다.

또한 이 박사는 1965년 한일회담 반대시위를 군인들이 탄압하자 고려대학교 민주광장에서 항의문을 친히 작성하여 낭독했던 대범하고 용기 있는 일화는 당시에 유명한 일이 되었고 '진정한 민주투사'였다고 회고된다. 덧붙여 그는 3.1 민주구국선언 사건과 YH사건, 김대중 내란음모사건 등으로 인하여 교수직에서 무려 수차례나 해직을 당하는 고초를 겪었다. 수차례의 옥고(獄苦)로 인하여 5년 가까운 세월을 감옥소에 갇혀 있으면서 외롭게 보내기도 하였다.

그는 1980년대 고려대학교 민주화 운동의 상징이기도 했지만 재야단체에서도 그의 역할과 비중은 지대한 것이었다. 평생을 민주화 운동에 전념한 이 박사이지만 법학자답게 이 박사께서는 여러 저서도 남겼는데 《자전적 행정학》과 《논어》, 《맹자와 행정학》, 거기에 더하여 《인간, 종교, 국가》, 《협력형 통치》, 그리고 《겁 많은 자의 용기》가 있다.

이문영 박사에게는 이런 이력도 있다. 그는 자신의 모교이자 교수로 있는 고려대학교 노동문제연구소 소장과 기독자교수협의회 회장을 시냈고, YH사건으로 구속되었다가 출옥 후에는 감옥에서 나와 '민주주의와 민족연합'이 결성되었는데 당시 민족연합의 세 의장이 함석헌, 윤보선, 김대중이었는데 거기에서 이문영 박사가 그들을 도와 그 아래에서 '중앙상임위원장'을 맡았다. 그래서 함석헌, 윤보선, 김대중 3인 사이에서 가교 역할을 하는 중심 고리에서 일하는 역할도 하였다. 그리고 이들과 운동권 사람들, 학생들을 연결시키는 일을 했다.

그가 겪은 일로는 5.17 때 지하 감옥에서 55일간을 있었는데 같이 붙잡혀 와서 같은 감옥에 나뉘어 수감되어 있는 서남동 박사, 이해동 목사, 한승헌 변호사가 엄청나게 고문을 당하고 살점이 뜯기는 고통을 당하고 있었다고 한다. 재야의 중요한 중심축인 김대중을 죽이려고 하는데 박해 세력들이 차마 김대중을 공산주의로 몰지는 못하고 그 대신에 진보주의 신학자인 서남동 박사와 전라도 출신이라며 이해동 목사, 한승헌 변호사가 안 죽을 만큼 얻어맞고 고문당하는 모습을 보았다고 한다. 이문영 박사는 자신은 출신지가 서울이고, 학위 논문으로 공산주의자로 몰 수도 없는 형국이면서 정치적인 욕망이 없기 때문에 고문이나 구타당하는 일은 거의 모면할 수 있었다고 한다. 하지만 그러한 고통스런 감옥살이를 5년 가까이 겪어야 할 만큼 '민주투사'요 '반정부 인사'요 '노동자의 편'이요 당시 독재자들이 가장 탐탁찮게 여기고 타격을 일삼던 함석헌, 윤보선, 김대중과 일당이라고 낙인이 찍혀 있었으니 얼마나 요시찰 인물이요 감시의 대상이었겠는가 말이다.

이문영 박사는 1992년에는 정경대학 명예교수로 은퇴하게 되어 경기대학교 석좌교수로도 있었고 나중에 김대중 대통령과의 오랜 인연으로 '아태재단' 이사장을 지냈다. 또한 모두가 중요하게 여기는 '함석헌 기념사업회' 이사장을 맡기도 하였다. 내가 이렇게 고명(高名)하고 훌륭한 어른을 알게 된 것은, 목민 고영근 목사님을 도와 활동하는 가운데 그분이 하시는 사회운동 6개 단체('한국민주기독자협의회' '공정언론촉구 성직자회' '생활개혁운동본부' '토요민주기도협의회' '수감자양심수 보호지원단체' '반공포로수용소 인권단체')의 서기(書記) 직책을 맡겨주셔서 일을 하다 보니 이문영 박사 같은 고귀한 분도 만날 수 있게 된 것이 었다. 아마도 이 박사님과는 수없이 많이 만났고 젊은 나로서는 선친님 같으신 분에게 출중한 지도도 많이 받았고 인간이 어떻게 살아야 하는지 등의 인성(人性)에 있어서도 그분을 통해서 많이 깨우침 받은 것이 틀림없다.

무언가 과묵하고 말수가 적으시고 준엄한 것 같으면서도 깊은 정을 가지고 계신 분이었고 가슴에 품고 계시는 정서는 장로님답게 주변 사람들의 마음을 따뜻하게 감싸주는 온기(溫氣)를 지닌 분이셨다고 회상(回想)한다.

현재 여의도를 무대로 활약한다는 정치인들, 특히 집권 여당 의원들에게 이문영 박사를 아느냐고 묻는다면 대답할 이가 얼마일지 알 수는 없다. 하지만 '내로남불'과 끝없는 가식, 편법, 불법으로 해가 뜨고 날을 새우다 심야에 기습적으로 악법(惡法)을 날치기 처리하는 저들을 보노라면 얼마나 호되게 꾸중할지 짐작이 가는 때가 한두 번이 아니다.

이문영 박사는 어린 나에게 있어서는 항상 자상하셔서 마치 부친님 같은 분이셨다는 인상을 지워 버릴 수 없고 이문영 박사와 내가 후광(後光) 선생과 목민(牧民)과 서로 친밀감이 있었던 터에 '친구의 친구는 친구다'라는 공식이 단번에 적용되는 그런 입장도 부인할 수 없겠다.

굵직굵직한 자리에는 항싱 그가 있었고 숨 막히는 시급성이니 보안유지를 생명처럼 여기던 비밀성, 반드시 비중 있고 중량감 있는 인사가 요청될 때에는 그분이 그 자리에 있었다. 대학 강단에서 평생을 후학 양성을 위해 세월을 보내던 그였지만 그래도 바쁜 와중에도 필요한 모임이나 필요한 회의가 있을 때에는 늘 달려와 자리를 채우고 있던 그의 성실한 모습에 자연스레 고개가 숙여지고 마음 깊은 곳에서 우러나는 존경심이 싹트지 않을 수가 없었다.

그런데 그 역시도 100세 장수시대에 걸맞지 않게 86세를 일기로 타계(他界)하시니 한 분 한 분 떠나가시는 훌륭한 민족의 지도자 어른들을 생각하면 늘 허전하고 아쉬움이 크게 남는다.

세상에 한 번 태어나서 살다가 죽음을 맞이함은 인생의 필연적인 과정이련만 생명 있는 것들의 멸절 앞에서 우리는 다시금 새로운 인생무상을 절절히 경험하게 되는 것인가 보다. '꽃은 피어도 곧 지고 사람은 나도 이윽고 죽나니, 이는 생명 있는 것들의 필할 수 없는 운명이라'는 이 허무사상이 한 왕자를 가출하여 산속 깊은 곳으로 스며들게 하였던가 보다.

15.
정일형 박사(이태영 박사)의 아들 정대철 의원

　정대철 의원의 가문은 대단한 정치가의 가문(家門)이라고 할 수 있겠다. 우선 정대철 의원의 부인인 김덕신 여사의 입장에서 보면 가문의 내력은 이렇다. 시아버지 정일형 박사가 8선, 남편 정대철 박사가 5선, 아들 정호준이 초선, 할머니 2선, 형부 3선 국회의원이니 한 명만 나와도 가문의 영광이라는 국회의원이 집안에서 선수(選數)만 도합 19선이나 되는 가문이다.

　이 대단한 정치가계도의 주인공이 바로 김덕신 여사인데 그녀는 고 정일형(1904-1982), 이태영(1914-1998) 박사의 며느리이자 정대철 민주당 상임고문의 아내이며 정호준 의원의 어머니다. 김대중 전 대통령 가정은 4부자가 국회의원을 지낸 가정라고 본다면 정대철 의원의 가정은 '서울특별시 중구'라는 한 지역구에서 3대가 내리 금배지를 달고 의정활동을 했던 화려한 이력이 있다. 그녀의 친정 쪽으로도 정치 가문이기 때문에 그 자랑스러움은 더해 간다. 우선 할머니가 고

박현숙(1896-1980) 의원이었는데 조모(祖母)는 4대와 6대 국회의원을 지냈고 또한 형부가 조순승 전 의원인데 그도 역시 국회의원을 지냈기 때문이다. 김덕신 여사의 가문은 자신의 친정이나 또한 결혼해서 사는 시댁이나 모두 5대째 기독교 신자 가문이다. 더구나 시아버지인 정일형 박사는 우리가 정치가로만 익히 알고 있지만 실제로는 교회 목사(牧師)이기도 한 분이다.

물론 여러분이 알고 계시는 것처럼 목회 사역보다는 정치활동을 많이 하고 살아왔기 때문에 그가 양떼들을 선한 길로 인도해 갈 목회자의 사역은 많이 하지 못했지만 그는 개척교회 목사로 출발을 하게 된 것이 사실이다. 금연(錦淵) 정일형(鄭一亨)과 이태영(李兌榮) 부부는 항일운동, 반독재 및 민주화투쟁으로 생애를 함께 한 분들이다. 정일형은 신사참배나 창씨개명을 정면으로 거부하며 일본 제국침략주의에 당당히 맞서 싸우다가 5년간의 옥살이도 마다하지 아니하였고 온갖 고문과 회유를 이겨낸 기골 찬 인물이라고 평가하지 않을 수 없다.

정일형 박사는 조국에 해방이 온 후 목회보다는 정치에 나서 자유당 독재를 물리친 4.19 혁명 후 장면 내각의 수석국무위원(외무부 장관)이 되었다. 5.16 군사정변 후에는 군부독재에 맞서 민주회복운동에 앞장서는 투혼을 여실히 보여 주었다. 이렇게 무려 8선 의원을 지냈고 박탈당한 그의 의원직을 아들 정대철이 이어 받았다. 그런데 '그 아버지에 그 아들'이라는 말도 있듯이 정대철 의원 역시 선친의 투지를 물려받아 5선 의원을 지내는 동안 독재에 맞서 싸웠고 정대철 의원은 '미남이요 호남형'에다 뭇 여성을 황홀케 하는 미소 띤 얼굴에 정치가다운 카리스마도 있었고 항상 저자세로 눌려 있지 않고 자신의 소신 있는 목소리를 낼 줄 아는 위풍당당한 모습도 가지고 있는 정치인이었다.

여기서 다시 정일형 박사의 이야기를 이어가 보겠다. 미국에서 유학을 하고 돌아오니 윤치호, 조병옥, 유억겸 씨 등이 서울 '명월관'에서 귀국 환영회를 마련해 주었다고 한다. '철학박사 정일형 씨 귀국'이라는 제호 밑에 정일형 박사의 사진을 곁들인 기사를 실은 신문들도 나왔다. 더하여 정일형 박사는 앞으로 교육계에 투신하리라는 추측 보도도 있었다. 그때 모교인 연희전문학교에서 "우리 학교에서 사회학을 강의해 달라"는 권유를 해 왔다고 한다. 하지만 정 박사는 연희전문 교수직을 사양하기로 결심하는데 당시 연희전문은 안전지대라 할 수 있었으나 그는 자신의 안일보다 오히려 주어진 현실에 뛰어들기로 다짐했다. 그래서 평양으로 가서 가난한 근로자들이 사는 새로 생긴 공장지대인 신리(新里)를 중심으로 일하기로 한 것이다.

거기에 덧붙여 그의 평양행은 그의 미래의 평생 동지가 되는 '아리따운 여성 이태영'과의 만남과도 깊은 관련이 있어 여기에 밝혀두는 바이다. 그가 귀국하고 얼마 안 되어 성탄절을 맞이하게 되었는데 마침 서울 정동교회에 갔다고 한다. 합창대가 크리스마스 캐럴을 노래했는데 합창이 끝날 무렵 어느 여학생이 독창을 했다. 메조 소프라노였다. 정일형이 조금 신경을 써가며 그쪽을 바라보는데 독창을 하는 여학생은 합창대원 중 가장 키도 크고 얼굴도 시원스러워 보였다는 것이다. 결국 정일형이 옆의 사람을 툭 치며, "저 노래하는 여학생이 누구지?"라고 묻게 되었는데 대답이 들려오기를, "이태영이라고 유명한 여자죠" 했다. "유명하다니 무슨 뜻이죠?" 하고 물으니 "바로 전에 있었던 전국 전문학교 웅변대회에서 1등을 했지요"라는 말이 오갔다.

더욱 궁금해진 정 박사가 다시 묻기를 "그럼 지금 학생인가요?"라고 하자 "아마 이번에 이화전문을 졸업하게 될 겁니다"라고 해서 "그럼 졸업하고는 뭘 한답디까?" 하고 물으니 "평양에 가서 여학교 선생을 한다던가…"라는 대답이 돌아왔다. 이처럼 지나치게 꼬치꼬치 캐묻는 것 같아 쑥스럽기도 했지만 결국 이런 대화 중 얻게 된 짧은 상식으로 인하여 정일형도 평양으로 가야겠다는 마음을 먹게 되는 계기가 되었다고 전한다.

그리하여 정 박사는 1936년 4월 신리 공장지대 빈 창고에서 개척교회를 시작하게 된다. 이 무렵 정일형을 만난 이태영 역시 깊은 생각에 잠기게 된다. 당시 이태영의 심정은 이러했다.

"나는 은연 중 정 박사를 멋있는 남자라고 생각하고 있었다. 남달리 학력도 뛰어났지만 굳이 어려운 사람들을 위해 색다른 일에 뛰어든 그가 존경스러웠다."

그해 여름 금강산에서 기독교 수양회가 열렸는데 우리 두 사람은 모두 거기 참석하였고 자연스레 친해졌다. 수려한 금강산 절경에서 정일형이 이태영에게 산행을 제의했고 그의 청을 받아들여 산속을 오르다가 프로포즈를 했다. 그의 프로포즈가 그에게 품고 있던 이태영의 호감에 더욱 부채질을 하는 형국이 되어 결혼할 결심을 굳혀가지만 어머니보다도 오빠가 더 반대를 했다. 정일형이 공부는 많이 했다지만 일정한 수입도, 안정된 직장도 없이 왜경에게 쫓기는 청년과 혼인한다는 것을 찬성할 리 없었다. 다행인지 불행인지 이 무렵 이태영이 지독한 열병으로 기독병원에 입원하게 되었다. 이때 정 박사가 거의 하루도 빠짐없이 문병을 와서 진심으로 쾌유를 빌어 주었고 결국 그를 탐탁지 않게 여기던 어머니와 오빠도 문병 오는 인품과 태도에 마음이 들었는지 결국 결혼을 승낙해 두 사람은 마침내 32세 노총각 신랑과 22세 처녀로 혼례식을 치르게 되었고 정식 부부가 되기에 이른 것이다. 그 후 이태영은 남편 옥바라지를 하다가 뒤늦게 법대에 들어가 나중에 '한국 여성 제1호 정치학박사'라는 자랑스러운 칭호를 얻게 되기도 하였다.

사실 나는 정일형 박사는 잘 몰라도 이태영 박사는 환한 모습에 항상 어려운 이웃을 섬기거나 불의한 일에 항거하는 자리에서 늘 만나 교제하고 함께 대화하곤 하던 분이었다. 아들 정대철 박사도 최소한 열 번 이상은 만나 대화를 나누며 함께 하던 기억이 새롭다. 그래서 이 시간에는 정대철 박사보다는 그의 양친에 대한 기록을 더 남기게 되었지만 참 사랑스럽고 자랑스럽고 부러운 정 씨 가문이라고 기억하고 있다.

정일형 박사는 장준하(張俊河, 1918-1975) 선생과 비슷한 점이 많은 분들이라고 생각한다. 두 분 다 목사인 것도 그렇고 두 분 모두 굽힘이 없는 불굴의 강성(强性)인데다가 안전한 길보다는 의로운 길을 선택하여 가신 분들이라 사료된다. 모름지기 '목사(牧師)'라는 직책은 어느 한 교회에 머무르지 않고 인류를 상대하고 민족을 목회하는 목민(牧民)의 자세로 임해야 하기 때문에 이런 분들의 활동 범위를 보고 배운 바가 있다. 그래서 나도 보수교단에서는 보기 드물게 조심스럽게 사회운동에 참여하게 되었고 종로나 거리로 나가게 되었는데 나도 늘 민족을 목회하는 마음으로 여러 분야에서 섬기는 자세로 살아가고자 노력하며 그들이 걸은 길을 따라서 살다보니 여기까지 온 게 아닌가 생각하고 있다.

16.
성직자의 기풍(氣風)을
지니고 살았던 최훈 목사

    나는 젊었을 때 주변 사람들의 반대에도 무릅쓰고 '특수목회 사역'의 길 가운데서도 더욱 험난하게 여기는 바 불교에서 돌아온 개종인(改宗人)을 상대로 하는 목회를 하던 시절이 있었다.
    그렇다고 개종인만 모이는 교회가 아니요 일반교회에 그들이 대여섯 분 포함되는 형식이었다.
    또한 김기일 선생은 하산해 와서 우리 집에 동거하면서, 자신이 아직까지는 승복을 벗지 않고 지내면서 절에서 찾아오는 젊은 스님들을 개종시키는 일에 도움이 되어야 한다면서 특별한 복장을 하고 있다 보니 신자들로서도 다소 의아한 반응이 있었던 것도 사실이었다. 그러나 그의 주장은 머잖아 승복은 당연히 벗겠지만 당분간은 이러하더라도 이해해 달라는 것이었다.
    그때 나는 평소에 늘 존경하는 마음을 가지고 있었고 내가 힘들고 어려울 때 찾아가면 기꺼이 손을 내밀어 맞아주고 좋은 고견도 들려주고 지원할 분이라고 여겼던 청량리 동도교회 최훈 목사를 찾아간 일이 있었다. 사무실에서 그를 쉽게 만날 수 있었고, 싫어하거나 귀찮아하는 아무런 내색(內色)이 없이 도리어 기다리기라도 했다는 듯이 따뜻하게 대해 주었다. 실제로 그때 이런 가슴 아픈 일이 있었기 때문에 그가 필요했던 것이다.

우리나라는 불교 역사가 1,600여 년이요 불교문화권 국가로서 인구 가운데 1,200만 명의 불자가 있고 5만여 승려가 있다고 알려진 한국의 종교현실이 이를 여실히 증명하고 있는 것이다. 김기일 선생이 하산하여 기독교로 개종하여 신앙생활을 잘하고 있다는 소식을 어떻게 전해 듣고 월정사 비구니 한 명과 통도사 비구니 2명 등 도합 세 명의 젊은 스님(23-25세)이 하산해 자신들도 개종(改宗)하겠다고 내려왔다.

"우리도 목사가 되고 싶은데 어떻게 하면 좋겠는가?"라고 물으며 김기일 선생이 혜성교회 김성락 목사와 함께 방 한 칸에 처한 모습을 보고 3주간 정도를 있다가 "안 되겠다. 삼불 스님이 너무나 불쌍해서 다시 산으로 모시고 가야겠다" 하면서 권유했지만 삼불이 그 말을 들을 리는 없었다. 그들 또한 삼불의 권면을 받아들이지 않았기 때문에 다시 절로 올라가는 참으로 안타깝고 가슴 아픈 일이 있었다. 그때 삼불은 여비도 못 주고 제대로 된 음식 한 끼니 대접도 여의치 않아 값싼 김밥 서너 개를 사서 전했는데 그 김밥에 눈물이 뚝뚝 떨어져 참으로 기막힌 광경이 벌어진 적이 있었다고 한다.

이 사실을 모르고 있다가 나중에 듣게 된 나로서도 눈물을 흘리지 아니할 수 없었고 이 모두가 나의 역량이 부족하여 비롯된 일이라고 생각하여 이래서는 도저히 안 되겠고 '개종인대책(改宗人對策)센터'라도 생겨야 하겠다는 시급한 마음에 그와 한자리에 앉게 된 것이었다.

그때 김기일 선생의 말은 이러하였다. 지금 5만여 스님들 가운데는 처음 절에 올라가서 한 5년 동안은 고요하고 평온하여 절에 올라온 것을 만족하게 여기고 무상무념 무욕무구(無想無念 無慾無求)의 심정으로 살다가 얼마 후에 우상의 개념을 파악하고 예리한 통찰을 하게 되어 그 후부터는 승려들 가운데 60-65%는 심각한 갈등에 직면하여 이럴까 저럴까 망설이는 자가 많다고 한다. 이들을 따뜻이 맞아주고 의식주 문제를 해결해주거나 일반인으로 돌아가 직업을 갖고자 하는 이들에게 직업을 마련해 주어서 어떻게 해서든지 당장의 대책을 세워 주어야만 하겠다는 간절한 염원을 꺼내놓고 그와 대화를 하게 된 것이었다.

그러나 이 어려운 난제(難題)가 그리 쉽사리 해결되지는 않았고 아직 더 많은 기도가 필요하였다. 그 후에 조용기 목사와 신현균 목사를 만나 다시 의논하는 자리도 있었다. 그러므로 여기에서 이 문제를 더 이상 논하지는 않겠고 다른 이야기로 전개해 나가도록 하겠다.

그 첫째는 최훈 목사 자신이 북한에서 전도사로 있을 당시 '꼭 순교자가 되어야 할 지경에 이르게 되었던 일'이 있었다는 것이다. 북한에서는 주기철 목사께서 일제 탄압에 고문당하시다가 순교하시고, 남한에서는 손양원 목사께서도 공산당 사상에 빠진 인민군들에 의하여 순교하셨는데 '나는 어찌할 것인가? 순교의 제물이 되어 내 몸과 영혼을 산 제물로 드릴 것인가? 아니면 이 고비를 넘기고 살아남아 남(南)으로 내려가서 정식 목회자가 되어 주를 위하여 더 많은 일을 할 것인가?' 하는 기로에 서게 되었다고 하였다.

물론 앞서 자신 앞에 놓인 두 과제마다 분명한 명분이 있고 신성

한 목적이 있어서 이렇게 하여도 저렇게 하여도 주님께 영광이요 아름다운 삶이요 부끄럽지 않는 길이라고 생각했다. 그러나 충분한 고뇌와 깊은 기도 끝에 내린 결론이 후자(後者)였는데 그는 이렇게 결정한 일에 대하여 평생을 두고 후회하는 결과를 낳았다고 하는 것이었다.

우리는 흔히 쉽게 생각하기를 '이렇게 하면 나도 좋고 하나님도 좋고 서로 좋은 일이 아닌가?'라고 착각할 수 있겠지만 그것은 신앙의 길에서 취할 길은 아니었다는 것이다. '그때 내가 순교해야 할 자리였는데 순교자가 되지 못하고 살아남아 더 많은 주일 일을 하리라고 다짐했던 게 결국은 내 생각이요 내 뜻이었지, 주님을 위한 숭고한 신앙의 마음은 아니었다'라고 뒤늦게 깨닫게 되었다는 것이 그의 말이었다.

2007년 아프가니스탄 탈레반의 박해가 가장 가혹하고 극심할 당시 이미 순교를 각오한 배형규(裵亨奎, 1965.7.25-2007.7.25) 목사는 함께 구금된 일행을 안심시키며 "탈레반이 여기서 죽일 자를 찾을 때 내가 가장 앞설 테니 염려하지 말라"고 안심시키고 그들의 믿음을 북돋아 주었으며 자신보다도 연상인 오 장로께서 "목사님, 제가 먼저 나가겠습니다"라고 했을 때도 "장로님, 제 자리를 넘보지 마십시오. 제가 먼저 나갑니다"라고 단호히 가로막고 이 세상에 태어난 자신의 생일인 7월 25일 팀원들에게 "믿음으로 승리하세요!"라는 말을 마지막으로 남기고 곧바로 탈레반에 끌려가 순교하게 된 것이었다. 당시 배형규 목사는 불과 42세의 젊은 나이였고 가정에는 역시 젊은 아내와 초등학교에 다니는 자녀들까지 있었다. 이후로도 살기등등한 탈레빈은 여러 나라를 다 팔아도 못 살 아까운 청춘 심성민(29세) 형제의 목숨까지 앗아가 결국 두 사람이 순교의 자리에 이르게 되었던 것이다.

물론 최훈 목사는 순교의 자리를 벗어나 남한으로 내려와서 동도교회를 목회하면서 천마산 기도원도 세우고 예장 합동 측 제69회기 총회장도 하고 한기총 회장도 지냈으며 칼빈대학교 총장까지 맡는 등 한국 교단에서 대체로 큰 사역을 해 낸 인물이었다. 하지만 정작 자신은 북한 땅에서 순교하지 못한 이 일로 인하여 항상 하나님께 고백기도를 드리며 회개하였고 아마도 82세로 세상을 떠나기까지 늘 부끄러운 죄인의 심정으로 지냈다고 하는 것이다.

그리고 또 한 가지 그에게 들었던 귀중한 교훈은 바로 이것이었다. 목회 사역하는 일은 하나의 직업도 아니요 부르심을 받은 사명감에 따라서 된 사역자이니 가는 길이 험난하고 하는 일이 쉽지 않아 산적한 문제가 쌓여 있는데 그중에서도 가장 쉬운 일에 속하는 것이 바로 '재정부족 문제'라는 것이었다. 그러니까 대부분의 사람들은 사업자금이나 주택마련이나 자녀교육이나 '재정부족'이 가장 난제라고 여길지 몰라도 목회의 길에서는 어렵고 힘든 일이 너무 많이 기다리고 있기 때문에 재정부족 문제쯤은 그래도 가장 작은 문제요 가벼운 문제라는 것이다. 또한 하나님이 해결해 주시면 단 한방에 끝날 만큼 쉬운 문제에 속한다는 것이다. 이러한 자신의 경험담이나 체험 이야기를 나와 단둘이 앉아서 차를 마시며 그의 사역의 가장 '전성기(全盛期)'에 들려주니 더욱 소중한 가르침이라는 실감이 났다.

그렇다. 예수께서 하시다가 남기고 가신 일을 물려받아 하는 일인 만큼 얼마나 힘들겠는가를 절감하지 않을 수 없고 그러다 보니 이런 말도 나오지 않았는가 싶은 마음이다.

강물같이! 시내같이!

17.
민주화 운동의 대부(代父)
홍남순 변호사

　남도의 땅은 이상하게도 반골정신이 뛰어나고 저항하는 피가 강하게 흐르는 족속들이 자리를 잡고 살고 있는가 보다. 동학 농민운동이나 학생운동이나 광주항쟁 5.18 의거나 여하튼 그곳은 아무래도 타 지역과는 어딘가 좀 다른 데가 있다.
　단종과 정순왕후가 지금의 청계천에 있는 영도교(永渡橋)에서 부부의 이별 중 가장 슬픈 이별이라고 전해진 대로 이 다리 위에서 헤어진 후 단종 임금은 수양대군에 의해 폐위를 당하여 노산군으로 강등되어 강원도 영월로 귀양을 보내 죽게 되었다. 그러자 정순왕후인 송 씨도 부인으로 강봉이 되었다. 그때 헤어진 젊은 부부는 이후 다시는 영영 만나지 못하고 말았는데 그 이유는 단종이 그 해를 넘기지 못하고 유배지에서 죽었기 때문이다. 한 많은 생을 살았던 정순왕후와 친족들은 전남 고흥으로 유배되었다고 한다.
　고산 윤선도(尹善道, 1587-1671)도 한양에서 쫓겨나 전남 해남으로 낙향(落鄕)했다고 하고 여하튼 당시 탐라국으로 알려진 제주도를 포함하여 충신(忠臣)들은 대부분 남도(南島)의 도서지방으로 내쫓김을 당했으니 보길도니 노화도니 모슬포니 하더니 결국 5.18 의거도 광주에서 비롯되었던가 보다.

1980년 5월 18일 최초로 광주에 출동한 7공수 여단에 이은 11과 3공수 여단의 증파, 그리고 이들에 의해 자행된 돌이킬 수 없는 각종 만행이 저질러지고 있을 때, '민주주의는 피를 먹고 자란다'고 했던가, 아니면 '난세(亂世)에는 영웅이 난다'고 했던가. 유신정권이 무너지고 민주화의 봄이 올 무렵, 가엾게도 민주주의는 다시 전두환 일당을 위시한 신군부에 의하여 무참히 짓밟히고 이처럼 엄청난 살상행위가 저질러졌다. 온 도시에 지하에서 들리는 핏소리가 가득할 때 수많은 의로운 사람들이 일어났고 목숨을 빼앗기고 순국의 반열에 서게 된 것이다. 그중에는 윤상원 열사도 있고 이한열 열사도 있지만 홍남순 열사도 있고 조아라 열사도 있었다. 나는 재야 시절에 여러 의로운 분들을 만났지만 그중에 홍남순 변호사(1912.6.7-2006.10.14)를 결코 잊을 수가 없다. 박세경 변호사나 박동진 명창이나 함석헌 선생을 만나 뵈올 때처럼 홍남순 변호사는 꼭 나의 아버님을 뵈옵는 듯 인자하고 포근하였고 다정하고 다감하신 분이었다.

우리는 그를 '영원한 재야(在野), 대인(大人) 홍남순'이라고 부르고 있는데 그야말로 5.18 민주화 운동의 산증인이자 재야의 대부라고 부르고 있다. 그는 방랑(放浪)시인 난고 김삿갓이 세상을 떠돌다가 마지막 세상과 이별하던 전남 화순에서 태어났는데 어린 시절을 고향에서 보낸 뒤 1930년대 학업을 위해 밀항선을 타고 일본으로 건너가 일본 상공학교를 졸업한 후 37세의 나이로 변호사 시험에 합격하여 법률가의 길을 걸어가게 되었다. 1948년에 변호사 시험에 합격을 했지만 불과 2년 후 한국전쟁이 일어나자 그는 기꺼이 한국전쟁에 참전 용사가 되었다.

이미 그때는 홍남순 변호사가 중년(中年)의 나이였음에도 불구하고 그렇게 한 것이다.

한국전쟁이 휴전하자 광주지법을 거쳐 광주고법과 대전지법 등지에서 판사 일을 보았고 이미 1963년부터 인권변호사의 길을 가게 된다. 인권 변호사 시절에는 무려 30여 년이나 양심수나 민주인사 등의 무료 변론을 도맡았으며 이로 인하여 호남 지역에서는 그를 명실공히 대표적인 인권변호사라고 부르게 되었다. 지금껏 반독재 투쟁과 시국사범(時局事犯) 변론(辯論)에 앞장서 온 그는 1980년 5.18 광주민주화의거 당시 내란수괴(內亂首魁) 혐의로 체포 되어 1년 반 동안 옥고(獄苦)를 치르기도 하였다.

특히 그를 잘 알고 지내던 송기숙 교수는 그의 저서를 통해 '국군교도소에서 지켜 본 홍남순 변호사는 군부 쿠데타 세력의 온갖 협박과 모친 고문 등에도 결코 기가 죽은 모습을 보이거나 굴하지 않았다'고 회고하고 있다. 5.18 의거의 '구속자협의회'라는 단체에서 회장으로 추대하여 활약할 때에도 신군부 독재세력과 반민주 세력들과의 대결에서도 당당히 맞서 싸웠으며 성명서를 발표하거나 주도적인 위치에 있었다. 특히 1988년에는 이른바 그들이 즐겨 사용하던 '광주사태'는 가당치도 않고 '광주민주항쟁'이라는 명칭도 수용하지 않고 '광주의거(光州義擧)'로 변경하여 오늘에 이르게 하는 데 지대한 역할을 한 것으로 알려져 있기도 하다.

여하튼 우리나라는 기나긴 역사가 이어져 오는 동안 수없이 많은 외세의 침략이나 국가 내부에서도 수없이 많은 분란이 그치지 아니하였고 그때마다 나라를 백척간두(百尺竿頭)의 위기에서 구해내는 수

많은 애국지사들과 불의와 독재에 항거(抗拒)하는 용감한 의인들이 있었다는 것은 지금 생각해 보아도 너무나 자랑스럽고 가슴 벅찬 감동스런 일이 아닐 수 없다.

홍 변호사도 이런 애국자나 의인 중의 일인(一人)인데 그는 이 같은 공로를 인정받아 1985년에는 가톨릭 인권상(人權賞)을 받았고 1993년에는 국민훈장(國民勳章) 무궁화장 등을 수상하기도 했다. 그는 지방에 머무르면서도 서울에 올라오면 대체로 함석헌, 윤보선, 장준하, 고영근 등과 같은 주요 인물들과 함께 하였고 필자(筆者)가 그를 수차례 만나게 된 때도 주로 이러한 자리에서였다. 앞서도 언급했지만 너무도 온화하고 점잖은 분인지라 그의 인품에서 풍기는 은은한 향기를 느낄 수 있었고 어떻게 저런 온순하기 그지없는 분이 투쟁은 그리도 과감하고도 단호하게 했는지를 되새기지 않을 수 없었다.

사실 나는 그때 당시 '대한민국 국민의 눈물'이 된 서울대학교 인문대학 언어학과 3학년에 다니면서 언어학과 학생회장 직책을 맡고 있었는데 1986년 노학투쟁에 활동하던 중 청계피복노조 합법화요구 가두시위로 구속되어 감옥살이를 하는 등 학생운동에 적극 참여하여 다음해 치안본부 대공분실 수사관 6명에게 연행되어 물고문을 받다가 '탁 치니 억 하고 쓰러졌다'는 박종철 열사가 사망했을 때 장례식도 함께 했으며, 이한열 열사가 최루탄에 맞아 쓰러져 다시 회생하지 못하고 꽃다운 젊은 나이에 세상을 떠나게 되자 먼 5.18 묘지에까지 가서 장례식을 치렀다. 그 외에도 명지대학교 학생 강경대 열사나 조선대학교 이철규 열사 등이 죽어 갈 때에도 그들이 마지막 가는 길을 끝까지 바래다주던 일을 우리 재야단체 임원진들과 함께 했었다. 그랬기 때문에 홍남순 변호사를 자주 뵈올 수 있었고 그분과는 다른 분보다도 더 친숙한 교분을 가지고 지내오던 옛 일이 아련히 떠오른다. 물론 박종철 군의 부친이신 박정기 선생도 그 이후로 더러 만나던 일이 기억에 있으나 이한열 열사의 모친이신 배은심 여사의 그렁그렁 눈물이 맺혀 있는 모습이 아직도 내 가슴에서 지워지지 않아 이한열 열사와 그의 어머니 배은심 여사에 대한 이야기는 이어서 써 내려가 보고자 한다.

18.
이한열 열사의 모친(母親) 배은심 여사

내 동생 한열아!

내 동생 한열아!
지랄같이도
모질게 매운
고약한 최루가스, 폭포수처럼
흩뿌려져 내릴 때
살기등등한 검은 연기, 흰 연기
하늘을 가리울 때
가장 청아하고, 지극히
화사한 꽃 한 송이
땅에 떨어져 버리는구나.

생명 채로 꺾이고 마는구나.
군대 마귀에게 밟혀 죽는구나.
어머니 가슴에
굵게 굵게
벌건 줄, 그어진 줄 모르고
고요히 사라져 가는구나.
아스라이 꺼져 버리는구나.
조국도 조국이다 마는
자유도 자유이다 마는
너 먼저 가버리는구나

그러나 내 동생 한열아
너의 죽음 헛되지 않아
길이 길이 언제까지나
부릅뜬 두 눈으로 이 땅을 지키는
수호신이 되었구나.
땅에서 들리는 핏소리
산천을 깨우고 있구나.
어두운 땅 환히 불 밝히는
등대 하나 되었구나.
깃발 하나 되었구나.

한열이가 너무도 애석하게 최루탄 가스에 흠뻑 젖어 영영 이제 다시는 돌아올 수 없는 곳으로 떠나가고 나서 연세대학교 교정에서는 수를 헤아릴 수 없는 어마무시한 조문객이 그야말로 발 디딜 틈도 없이 빼곡히 들어 찬 가운데 장엄한 장례예식 절차와 노제를 다 마쳤다. 그리고 나는 조문단이 되어 망월동 5.18 공원묘지에 내려가서 '한열이'를 땅에 묻고서 위의 추모시를 지었다.

앞서 나는 다시금 홍남순 변호사를 되새기며 박종철이나 강경대나 이철규 등을 떠올려 본다. 아무래도 우리나라의 민주주의를 위해 산화한 이들 중에 용기 있는 대학생들의 희생과 죽음이 있었다. 그중에도 박종철, 이한열 두 열사의 아까운 죽음이 민주주의라는 나무를 키우는 중요한 역할이 있었다는 사실을 우리는 결코 간과할 수 없을 것이다.

그래서 이 시간에는 이한열을 땅에 묻고 돌아오면서 지었던 시를 위에 올리기도 했지만 그 아들을 잃고 수많은 세월을 눈물 머금고 살아 온 그의 어머니를 애절하게 바라보고 있는 중이다. 이한열은 홍남순 변호사처럼 김삿갓이 그의 방랑생활 가운데 마지막 세월을 지내다가 세상을 떠난 화순에서 태어났다. 아마 그 동생이 지금도 살아 있다면 나와는 열두 살 터울로 띠 동갑인데 지금 내 주변에는 조카나 동료나 지인들이나 1966년생 띠 동갑이 의외로 많은 편이다.

그때 우리나라는 정치적인 변혁기이기도 했고 그러자니 당연히 혼란한 시국이었다.

1987년 1월에 서울대학교 학생 박종철이 남영동 대공분실에서 취조를 받다가 욕조에서 물고문으로 사망한 사건이 일어났다. 그때 경찰은 발표하기를, 시위하던 학생을 잡아다가 심문을 하는 과정에서 "탁 하고 책상을 쳤더니 억 하고 쓰러졌다"는 거짓말로 둘러대다 국민들의 분노를 자아내게 되었다. 이 고문치사(拷問致死) 사건을 도화선(導火線)으로 전국에서 이 사건을 은폐하려던 정부와 독재자를 규탄하려는 시위(示威)가 이곳저곳에서 다발적으로 일어났고 급기야 6월 10일에는 '고문살인 은폐 규탄 및 호헌 철폐 국민대회(國民大會)'가 개최되었다.

바로 전날 이한열은 6.10 대회 출정을 앞두고 범(凡)연세인 총궐기대회에 참여하여, 신촌 연세대학교 정문 앞으로 진출하려는 학생들 가운데에서 교문 진출(進出)을 막으려는 전경(戰警)들과 대치하고 있었다. 그런데 이날 일부 몰지각(沒知覺)한 전경들이, 원래 고각(高角)으로 발사하도록 되어 있는 최루탄을 학생들을 향해 수평(水平)으로 발사해 버린 것이다.

이런 엄청난 불상사가 발생한 가운데 이한열은 이 살인적인 최루탄을 뒷머리에 맞아 두개골 골절상을 입고 쓰러지고 만 것이다. 이리하여 친구의 부축을 받으면서도 불구하고 무참히 쓰러져 사경을 헤매던 이한열은 이로부터 한 달도 채 넘기지 못하고 뇌손상이 회복되지 않은 채 합병증인 폐렴까지 발생하여 21세의 꽃다운 나이로 세상을 등지고 만 것이다.

그리하여 그의 장례식은 7월 9일 '민주국민장(民主國民葬)'으로 치러졌는데 전국적으로 160만의 추모 인파가 그의 죽음을 기렸고, '민주주의는 피를 먹고 자란다'는 말이 있더니, 그의 죽음은 급기야 민주항쟁의 기폭제가 되었고 결국 군사정권(軍士政權)의 종식을 의미하는 노태우의 6.29 선언으로 이어졌으며 마침내는 1987년 10월 27일 대통령 직선제를 반영한 제9차 헌법 개정을 이루어 내는 계기가 된 것이다. 그리하여 그날 이한열의 장례식은 우리 모교(母校)인 연세대학교 교정에서 그야말로 옛날 해공(海公) 신익희(申翼熙) 선생의 장례식을 방불케 하는 수많은 인파(人波)가 몰려들었는데 내로라하는 주요 인사들이 연달아 올라와 추모시나 추모사를 하였고 국민들의 분노는 극에 달하여 그야말로 하늘을 찔렀다. 장례식이 끝난 후 우리는 영구차에 함께 동승하여 땅에 묻기 위해 출발했고 머나먼 장정을 마치고 그를 그곳에 안장하게 되었다.

나는 평소 이한열과 만나거나 그와 대화를 나눈 적은 없는데, 장례식을 치르는 과정에서 그리고 그 이후의 유가족 모임이나 민주화 현장에서 그의 어머니 배은심 여사를 자주 만날 수 있었다. 배 여사는 언제나 만날 때마다 느끼는 감정은 눈시울이 반쯤은 붉어 있거나 아니면 금방이라도 곧 울음을 터뜨릴 것 같기도 하는 모습이었다. 늘 세상 희망을 다 잃어버렸거나 세상 시름을 홀로 다 안고 살아가는 듯한 처연(凄然)한 모습을 보였다.

그도 그럴 것이 자랑스러운 내 아들, 아까운 내 아들, 모든 희망과 살아가는 이유의 전부 같은 내 아들, 잘생기기까지 하여 미남자인 내 아들을 잃은 모든 어머니의 심정이라는 생각이 미치자 당연히 그럴 수밖에 없으리라고 동감(同感)하게 되었으며 가슴이 미어질 듯이 아파서 차마 바라보기도 민망할 지경이었다. 자식을 먼저 보내서 차마 땅에 묻지 못하고 가슴에 묻고 산다는 모든 부모의 심정이 한결같겠지만 유독 한열이의 어머니는 더 심한 듯하였다.

한열이가 떠나간 지가 어느덧 35년, 만일 그가 살아 있다면 올해 56세, 그의 아까운 생을 한탄하며 한열이만큼의 나이에 나도 잃은 동생이 있어 그를 내 동생이라고 부르며 시를 지었다. 장차 우리가 돌아갈 하늘나라에는 저 지랄탄으로 불리던 최루탄도 없을 것이고 우리 동생 한열이 같이 억울하고 슬프게 맞이하는 죽음도 없을 것이다.

19.
장편소설 '실로암'의 주인공 윤인한 사장

　나는 세상에 태어나서 '윤인한'이라는 사람을 만나게 된 것을 매우 행복하고 기쁜 일로 여기고 살아가고 있다. 그는 경북 문경의 가난한 농가에서 알콜 중독자의 아들로 태어나 학교에도 제대로 다니지 못한 채 어린 나이에 서울에 올라와 오갈 데도 없이 걸인(乞人)처럼 살다가, 하나님을 믿고 복을 받아 거부(巨富)가 되어 국내외 수많은 곳을 다니며 무료로 안경을 나눠주고 복음을 전하여 한국교회를 출렁거리게 할 만큼 큰 업적을 쌓은 분이다.
　나는 그분을 주인공으로 하는 '실로암'이라는 장편 실화소설을 펴냈으니 독자들께서 그 글을 읽을 수 있는 기회가 주어진다면 좋겠고 이 시간에는 이번 '중국 우한 폐렴'이라는 전염병이 창궐한 시대에 임사체험(臨死體驗)을 하고 죽음을 경험하는 중에 천국과 지옥을 다녀온 '간증기'(干證記)를 독자들께서 읽을 수 있도록 편의를 제공해 드리고자 한다.

이 글은 윤인한의 체험을 자기 자신과 한 친구를 통해 기록해서 보낸 보고서와도 같은 것이다.

이렇게 편지로나마 그리운 친구들과 소통을 하게 되어 매우 기쁩니다. 제가 이제 드리는 말씀은 순전히 개인적인 체험입니다. 그런데 믿는 사람들은 이를 '영적체험(靈的體驗)'이라고 합니다. 잘 믿기지 않으시겠지만, 쉽게 말하면 제가 지난 연말 코로나에 감염되어 심한 폐렴과 당뇨로 두 번에 걸쳐 죽음을 경험했습니다. 그리고 죽음 이후의 세계를 다녀왔습니다. 이런 이야기는 교회 공동체에서도 매우 조심하게 다루는 사안입니다. 왜냐하면 자칫 잘못하면 이단(異端)으로 몰리기도 하고 사기꾼으로도 오인을 받을 수 있기 때문입니다.

그래서 신약성경에서도 이를 사람들이 믿지 않기 때문에 거지 나사로와 부자에 관한 이야기를 들려줍니다. 두 사람은 죽어서 거지와 부자는 각기 다른 곳으로 갔습니다. 누가복음(16:19-31)에 나오는 거지 나사로와 부자 이야기가 바로 그렇습니다. 음부에서 고통당하는 부자는 아브라함 품에 들어간 나사로를 자기 집에 보내어 자기 형제 다섯에게 증언하여 이곳에 오지 말도록 전해주라고 청하나 아브라함은 이를 듣지 않습니다. 오직 모세와 선지자들에게 들으라고 합니다. 왜냐하면 "모세와 선지자들에게 듣지를 아니하면 비록 죽은 자 가운데서 살아나는 자가 있을지라도 권함을 받지 아니하리라"라는 말씀이 있기 때문입니다. 진리에 이르는 길은 가깝게 있는데도 사람들은 선뜻 선택하지 못합니다. 이는 참으로 안타깝고 가슴 아픈 슬픈 이야기입니다. 아브라함은 이러한 우리의 우둔한 성정을 소상히 아는 듯합니다.

이제 제가 겪은 28일간 병상일지를 간략하게 말씀드리고자 합니다.

- 2020년 12월 4일, 동네 병원에 감기 치료차 들렀다. 그전에는 링거를 맞고 일주일 정도의 약을 먹으면 잘 나았던 감기가 며칠이 지나도 낫지 않고, 가래에 피가 섞여 나왔다. 그러자 의사가 폐렴이라고 큰 병원에 가 보라고 하여 S병원 응급실로 갔다.

- 놀랍게도 폐렴에다 코로나 양성 확진자로 판명되었다. 20여 년간의 지병인 당뇨, 혈압, 고지혈증, 고관절 등의 합병증으로 고열(高熱)에다 항문(肛門)까지 열렸다. 평소 관절이 좋지 않아 구부릴 수 없던 오른쪽 다리가 풀리고, 무릎도 꿇을 수 없으며 양반다리도 할 수 없었다. 그러자 나의 짧은 의학상식으론 '내가 오늘 죽겠구나' 하는 생각이 불현듯 들었다. 부모님이 돌아가실 때 보니 항문이 열리고 딱딱했던 모든 뼈가 풀어졌기 때문이다. '내가 이렇게 죽는다니!' 하고서는 '하나님, 지난 인생길을 되돌아보니 참으로 많은 죄를 지었습니다. 용서하여 주세요'라는 마음으로 기도를 드리는데, 이후 정신은 더 영롱한 듯 표현할 수 없는 회한과 후회 등이 주마간산(走馬看山)과 같이 지나갔다. '다시 한번 기회를 주신다면…' 하는 애절한 마음뿐이었다.

- 피 섞인 가래는 점점 다 익은 포도 색깔로 변하고, 양쪽 팔에는 여러 가지 주사줄이 늘어져 있었다. 침대에서 대소변 처리를

위해 한 발짝도 내려갈 수 없었고, 포도 색깔 가래로 인해 호흡이 곤란했다. 그때 울리는 핸드폰에서 낯익은 집사람의 흐느끼는 울음이 들려왔다.

담당 의사는 산소마스크 허용 동의와 마음의 준비, 그리고 유언할 것이 있으면 하라고 했다. 그래서 나는 말하기를 "내가 죽으면 화장(火葬)을 해서 부모님 산소 곁에 뿌려 달라"고 말하고, "코로나로 죽으면 개죽음이라는데…"라는 말을 덧붙이려 했다. 그러나 적막 가운데 점점 차오르는 가래소리들로 인해 소리를 질러도 모기소리 만큼도 나오지 않았다.

갑자기 어느 부분인지 잘 모르겠지만 쿵 하는 느낌과 동시에 육체를 빠져나가는 나의 영이 너무나 생생하게 느꼈고, 순간적으로 짙은 향기에 도취되어 "하나님, 감사합니다. 나 같은 죄인을 천국에 오게 하셨네요"라며 말로 표현할 수 없는 황홀함을 경험하였다. 과연 '죽음이란 이렇게 황홀한 것인가?'라는 생각이 잠시 들었다.

- 그때 다시 쿵 하는 느낌과 동시에 육체 속으로 들어오는 영이 느껴졌다. 너무 아쉬워서 '하나님, 한 번만… 더 한 번만, 더…' 하는 순간, 같은 내용 그대로 똑같은 향기, 그 황홀경에서 다시 복귀하는 영을 느꼈다. 두 번을 체험하고 나서 '하나님, 나 같은 죄인을 다시 살려주셔서 감사합니다'라고 감사기도를 드렸다.

이것이 바로 저의 병상에서 일어났던 체험 이야기입니다. 사랑하는 친구님들, 하나님이신 예수님은 인간을 너무 사랑하셔서 '예수'라는 이름으로 세상에 내려오셔서 모든 인류의 죄를 십자가에서 대신하여 죽음으로 갚아 주셨고 3일 만에 다시 살아나시어 하나님 보좌 우편에서 영원히 살아 계십니다. 그리고 인류를 심판하러 다시 이 땅에 오실 것입니다. 그분께서 저에게 덤으로 사는 '삶'을 다시 주신 것은 친구님들에게 이런 예수의 기쁜 복음의 소리를 전해주기 위함입니다. 여러분께서 기억하실 것은 죽음은 끝이 아니라는 것입니다. 반드시 사후세계는 있습니다. 사람이 한 번 죽는 것은 정한 이치입니다. 그 후엔 반드시 심판이 있습니다.

그때부터 저만이 느낄 수 있는 하나님과의 영적 대화가 계속 이어졌습니다. 환상도 꿈도 아니었습니다. 실제입니다. 제 가족과 저를 지켜보신 많은 분께서 제가 어릴 때부터 가졌던 급한 성격과 미꾸라지에 소금 뿌린 듯 살아온 생동감, 그리고 폐쇄공포증이 있는 것을 알고 있을 것입니다. 어느 때는 승강기나 지하실에 갇히면 심한 공포증을 느꼈습니다. 친구 장로가 새벽기도를 가다가 심장마비로 천국에 갔는데, 나도 그렇게 데려가 달라고 평소에 많은 기도를 했습니다. 가족들도 급한 성격으로 병원 침대에 혼자 누워 있기가 몹시 힘들 것이라고 걱정을 했었는데 기적은 이때부터 일어났습니다.

코로나로 인해 혼자 있는 병실이고, 게다가 한 발도 내려올 수 없는 감시 속에서 하나님과 영적 대화가 시작되었습니다. 그때 저는 하루 토막잠 몇 번 자는 것이 고작이었지만, 24시간 하나님과 대화하는 시간이 행복했습니다. 75년여의 삶 속에서 느껴보지 못한 평강, 평안, 화평을 맛보면서 행복은 환경이 결정짓는 것이 아니고 누구와 함께 있느냐에 따라 주어진다는 것을 깨달았습니다. 세상 모든 근심, 걱정이 다 사라지고 시, 분, 초마다 샘솟는 기쁨과 강 같은 평화를 느낄 수 있었습니다. 예수님이 손잡아 주시고 함께 하시니, 병원 침대 위가 천국 같았습니다. 흥얼흥얼 콧노래가 이어지는데, 이렇게 하여 결국 12월 16일에 코로나 음성판정을 받고, 19일 재차 음성판정을 확인받았습니다.

이때 전국에 코로나 병실이 부족하여 정부에서 지정해주는 B병원으로 다음날 옮겨 갔습니다. 거기서도 5인실을 혼자 쓰면서 하나님과 동행하면서 성부, 성자, 성령님께서 제 안에 거주하는 기쁨을 누렸고, 삼위일체 하나님이 함께 하시는 평강을 지금까지 누리고 있습니다. 담당 의사들의 판단으로 드디어 12월 31일에 퇴원하게 되어 죽었다가 다시 살아난 저는 그리운 가족의 품으로 돌아올 수 있었습니다.

사랑하는 친구 여러분, 저는 이제 덤으로 살아가는 인생입니다. 저를 다시 이 땅으로 다시 오게 한 것은 아직 믿지 않는 친구들에게 복음을 전해주라는 그분의 명령이 있었기 때문입니다. 그래서 이 엄청난 기적을 혼자 간직할 수 없어 사랑하는 친구들에게 공개했습니다. 언젠가 코로나 역병이 사라지는 날, 그동안 잃어버렸던 일상을 회복하여 우리 다시 만나 소통하기를 기원합니다.

(용초 48회, 용중12회 사랑하는 동문들에게 보낸 2021. 1. 15. 윤인한의 기록)

키르케고르는 "인간의 존재는 영원의 존재와 시간의 존재 사이의 긴장 속에서만 가능하다"라고 했습니다. 이 말은 인간은 삶과 죽음 사이의 긴장 속에 살아간다는 뜻으로 이해할 수 있을 것입니다. 시간 속에 살아가고 있으나 정신은 항상 시간을 넘어 영원으로 여행을 떠나기 원합니다. 그러므로 그곳에 다다르기 위해서는 자유로운 개인으로, 절대자 앞에서 단독자로, 진실을 존중하며 이 땅을 살아야 하므로 그의 일상이 항상 긴장 관계에 부딪히게 되는 것입니다. 또한 프리드리히 엥겔스는 "죽을 때에 죽지 않도록 죽기 전에 미리 죽어 두어라. 그렇지 않으면 정말 죽어 버린다"라는 경구를 남겼다고 합니다. 죽음을 경험한 사람이 남은 인생을 어떻게 살아야 함을 잘 알기 때문일 것입니다. 그러나 이들이 말하는 시간에서 영원으로 이르는 길은 보통 사람이 도달하기가 너무 어려운 방법입니다.

그는 돌아온 선물이었습니다. 12월 마지막 날, 그의 전화로 만감이 교차하였습니다. 당사자로부터 영적 체험을 처음 들은 것도 그러하고, 과연 지금까지 제대로 믿음 생활을 해왔는지에 대한 자성(自省), 그리고 '그분께서 내게 주신 달란트는 있는지… 있다면 무엇인지… 무엇인지 알았다면 그것을 지금까지 잘 활용했는지… 혹시 게으르고 악한 종은 아니었는지…'를 뉘우칩니다.

바라기는 이 땅의 모든 사람이 자신의 초인적인 능력으로 영원에 이르기 위해, 어렵고 험한 길을 택하기보다 그분의 세미한 지도(地圖)와 인자한 지도(指導), 그리고 친절한 안내서를 따라 순례의 길에 들어와 그분께서 주시는 은혜와 평안을 누리는 새해가 되었으면 좋겠습니다.

(위 윤인한처럼 용초, 용중 동기동창들에게 보내는 김호림의 기록)

이상의 내용은 당사자 본인인 윤인한 사장의 병상일지와 사랑하는 친구가 죽었다가 다시 살아남을 목도한 친구 중의 하나인 김호림 님의 증언록이기도 한 것이다.

윤인한 장로(社長)와 약속하기를 자신이 살아생전(生前)에 자신을 주인공으로 하는 실화소설(實話小說)을 쓰기로 하고서도 무작정 10여 년이 흘러가던 어느 날, 이제는 그의 글을 쓰리라 작심(作心)하고서 그동안 만나고 듣고 모은 자료들을 가지고 새벽마다 글을 쓰기 시작하여 꼬박 한 달을 걸려 '실로암'이라는 장편소설을 세상에 내놓게 되었다.

그래서 이번에는 그와 나의 만남의 글보다는 그의 글을 싣고 매듭하려고 한다. 하나님께서 그를 통하여 더욱 큰 영광을 받으시고 구원의 역사가 일어나기를 기도드린다.

20.
만 권의 시집 소장,
백 권의 시인 용혜원 문우(文友)

    용혜원은 1952년생이고 김성락은 1954년생이니 그는 나보다 두 살이나 더 많은 손위 형(兄)이다. 그러나 동시대(同時代)에 같이 사역을 해온 동역자(同役者)요, 함께 글을 써오는 문우(文友)요, 서로 간에 꽤나 성격이 비슷하고 여러 가지 생활 습성(習性)도 많이 닮은 바 있는 막역(莫逆)한 지인(知人) 사이라고 볼 수 있다.

    나는 이렇게 생각하는데 그도 나처럼 이렇게 생각하고 있는지는 그에게 또 한 번 물어 볼 일이다. 그는 방송인으로, 유명강사로 많은 사람들을 대하고 있고 나는 여전히 사역에 몰두하고 있는 편이다. 그래도 그가 방송인이기 때문에, 기독교방송이나 극동아세아 방송이나 북방선교방송 등에 소개하여 나도 몇 차례 나가서 간증(干證)도 하고 방송(放送)도 했던 일이 다소 있었던 건 사실이다. 하지만 그는 나와는 다르다. 여하튼 여전히 나는 내부용이지만 그는 지금 교회공동체 안에서보다는 교회 밖 세상에서 더 유명해진 명사(名士)가 되었다.

 그는 '시의 수도꼭지'라고 불리울 만큼 시(詩)를 잘 지어내서 흔히 말하기를 "평생 시집 한 권 내는 게 소원"이라는 사람도 많은데, 그는 때로는 한 주간이면 시집(詩集) 한 권을 뚝딱 완성해서 책(册)으로 내놓을 수 있을 만큼 시를 다작(多作)으로 써내고 있다. 그렇다고 부실한 시를 마구잡이로 쓰는 것은 물론 아니다. 그만큼 영롱한 아침 이슬처럼 진솔하고 지치고 상한 영혼을 치유하는 시를 끊임없이 뿜어내고 있다. 어디 그뿐인가. 유머집이나 수필이나 때로는 전문서적(專門書籍)도 펴내고 심지어는 예수님의 일생을 망라하는 '예수 그리스도 생애 연작시(連作詩) 나사렛 마을 시인 예수'를 펴낸 일도 있다. 내가 언론인(言論人)으로 신문사에서 주필(主筆)을 맡고 편집장(編輯長)으로 재직하고 있을 때 그는 자신의 시를 매호의 신문마다 연재해 주어 신문의 가치와 우아함을 한층 더 높여 주었던 고마운 벗님이시다. 감히 그의 이 작품 가운데 첫 시와 마지막 시를 여기에 남기고자 한다.

당신은 그분을 만나 보셨습니까 (연작시 첫 편)

당신은 그분을 만나 보셨습니까.
늘 우리 곁에 한 사람의 얼굴로 다가와서는
기쁨으로 가득 채우는
그분을 만나 보셨습니까.

소문을 내지 않이도 소문이던 분
가난한 이들과 외로운 이들을 가까이하시던

그분의 손길은 사랑이었습니다.

우리의 텅 빈 것 같은 공허감을 느끼며
인생의 결국이 온다면
얼마나 외롭겠습니까.

당신은 그분을 만나보셨습니까.
온유한 모습으로 찾아와
나는 길이요 진리요 생명이라
말씀하시는 이
예수를 만나보셨습니까.

주님은 지금 오고 계신다 (연작시 끝 편)

주께서 도둑같이 오신다.
주님은 이 길로 오실까
저 길로 오실까

구름이 유난히 아름답고
노을이 붉게 짙게 물들면
천둥과 벼락이 세차게 치면
혹시 주님이 오시는가.
주님이 재림하시는 풍경을 그린다.

주 안에서 기뻐하는 자
맑게 웃고 밝아지는 세상
주님이 재림하시는 날
모두 웃고 기뻐하는 날이 돼야 한다.

구름 타고 오시는 주님.
그리워 울먹이며 말도 못 하고
얼마나 많은 날을 기다려야 할까.
재림의 주님은 지금 오고 계신다.

이렇듯이 그의 시는 몹시 운무적이요 무척 직설적인 표현으로 이루어져 있다. 모든 사람이 시를 가까이할 수 있도록 쉽고 단순하고 간단 명료(簡單 明瞭)하여 읽고 듣는 이로 하여금 당장 바로 시의 세계로 초대받아 그 안에서 풍부한 시인의 은총을 누릴 수 있도록 도와준다.

시인 용혜원(龍惠園)은 남성인 내가 보아도 매우 매력적이고 아름다운 영혼의 소유자이다.

외모(外貌)나 체구(體軀)도 멋스럽고 목소리도 무척 매혹적이고 깊이가 느껴져 참 심오하다. 그러나 무엇보다도 그는 고상한 인격의 소유자요 신앙심도 깊어 영성의 사람이다. 그의 부인(婦人)도 다소곳한 모습에 동양미인(東洋美人)인데다가 알려진 여류시인(女流詩人)이요 '아름'이와 '산하'라는 두 남매도 경건한 가정에서 신앙심으로 자라난 복스러운 감람나무 같은 향기가 있어 보인다. 우리가 자주 만나지는 못하고 살지만 그래도 서로가 서로를 위하여 기도하면서 순례자의 길을 간다는 것은 참으로 바람직하고 은혜로운 일이 아닐 수 없다고 생각한다.

삼사 십 대 젊은 시절에 우리가 만나 이제는 칠십을 넘어가는 세월에 접어들었지만 아직도 우리에겐 해야 할 일도 여전히 남아 있고 장군처럼 뚜벅뚜벅 걸어가야 할 인생의 여정(旅程)이 버젓이 남아 있기 때문에 우리는 더욱 아름다운 마음으로 새아침을 맞이해야 하리라고 본다.

먼 훗날 내 인생의 종점에서 지나온 뒤안길을 되돌아보면서 미련도 없고 아쉬움도 없고 후회도 없고 당당하고 떳떳한 모습으로 전능자 앞에 서게 되기를 바라는 소원은 우리가 한결같으리라고 생각한다. 오늘날같이 흉악한 전염병이나 우환 질병이 득세하고 끊임없이 오고가는 험난한 시대를 살아가면서 아무쪼록 사랑하는 벗님의 가정에 은총이 가득하기를 기도한다.

21.
기독교 세계관을
갖고 살았던 이원설 박사

이원설(1930-2007) 박사는 경희대학교 역사학 교수로 또한 부총장과 대학원장으로 오래 재직하다가 나중엔 한남대학교 총장을 맡아 일하기도 하였다. 한마디로 말하자면 평생을 역사학자로 지낸 분이라고 말할 수 있겠다. 그는 개신교회의 장로로서 바른 성경적 세계관을 갖고 대학과 사회 각 분야에서 그리고 세계 도처에서 일했던 영어가 유창한 '국제맨'이라고 말할 수 있겠다.

'숭실대학교 재단이사장'이나 '기독교학교연맹 이사장'을 맡아 그 책임을 다하기도 하였다. 정성구 박사에 의하면 특히 그는 '문교부 고등교육국장'으로 재직하고 있을 때 총신대학교를 정식으로 문교부 인가대학으로 만드는 데 대단한 공을 세운 인물로 꼽고 있는 것이다.

그는 '세계대학 총장협의회'라는 단체의 사무총장을 지냈고 5대양 6대주를 돌며 유창한 영어로 한국교회를 세계에 알리고 하나님

나라의 건설과 기독교 세계관을 알리는 데에도 동분서주(東奔西走)하였고 성직자가 아닌 평신도 장로로서 설교를 하기도 했던 인물이기도 하였다.

사실 그는 총신대학교 신대원에서 신학을 수학하였기 때문에 안수를 받으면 목사의 자격으로 목회 사역자이기도 했고 조찬기도회에서 설교 담당자가 될 만한 자격을 갖추었기에 과거의 황성수 박사나 손봉호 교수의 경우처럼 하늘의 도를 전하는(講道權) 권리를 행사할 수 있는 인물이기도 했다. 특히 이원설 박사는 인조(仁祖) 때 무신(武臣)이었던 이괄 장군의 후손으로 덩치가 크고 우람하면서도 항상 미소를 잃지 않고 겸손하고 온유한 사람이었다. 게다가 그는 후배나 제자들에 대한 사랑이 특심하여 이들을 끔찍하게 사랑하였던 열정의 사람이었음을 다시 강조하고 싶다.

이러한 때에 나는 그에게서 두 학기 1년 동안 '혁명시대의 미래관'이라고 할 수 있는 그의 역사학을 들을 수 있었는데 그에게서 들은 바를 다소 여기에 적어 본다.

사람은 자기가 출생하는 시간과 장소를 선택할 수 없는 운명적 존재이다. 왜 나는 미국인이 아니라 한국인으로 태어났을까. 일본 사람이 안 되었을까. 애초부터 한국인이 될 수밖에 없는 운명을 지녔다면 어찌하여 이조말엽(李朝末葉) 혹은 21세기에 출생하지 못하고 20세기 후반에 살게 되었을까. 그러기에 나는 자유선택이 아닌 어떤 주어진 상황(Situation)에 던져진 피투자(被投者)이다. 빈부귀천의 기존 여건이 나의 출생을 기다리고 있었다. 어떤 이는 부유한 집의 자식으로 어떤 이는 빈농의 아들로 태어났다. 어떤 인과관계(因果關係)에서 이런 결과가 연유된 것일까. 하지만 아무리 호조건에 출생했더라도 주어진 환경에 만족하는 사람은 별로 없다.

'비우'(悲雨-Mayerling)라는 영화의 대사를 보면, 평민들은 황실이 부러워서 '황실놀이'를 하는 데 반하여 황제의 손들은 양을 치는 '목자놀이'를 한다는 이야기가 나온다. 가난은 불행한 것이지만 권세와 황금은 반드시 행복을 약속하는 것이 아닌 것 같다. 빈부를 막론하고 인생은 괴롭다. 동서를 무론하고 고뇌, 낙망, 좌절을 전혀 느끼지 않고 살아가는 사람은 전혀 없으리라.

인생은 고뇌(苦惱)이다. 중국의 고서 《시경》(詩經)에도 '내가 세상에 났을 적에 하염이 없었는데, 노후에 와서 백 가지 화를 보니 소원일세 누워있기가'라는 시가 있다. 비극적인 분위기는 그리스 비극에도 가득 차 있다. 소포클레스가 그린 '오이디푸스'의 비극을 보라. 괴물 스핑크스를 이길 수 있는 지능을 가지고 데베시의 지배자가 되었지만 기구한 운명 때문에 그는 자기 부친을 죽이고 어머니를 아내로 삼는다. 그의 딸 엔티곤은 동생 이스메네에게 '불행, 참화, 망신, 불명예'는 자기들의 생애였다는 말로써 탄식한다. 영국의 극작가 셰익스피어의 '햄릿'이나 '로미오와 줄리엣'에서 우리는 무엇을 발견하는가. 여기에 인간의 운명이 있다. 자기의 괴로운 삶을 사색의 대상으로 삼을 때마다 운명의식을 느끼지 않을 수 없는 사람의 운명이 있다.

동물도 육체적 삶을 가지기 위해서는 생물상황의식을 가진다. 욕망이 이뤄지지 않으면 괴로워한다. 그러나 사람만이 독일 실존주의자 야스퍼스가 말하는 한계상황의식을 가지는 형이상학적 고뇌를 지니고 산다. 또 '나'라는 개체가 점유하는 공간이 저 우주의 광막한 넓이에 비해 얼마나 작으며 '내' 일생의 시간적

길이가 인류사의 장구함에 비해 얼마나 짧은가를 자각할 때 경악을 금치 못한다.

17세기 프랑스의 철인 파스칼은 "나는 나를 둘러싸고 있는 우주의 무서운 공간을 보며 왜 나는 딴 곳보다도 여기 있는가. 왜 내게 주어진 시간이 내 앞에 있었던 전 영원과 내 뒤에 다가올 전 영원과의 어디에 정해지지 않고 여기에 정해졌는가를 모른다"라는 독백을 했다.

세익스피어의 '햄릿'도 "혼란한 시대에 내가 태어난 것은 쾌심하기도 하고 슬프기도 하다"라는 한탄을 했다. 18세기 프랑스의 계몽철인 볼테르는 자기가 태어났던 시대를 혐오했다. 옛날의 찬란했던 시대들을 회고하면서 자신이 희랍의 페리클레스시대, 로마제국의 어거스터스시대, 혹은 르네상스 이태리의 메디치시대에 출생하지 못한 운명을 서글퍼했다.

지금 우리 가운데에 이런 한탄을 한 번도 해보지 않은 사람이 얼마나 될까. 그러나 인생이 자의적 선택물이 아니라고 해서 '삶' 자체를 거부할 수 있을까. 비록 인생이 까뮈의 '시지프스의 신화'와 같이 무의미한 좌절의 연속이라 해도 우리는 그것을 포기할 수 없다. 그러기에는 우리의 생의 욕구와 집념이 너무나 강하다. 삶이 무엇이든 인간은 그것을 맹목적으로 추구하는 디오니소스적 의지가 있다. 쇼펜하우어의 명저인 《의지와 표상으로서의 세계》가 말하는 살려는 의지(the will to live)가 우리의 가슴 깊은 곳에서 맹목적으로 움직인다. 절망의 심연 속에서도 삶을 버릴 수 없으며 괴로움 속에서도 보다 밝은 미래를 꿈꾸고 설계하는 희망을 품지 않을 수 없다. 인생의 위대성은 우수와 부조리를 넘어서서 근원적인 그 무엇을 찾는 데 있다.

이처럼 역사학자로서, 특히 기독교인으로서 바른 성경적 세계관과 역사관을 가지고 살아온 이원설 박사는 1955년 25세 때 미국에 유학을 갔는데 당시는 한국 전쟁 직후였기 때문에 미국인들이 한국에 대한 관심이 많을 때였다. 그래서 그는 그곳 교회나 로터리클럽 등에서 강연 초청을 자주 받았는데 처음엔 영어에 자신이 없었기 때문에 약간 주저하기도 했었지만 그는 대중 앞에서의 발표력이 뛰어났고 특히 '미국인들은 영어밖에 못하지만, 나는 한국말은 물론이고 일어, 영어, 그리고 독일어를 조금이나마 할 수 있지 않는가'라는 생각이 미치자 더욱 자신감이 생겼다고 한다. 다소 서툴렀지만 그렇게 자신감을 갖고 크고 분명한 목소리로 말하는 그를 미국인은 크게 호응했다. 그래서 점점 더 많은 초청을 받게 되었는데 그 후 50여 년 동안 그의 강연은 일생에 아주 중요한 부분이 되었다고 말한다.

그는 원래부터 말을 잘하는 사람은 아니었다. 이런 그가 말에 대한 자신감을 갖기 시작한 것이 1945년 8월, 민족 해방의 날이 왔을 때부터였는데, 해방이 되고 고향마을에서는 모든 사람들이 한 자리에 모여서 해방을 축하하는 큰 집회가 열리게 되었는데 놀랍게도 이원설이 소년 대표로 연사로 뽑힌 것이었다. 당시 말에 대해 자신감이 없었던 그는 '내가 어떻게 많은 사람들 앞에서 연설을 할 수 있을까?' 하고 고민할 수밖에 없었는데 그런 모습을 보고 안쓰러웠는지 교회 전도사가 연설문을 하나 써 주었다고 한다. 이걸 받아든 이원설은 생각하기를 '말을 못하면 외워서라도 하면 될 것 아닌가' 하고 다부지게 마음을 먹게 되었는데 드디어 그 축하의 밤, 그는 떨리는 걸음으로 단상에 올라가서 수많은 사람들이 자신을 쳐다보는 것을 직접 느끼게 되자 가슴이 터질 것 같았다고 한다. 그러나 이미 준비한 내용을 전할 수밖에 없었다.

"존경하는 어르신들!" 그리고는 다음 말이 떠오르지 않았다. 순간 너무도 당황했지만 마음을 가다듬고 다시 입을 여는데 "그리고 형님들! 누님들!" 이렇게 한번 입이 터지자 그동안 산에서 나무와 바위 등을 향해서 외치던 기억이 되살아나 힘있게 손까지 쳐들며 당당히 연설을 할 수 있었는데, 그의 당시 연설 내용을 여기에 간추려 적어 본다.

"존경하는 어르신들, 그리고 형님, 누님들! 이제 마침내 우리는 자유를 얻었습니다. 일본 제국주의의 족쇄와 쇠사슬은 산산이 부셔졌고 우리는 고삐가 풀린 송아지처럼 자유롭습니다. 우리는 우리가 원할 때 달리고 뛰어 오를 수 있습니다. (중략) 우리 민족을 해방시켜 주신 하나님께 감사드립니다!"

과연 연설이 끝났을 때 그의 귀엔 많은 이들의 박수소리와 환호소리가 들려왔다. 어린 소년 이원설의 가슴은 기쁨과 자랑스러움으로 터질 것만 같았다. '말더듬이었던 내가 이 많은 청중들을 감동시키는 연설을 해내다니!' 그때부터 그는 말하는 데 자신감을 갖게 되었는데 마을잔치에서의 한 번의 작은 성공이 "할 수 있다!"는 신념이 되었던 것이다. 그것이 밑거름이 되어 그는 나중에 수백, 수천 군중 앞에서도, 세계 유수 대학총장들 앞에서도, 왕이나 대통령 앞에서도, 또한 영어로도, 일어로도, 한국어로도 그의 생각을 다 말할 수 있게 되었던 것이다.

나에게도 그런 계기가 있었다. 대학 시절 온갖 여러 가지 아르바이트를 해 보았는데 한번은 속칭 '기아바이'라고 해서 바늘이나 빗이나 수사반장이나 이런 물건을 떼다가 차에 올라가 승객들을 향해 외치기를, "차중에 계신 손님 여러분! 안녕하십니까. 조용한 차 안에서 잠시 말을 하게 되어 죄송합니다. 여기 물건 하나를 소개해 드리려 합니다" 하면서 판매행위로 들어가야 했다. 광화문에 버스를 타고 올라갔다가 차마 말을 꺼내지도 못하고 차장에게 말하기를, "누나! 나 지금 수사반장을 팔려고 올라왔는데 입이 안 떨어져 말을 못하고 내려간다"라고 하니까 그 여자 차장이 말하기를, "남자로 세상에 태어나 차 안에 올라와서 이런 말 한마디도 못하고 그냥 내려가면 나중에 무슨 일을 할 수 있겠느냐?"라는 당찬 충고에 신선한 충격을 받았다. 그래서 '그렇지, 내가 지금 여기서 실패하고 내려가면 안 되지!'라는 강한 담력과 용기가 생겨 그때부터 다른 버스를 타도 물건을 잘 팔아냈던 기억이 새롭다.

이원설이 그때부터 세계적인 명강사가 되었듯이 나도 그때부터 부끄러움이 엄청 치료되었다.

워낙 내성적이고 수줍음을 타고 부끄러워 말도 잘 못하던 내게 그래도 이런 계기가 있었던 거다.

22.
검찰청에서 임채진
검찰총장(檢察總長)을 만나다

어느 날 서재에서 기록장을 정리하다가 이렇게 적혀 있는 대목이 있었다. 아마도 1997년 6월에 성지순례(聖地巡禮) 여행 중 있었던 내용을 적은 것으로 여겨진다.

'에베소를 여행하던 도중에 서울 집에 전화를 했더니 사랑하는 둘째 딸 혜리가 받았다.

그 아이는 아빠가 서울을 떠나기 전부터 예쁜 우산을 원하더니 전화를 받자마자 간단한 인사를 하고는 바로 아빠에게 우산 얘기를 꺼냈다. 바로 허락은 못하고 다른 말로 돌렸지만 아이의 간청을 들어주고 싶어서, 여기저기 둘러보며 찾아서라도 그가 원하는 예쁜 우산을 꼭 사가야겠다는 마음에 전화를 해 주기로 마음먹었다. 우리가 하나님을 믿고 기도하는 신자로서 간절히 구하면 역시 응답을 가져올 수밖에 없다는 사실을 내 딸 귀여운 혜리를 통하여 다시금 새롭게 깨닫는다.'

말미에는 '혜수야! 혜리야! 아빠 곧 집에 갈게 안녕!'이라고 적혀 있었다.

내가 신문사에서 총무국(總務局)을 맡아 책임지고 있을 때 예장 합동 총회의 상당한 위치를 차지하고 있는 사람이 나에게 전화를 걸어왔다. 내용인즉 총회장께서 검찰총장을 만나고 싶어서 여러 경로를 통하여 줄을 대고 손을 써 봐도 모두가 허사요 일이 성사되지 못하여 몹시도 초급한 상황에 처하게 되었는데, 누군가가 곁에서 일러주기를 신문사에 김성락 총무국장을 통해 연결을 시도해 보면 가능할 수도 있을지 모르겠다는 말을 전해 들었다는 것이다.

그러면서 하는 말이 "이번에 한번 힘써 주시면 그 고마움을 잊지 않겠다"라고 하는 것이었다. 고마움이고 뭐고, 잊고 말고를 떠나서, 할 수 있는 데까지 다 해 본 모양인데 나라고 무슨 뾰쪽한 묘수(妙手)가 있겠는가. 더군다나 나도 한때는 이러저러한 사람들과 만나거나 교제를 하거나 서로 알고 지내오기는 하였다고 하더라도 지금 자리를 차지하고 있는 '임채진'이라는 검찰총장은 뉴스 보도나 신문지상에서 그의 이름은 들어 알고 있었을지라도 실제로는 생면부지(生面不知)의 사람이요 단 한 차례도 교제해 본 일이 없는 사람인데 '무슨 이런 힘든 부탁을 나에게 할까'라고 생각했다. 그렇더라도 전화를 받자마자 "나는 못한다" 하면서 당장 거절하고 손사래를 치고 물러서는 성격은 아니기 때문에, 그러냐고 넌지시 그들의 난감함에 공감을 표한 뒤, "그럼 내가 한번 그쪽에 연락을 먼저 취해 보겠다"라고 쉽게 대답을 하고 말았다.

니는 근본적으로 오지랖이 넓은 것도 아니고 무슨 해결사도 아니다. 그러나 어떤 일을 대함에 있어서 무척이나 긍정적(肯定的)이고 가능성(可能性) 있게 바라보는 관점(觀點)이 있기 때문에 일단 검찰총장 비서실에 전화로 연락을 취하게 되었다. 이런 침착하고 차분한 마음으로 전화를 걸자 그 자리에 책임이 있는 한명관이라는 사람이 전화를 받더니 "요즘 우리 총장님은 외부 인사와의 접촉을 매우 삼가는 편이고 더구나 종교지도자나 그 분야의 인사들은 쉽게 만나는 일이 없어서 어려운 일"이라고 말하는 것이었다.

그러면 이럴 때 나는 뭐라고 해야 할까. "아, 그러시냐?"라고 하면서 "잘 알았다. 허나 이 사실을 총장께 반드시 보고는 해 주시고 그래도 거절하신다면 나도 그리 알겠다. 그러나 어떤 새로운 상황이 있게 되면 나에게 연락을 해 달라"고 한 후 전화를 끊었다. 그리고 부탁한 사람에게는 바로 거절되었다고 연락을 하지 않고 다음날을 기다렸다가 하루 이틀 후에 알려줘도 늦지 않을 것이기 때문에 그날을 넘기게 되었다. 그런데 이튿날이 되어 검찰청에서 연락이 왔다.

이 사실을 총장님께 보고를 올렸더니 청사로 들어오시면 만날 자리를 마련해 드리겠다는 것이었다. 뜻한 바대로 방문 예정을 허락받게 되자, 이 소식을 접하게 된 만큼 얼마 후에 부탁을 했던 분에게 "일이 잘 되어 성사가 되었으니 방문자와 원하는 일시를 알려주시면 다음 일을 진행하겠다"라고 알려드렸다. 그랬더니 "당장 금주 간에 만났으면 좋겠다" 하는 말을 전해 듣고서 양측과 조율된 일정을 정하게 되었다. 예장 합동 측 총회장과 신문사 사장, 그리고 내가 함께 동행(同行)하기로 결정하고 검찰총장 공관으로 찾아가 대면(對面)을 하게 된 것이었다.

그날 4인이 모인 자리에서 서로 발언도 했고 경청도 했고 화기애애한 분위기 가운데 좋은 만남의 시간을 가질 수 있었다. 그때 동석(同席)했던 자리에서 우리가 나누었던 대화의 내용이나 후의 일들은 말할 필요가 없겠고, 여하튼 서로 간에 유익한 만남의 시간이었다고 생각하고 있다. 그 후의 일들도 가타부타 할 것도 없는 만큼 여기서 소상히 밝혀야 할 필요도 없겠다.

　이 일이 있고서 다음날 총회에 들어갔더니 이번에 있었던 일들에 대한 소문이 파다하게 퍼져 있었고 여기저기서 응원의 박수를 보내주는 이들도 있었다. 우리가 사람을 만남에 있어서 때마다 일마다 모두가 한결같을 수는 없을 것이다. 물론 요청에 의하여 만나는 경우도 있었고, 우리가 필요하여 찾아가 만나게 되는 경우도 있지만 이렇게 원하던 일이기는 해도 정말 뜻밖에 만남을 가지게 되는 경우도 없지 않아 있기 마련이다. 나는 이런 일련의 일들을 통해서 우리가 하나님을 만나는 일을 떠올려 본다.

　찬미를 드리는 때에 만나는 경우도 있고, 말씀을 듣다가 만나게 되는 경우도 당연히 많지만 때로는 기도를 통하여 전능하신 하나님을 만나게 되는 경우도 있다. 그러니까 하나님은 우리를 지으시고 우리를 통하여 찬송을 받으시기를 원하시며 메시지 시간을 통하여 우리에게 말씀하실 어떤 내용이 있으시다. 또한 우리의 기도를 통하여 작은 신음소리까지도 들으시며 어떤 도움이나 해결을 해주시기 위하여 기다리고 계신 분이라는 사실도 우리는 알게 된다.

　기도를 통하여 올리는 소원이나 청원자는 수없이 많을 것이고 또한 '하나님은 높은 곳에 계셔서 우리의 애원이 크게 들리지 않을 테니 그냥 두자'라는 의식을 가지고 하나님을 대하는 이들이 있다면 지금부터라도 마음을 좀 고쳐먹으면 어떨까 하는 생각이 든다. 우리가 하나님을 가까이하기엔 너무 먼 곳에 계신 분이라기보다는 언제나 니외 가까이 계시는 분이라는 사실을 결코 간과하지 말았으면 하는 마음이 간절하다.

22. 검찰청에서 임채진 검찰총장(檢察總長)을 만나다

존 메칼(John Mecal)은 1919년 엘카소에서 출생한 사람인데 그는 땡전 한 닢 없는 무일푼의 처지에서도 야무진 꿈을 가지고 있었다고 전해진다. 그것은 자신이 세계적인 석유 재벌이 되어보겠다는 원대한 꿈이었다. 그리하여 그는 오클라호마 대학교에서 지질학(地質學)을 공부했으나 졸업은 마음에 두지도 않고 일찌감치 석유 파는 데만 전념하였다.

그러는 가운데 한번은 어떤 사람이 석유 자원이 묻혀 있을 것으로 판단하고 그곳을 열심히 파고 뒤지다가 실패한 나머지 폐광(廢鑛)이 되어 있었던 곳을 알게 되어 친지들에게 돈을 빌려 싼 값에 문제의 폐광을 사들이게 되었다는 것이다. 당시는 어떤 사람이 석유를 파다가 실패한 곳이라도 다른 사람이 재차 시도하여 재미를 보는 일이 가끔 있기는 했다. 하지만 그것은 대단한 모험이었기 때문에 섣불리 덤빌 처지는 아니었던 것이다.

존 메칼은 결국 위험을 무릅쓰고 빚으로 사들인 폐광에 자원을 투자하고 적잖은 비용을 들여 지하 600피트(feet)까지 파내려 갔으나 기대하던 석유는 나오지 않았다. 그때의 심정이란 참담하기 그지없었고 실망 또한 컸으리라고 본다.

일이 이렇게 되자 존 메칼은 막대한 빚을 지고 크게 손해를 보았으나 결코 용기를 잃지 않고 다시 7,500불을 더 빌려 30피트를 더 파내려 갔다. 깊이가 630피트에 이른 것이다. 그래도 이번 역시 석유는 나오지 않았다. 상황이 이쯤 되니, 그동안 돈을 빌려 주거나 지원을 보내오던 인척 등 주변의 아는 사람들은 폐광에 손을 댔다가 엄청난 손해를 입은 그를 비웃고 책임을 물었다. 이로 인하여 존 메칼은 완전히 웃음거리가 되고 말았고 매일 몰려오는 빚쟁이들에게 시달려 급기야는 생을 포기하고 자살을 기도하기에 이르렀다.

이때 그는 절망 중에 불현 듯 한 가닥 희망을 부여잡게 되었는데 어차피 죽을 목숨, 마지막 한 번 더 시도해 보고 끝장을 봐야겠다며 70피트를 더 파내려갔다. 이제 총 깊이를 합해 700피트에 이른 순간이었다. 그러자 갑자기 꿈에도 그리던 석유가 마구 쏟아져 나왔다. 하루에 무려 12,000배럴을 생산해 낼 수 있는 대(大)유전(油田)을 발견한 것이다. 만약 그가 690피트만 파다가 중단했어도 실패로 끝났을 것이다.

인생만사(人生萬事)가 이와 같을 때가 너무나 많다. 그 고비만 넘기면 다음은 바로 정상인데 중도에서 포기하거나 아예 시도해 보지도 않고 포기해 버리는 이들이 너무도 많다. 먼동이 트기 전의 새벽이 가장 어둡다 했으니, 어떤 경우라도 우린 결코 낙심치 말고 끝까지 해보는 담력과 지구력이 필요할 때라고 본다.

우리가 하나님께 기도를 드리는 일이든, 어떤 일을 시도할 때이든, 아니면 사람을 만나 어떤 일을 처리해야 할 때이든 시도하기도 전에 미리 포기하거나 물러서거나 중단하면 안 되겠다.

왜냐하면 승리는 언제나 가장 끈기 있게 노력하는 사람에게로 돌아가는 것이기 때문이다.

22. 검찰청에서 임채진 검찰총장(檢察總長)을 만나다

23.
김진표 종친(宗親)
국회의원과의 친분

우리나라 사람들에게는 제각기 부르고 불리우는 이름 앞에 붙이는 성씨라는 것이 있는데 본관(本貫)을 말하고 세상에 태어나 존재하고 살아가는 자신의 뿌리를 의미하는 것이다. 이렇게 말하면 대부분은 "아! 김, 이, 박, 최 같은 성씨 말이지요?" 할 것이다. 그 이외에도 몇 십 가지 성씨가 더 있다고 여기고는 있을 것이다.

하지만 우리나라 성씨 내력(來歷)에 보면, 독자들이 상상했던 그 이상 종류도 많고 수효도 훨씬 많다는 사실이다. 독자들은 내가 사실을 말해도 놀라지 않기를 당부드린다. 성씨의 종류는 무려 533가지나 된다니 말이다. 나도 깜짝 놀랐다. 서양 사람들도 Family Name이라고 해서 우리의 성씨에 해당하는 칭호가 있다는데 그에 비하여 우리나라의 성씨(姓氏)는 그 집단적인 응집력이나 혈통적(血統的)이고 전통적(傳統的)인 면에 있어서 더욱 강력한 면모를 보여주고 있는 것이 주지의 사실이다.

나는 시조(始祖) 김알지(金閼智)의 후손인데 65세손이며, 김녕 김씨(金寧金氏)로는 30세손이고 사육신(死六臣) 백촌(白村) 김문기(金文起) 선조의 21세손이라고 배워 왔다. 우리 가문의 선조 가운데 백촌 어르신은 충청북도 옥천 출신으로 초명은 효기요 자는 여공이며 호는 백촌인데 김알지의 후손으로 당대에는 본관을 김해(金海)로 사용하였으나 후대에 이르러 그 후손들이 김수로왕(金首露王)의 후손인 김해 김씨(金海金氏)와 구별하기 위하여 김녕(金寧)과 경주(慶州)로 사용하는 두 파로 갈려졌다. 우리 집안도 처음에 어렸을 적에는 '경주 김씨'였는데 그 후에 이르러서 '김녕 김씨'로 수정하는 모습을 보았다.

백촌 김문기 선조는 1450년 병조참의를 거쳐 1451년 문종 1년에 함길도 도관찰사에 임명되자 임지에 가서 재직하다가 1453년 단종 1년에 다시 내직으로 들어와 형조참판(刑曹參判)에 제수되었다가 이번에도 외직인 함길도 도절제사로 나갔다. 그 후 다시 내직으로 들어와 공조판서(工曹判書)에 임명되었는데 1455년 세조(世祖)가 왕위를 찬탈하자 다음 해인 1456년 성삼문(成三問), 박팽년 등이 주동한 단종 복위(復位)를 계획할 때 충신들과 함께하여 백촌은 병력 동원을 맡았다. 하지만 계획이 사전에 발각되어 모두 주살을 당할 때 이 사건에 관련되어 백촌 김문기 선생은 군기감 앞에서 아들 현석과 함께 처형(處刑)당했다.

단종 복위에 가담한 사람들 중에 6인의 절의(節義)를 '사육신'이라 했으며 사육신의 역사적 사실은 남효온(南孝溫)이 쓴 '추강집(秋江集)의 육신전(六臣傳)'에 실려 세상에 널리 알려지게 되었던 것이다. 그 뒤 1691년 숙종 17년에 국가에서는 육신을 공인해 복관시켰고 뒤따라 1731년 영조 7년에는 김문기를 복관하고 1757년에 '충의(忠毅)'란 시호를 내렸다. 또한 1791년 정조 15년에는 단종을 위해 충성을 바친 충신(忠臣)들에게 국내의 공사 문적을 널리 고증해 신중히 결정한 국가적인 의전(儀典)인 '어정배식록'을 편정할 때 김문기는 삼중신(三重臣)의 한 사람으로 선정되고 성삼문, 박팽년, 이 개, 유성원, 유응부, 하위지 등 6인과 함께 김문기의 사실을 기록한 '백촌유사' 3책에 전한 대로 김천시 지례면의 섬계서원(剡溪書院)에 향사되었다.

이 문제를 놓고 일부 학자들 사이에서는 찬반양론이 벌어져 신문 지상에 그들의 논설이 게재되기도 했는데 마침내 근대에 와서도 1977년 7월 국사편찬위원회에서는 사육신 문제를 규명하기 위한 특별위원회를 구성하였다. 그리고 여러 차례 논의한 끝에 "백촌 김문기를 사육신의 일인으로 현창(顯彰)하는 것이 마땅하다"는 결의를 만장일치(滿場一致)로 채택하기에 이르렀던 것이다. 이 결의에 따라 서울 노량진에 있는 사육신 묘역에 백촌 김문기의 묘(墓)가 설치되기에 이르렀다. 이럴 즈음 우리 종친회에서는 만시지탄(晩時之歎)의 늦은 감은 있으나 당연지사 사필귀정으로 받아들여 한껏 경하(慶賀)하였고 그 분위기가 고조되었던 일이 아련히 떠오른다.

우리 종친회 가승보(家乘譜)나 대동보 등에 보면 내 이름은 현재 이름인 김성락(金聖樂)이 아닌 병만(炳萬)으로 기재되어 있다. 방랑(放浪)시인 김삿갓이 난고(蘭皐) 김병연(金炳淵)인데 나는 남헌(南軒) 김병만(金炳萬)이니까 이 또한 싫어할 일은 아니었다. '난고(蘭皐)'가 '바위 틈에 자라는 난초의 고고함'을 드러내는 호라면 나는 '남녘의 흔하디 흔한 평상처럼 누구라도 와서 쉬고 놀고 자고 가도 다 받아들이고 허용한다'는 뜻으로 친구 좋아하는 나에게 그 옛날 노당 서정묵 화백(畫伯)께서 손수 지어주신 호가 바로 '남헌(南軒)'이다.

이렇게 우리나라에는 성씨가 많은 중에도 김씨 성이 대략 1천만을 상회한다는데 그중에도 우리 김녕 김씨 종친은 소수여서 고작

60여 만에 이른다고 하거니와 종친 가운데는 이미 작고한 부산의 김광일(1939-2010) 변호사, 그리고 정치인 가운데 김영삼 전 대통령, 민주센터 이사장 김덕룡(1941)과 김명규 전 의원 및 김승규 전 국정원장 형제, 그리고 김진표 의원 등이 종친에 속한다고 할 수 있다.

위 네 분도 평소 교분을 갖고 지내왔지만 김진표 의원 역시 국회 조찬기도회 회장을 맡아 섬기는 동안 더러의 만남을 가진 바 있다. 통상 국가조찬기도회 회장은 때마다 여당 의원이 맡아 왔는데 이번에는 민주당이 여당이 되었기 때문에 민주당 기독신우회 회장이며 수원중앙침례교회 장로이기도 한 김진표 종친이 그동안 부회장을 맡아 잘 섬기다가 이제 회장을 맡아 더욱 책임감이 커졌고 별 무리 없이 잘 수행하는 모습을 보여주었다.

우리나라에는 국회의원이 300명인데 많을 때는 기독신자가 130여 명에 이를 때도 있었으나 지금은 100여 명 이상이 기독교 신자라고 자신을 소개하고 있는 실정이다. 이처럼 우리 크리스천 의원들만 의정활동에 충실하여 자신의 위치를 잘 지키고 교회의 현안 가운데 주요한 이슈들이 되고 있는 차별금지법이나 주일에 국가고시를 치르는 일을 금하는 법을 제정하는 등의 활약을 해 주어야 함에도 불구하고 국회의원들이 유명무실하게도 허울 좋은 이름만 크리스천이요 무늬만 기독교 신자라고 해서는 안 될 것이다. 선거철에만 교회에 기웃거리며 표를 구하는 못난 태도는 지양해서 다시는 재발되지 않도록 해야 할 것이다.

더구나 지금 활발히 활동하고 있는 정치인들 중에도 크리스천들이고 집사나 장로들인데도 불구하고 여러 가지 정직하지 못한 부끄러운 모습이나 상스러운 욕설 및 막말 논란에 휩싸이고 전혀 신앙인답지도 않을 뿐더러 비신자들보다도 더 못한 모습을 드러내서는 결코 안 될 것이다. 당연히 우리 종친인 김진표 장로께서는 조찬기도회 회장답게 모범적으로 잘 하고 있어서 감사한 일이지만 다른 의원들이나 장관들이나 정치인들도 이런 모습을 보여주기를 기대하고 있다.

우리나라는 건국 초기부터 이윤영 목사 의원의 기도로 시작했던 일이나 국회 내에 기도실을 차려 놓고 기도하는 일을 몸소 실천하는 의원들이 있어 감사하기도 하다. 그러나 지금까지는 하나님께 영광을 돌려드리는 이들보다는 도리어 하나님의 영광을 가리고 주의 몸된 교회를 심히 부끄럽게 하는 일들이 빈번하여 참으로 몸 둘 바를 모르겠고 하염없이 만망할 따름이다.

우리는 훌륭한 분들에게 잘 보고 듣고 배워온 탓에 세례자 요한처럼 용기도 단단하고 저항 정신도 혼에 새겨 있고 인간적인 의리(義理)도 견고하기 때문에 누구라고 권력 앞에 기죽지 않고 당당하게 할 말은 주저하지 않고 하는 편이다. 그러나 아무래도 불신자들을 의식해 볼 때에 신실하지 못한 몇몇 사람들 때문에 교회나 신자가 비난의 대상이 되어서는 절대로 안 될 것이고 더더욱 하나님의 영광을 깎아 먹는 행위가 있어서는 안 될 것이다. 그리스도의 편지(便紙)나 그리스도의 향기(香氣)나 그리스도의 사신(使臣)이 되어야 하는데 여기저기 돌아다니며 고약한 악취(惡臭)나 풍기고 성숙하지 못한 부끄러운 모습을 보인다면 전도의 문도 막히고 심히 부끄러운 행실의 사람으로 전락하고 말 것이다.

우리가 구약성경 사사기 9장에 나온 바 감람나무나 무화과나무나 포도나무, 가시나무에 비할 때(삿 9:8-16) 감람나무는 자신의 사명을 저버릴 수 없다고 하였고, 무화과나무도 아름다운 열매를 맺어야 한다고 피력하였다. 포도나무도 하나님과 사람을 기쁘게 하는 일을 저버리면 안 된다고 하며 손사래를 치고 사양하였으나, 유독 가시나무만 우쭐대고 거들먹거리며 자신이 왕의 자리를 차지한 것을 두고 풍자적으로 그의 교만을 비난하고자 했던 것이다. 무릇 정치인들은 이 점을 삼가고 유의하여 자신의 이름이 부끄럽게 오르내리는 일이 발생하지 않았으면 한다.

 폐일언하고 본란에서는 김진표 의원의 아름다운 모습이 무척 좋아서 그의 주변에 있는 모든 동료 정치인들도 그와 같기를 바라는 마음에서 비롯된 얘기였음을 조심스레 밝혀 두는 바이다.

24.
한완상 박사를
재야(在野)에서 만나다

　한완상(韓完相) 박사는 당시 서울대학교 교수로서 재야단체의 주요 인물이었고 정의감이나 발표력도 뛰어난데다 수많은 저서를 펴낸 지식인(知識人)이요 한국사회에서 뛰어난 사회학자의 한 사람으로 회고하고 있다. 그는 1936년 충남 당진에서 출생한 사람으로 서울대학교를 졸업하고 미국으로 건너가 에모리대학교 대학원에서 정치사회학 박사학위를 받고 귀국하여 자신의 모교인 서울대학교에서 사회학과 및 문리대학 교수로 오랫동안 재직했던 걸출한 인물이다.

　나는 한완상 박사를 재야(在野) 단체에서 활약할 때에 몇 차례 만나 대화하고 교제하였다. 그도 역사의식이나 사회윤리의식, 정의감이 뛰어난 지식인이요 사회학자였기 때문일 것이다. 그리고 당시 우리가 만났을 때는 순수한 대학교수요 사회학자로서, 또는 신앙인으로 만났다.

　암울했던 군사독재 정권 시절이 물러나고 문민정부가 들어선 후엔 그도 정부의 일을 담당했다. 그는 관복(官福)을 당초에 타고난 것인지, 문민정부 이후 국가를 위해 많은 활약을 하게 됐는데 경기도 교육연구원 이사장, 남북 정상회담 자문위원단, 제24대 대한적십자사 총재를 맡기도 했다. 김영삼 정부에서는 부총리 겸 통일원 장관을 지냈으며, 노무현 대통령 시절에도 사회담당 고문역에 추대되었고 또한 부총리 겸 제1대 교육인적자원부 장관을 맡았다. 또한 방송통신대학교, 상지대학교 등지에서 총장을 지냈고, 제4대 한성대학교 총장을 역임하기도 했다.

그는 《돌 쥔 주먹을 풀게 하는 힘》, 《예수, 숯불에 생선을 굽다》, 《사자가 소처럼 여물을 먹고》, 《한반도는 아프다》, 《바보 예수》, 《대학생이 된 당신을 위하여》, 《우아한 패배》, 《한국교회여 낮은 곳에 서라》, 《예수 없는 예수 교회》, 《저 낮은 곳을 향하여》, 《깊은 신앙 넓은 신학》, 《다시 한국의 지식인들에게》, 《한국사회학》, 《민중과 지식인》, 《돌물목에 서서》, 《4.19혁명론》, 《지식인과 허위의식: 현대 한국사회 비판》, 《한국 민중교육론》, 《현대 젊은이의 좌절과 열망》, 《그날이 오면》, 《청산이냐 답습이냐》, 《어떻게 살 것인가》, 《명교수의 명강의》, 《역사에 부치는 편지》, 《한국 민중교육론 그 이면과 실천전략》, 《새벽을 만드는 사람들》, 《민중시대의 문제의식》, 《한국교회여 이대로 좋은가》 등의 수많은 저술을 남겼다. 특히 자신이 장로여서 그랬는지는 몰라도 한국교회와 신자들에게 전하는 메시지가 많다는 점이 남들과 달리 특별하기도 했던 사람이다.

나는 신학적인 성향이나 사상적으로 말하자면 한완상 박사보다는 손봉호(1938) 박사아 더욱 친밀감을 가질 수 있었던 입장이다. 두 분이 동시대 사람으로서 양대 산맥을 이룰 만큼 걸출한 지식인이었던 것이 과거에 김형석 교수와 안병욱 교수에 비할 수 있다고나 할까.

물론 한완상 박사가 두 살 위이지만 두 분이 기독교 장로(長老)이기도 하고 한국교회의 자랑스러운 인물들이다. 한완상 장로는 좀 더 진보적(進步的)이고 개방(開放)적인 입장이었다면 손봉호 장로는 보수적(保守的)이고 대체로 절조(節操)된 스타일이었다고나 할까. 그런데 최근에 와서는 손봉호 교수도 종북 좌파로 분류하거나 그의 신앙적인 시각에 대하여 의문을 품거나 반론을 제기하는 이들을 주변에서 어렵지 않게 볼 수 있어 의아해하고 있다.

과거에는 두 사람이 살아온 발자취를 보아서도 극명하게 다른 점이 드러났다. 한완상 박사는 대한적십자사 총재를 지내기도 했지만 남북관계 핵심쟁점에 대한 입장에 있어서도 그는 말하기를, "우리가 다시 새겨야 할 대명제는 결단코 전쟁이 일어나서는 안 된다. 눈에는 눈, 이에는 이라는 보복적인 정의나 적대적 공생관계의 악순환을, 예수를 따르는 우리들이 반드시 끊어야 한다"라고 늘 강조해 왔다.

그는 이어 주장하기를, 적대적 공생관계의 악순환은 체제 간의 긴장이나 증오심을 유발할 뿐만 아니라 각 체제 안에 극단세력의 기반을 강화시키고, '북한-중국-러시아', '한국-미국-일본' 등의 상극적인 동맹 고리를 형성하며 대내적 민주주의도 항상 후퇴시켜 왔다는 것이다. 또한 한 박사는 '예수님의 공생애 취임사라고 할 수 있는 누가복음 4장 16-19절은 보복적 정의를 사랑으로 대치하는 해방 선언을 보여주고 있다'는 것이고 그러니까 우리는 '박제화된 예수 상(像)에서 벗어나서 화평케 하는 자, 즉 피스메이커(Peace Maker)가 되어야 하고 사랑은 인내와 고통을 수반함을 알아야 한다'는 자신의 사상을 말하면서 남북관계의 합리적인 대안은 포용을 통해 북한(北韓)을 국제사회에 참여시키는 길밖에 없다고 역설했다. "우리가 우아(優雅)하게 지려고 한다면 그때 비로소 상대방과 함께 모두 이기게 된다"는 점을 설파하여 이른바 예수교의 역설적인 사랑과 평화를 주창하기도 하였다.

이는 무엇을 의미하겠는가. 모름지기 한국교회가 예수의 정신을 본받고 살아가려면, 예수께서 마지막 십자가에 매달려 인류를 위한 어린양으로서의 죽음을 맞이할 때도 끝까지 그들의 죄를 용서해 달라고 기도하던 모습을 본받아야 하고, 그리스도의 원수까지도 가슴에 품고 사랑하고 용서하는 이런 숭고한 모습을 보고 사형 집행 당시의 로마군인 백부장이 "그는 진실로 하나님의 아들이었도다"라고 고백한 점을 들어 우리가 이렇게 살아야 한다는 것이다. 북한에 대한 포용심과 지원문제도 이러한 관점에서 폭넓게 보아야 한다는 요지의 주장을 해온 것이다. 허나 이도 그의 개방적인 견해일 뿐일 터이다.

이에 반하여 손봉호 박사는 그와는 다른 신학사상과 입장을 견지하고 살아왔다고 보는 것이다. 그도 한때 이런 종북 좌파라는 문제로 자신을 비난하는 사람을 걸어 재판에 나아가기도 했는데 지금까지 북한, 즉 금강산이나 평양 등을 방문하고 돌아온 남한 사람들은 1998년부터 지금까지 대략 2,880,000명이나 된다는 통계가 있는데 방문자 대부분이 북한을 들어가게 되면 김일성 동상이나 금수산 궁전에서 참배하게 되어 있는데 손봉호 박사는 참배하지 않기를 전제하고 갔다는 것이다. 정확한 사실은 우리가 모를 일이다. 다만 전능하신 하나님만이 확연히 질 일고 계실 것이다.

여하튼 손봉호 박사는 경주고등학교와 서울대학교 영문학과를 나와 화란 암스테르담 자유대학교에서 철학박사 학위를 받고 귀국하여 총신대학교나 한국외국어대학교에서 강의를 하였다. 후에 모교인 서울대학교에서 오랫동안 교수로 있었다. 물론 그 후에는 한성대학교 이사장이나 동덕여자대학교에서 총장도 지냈고 1987년 '기독교윤리실천운동(略稱 기윤실)'을 설립하여 섬겼다. 그에 이어 2011년에는 '나눔국민운동본부'를 설립해 대표를 맡고 있으며 현재는 '교회개혁실천연대' 고문과 고신대학교 석좌교수로 있는데, 석사 과정을 미국 웨스트민스터 신학대학원에서 마쳤기 때문에 안수(按手)만 받으면 목회 사역자로 바로 활동할 수도 있는 입장이었고 이런 연유로 서울영동교회에서 오랫동안 설교로 사역을 감당하기도 하였던 것이다.

손봉호 박사도 타인에 뒤지지 않는 철학자요 작가이며 저술가이기 때문에 여러 저서를 가지고 있다. 그의 저서로는《Science and Person》,《현대정신과 기독교적 지성》,《잠깐 쉬었다가》,《답 없는 너에게》,《인성 교육의 이론과 실제》,《약자 중심의 윤리》,《오늘을 위한 철학》,《고통 받는 인간》,《꼬집어 본 세상》,《윗물은 더러워도》,《별수 없는 인간》,《나는 누구인가》,《건강한 가정》 등이 있다. 물론 다작(多作)으로 유명한 한완상 박사에 비하면 저서가 많은 편은 아니다.

그러니까 이 두 분을 비교해 보면 한완상 박사는 호탕(豪宕)함이 말투나 행동에서 드러나기 때문에 그의 인품이나 대인관계에 있어서 호감(好感)이 가고, 손봉호 박사는 신학사상이나 생활이념에 있어서 더욱 동질감(同質感)을 느낄 수 있었기 때문에 좋았다는 회상을 해 본다.

그런데 최근 이분들의 근황이나 면면을 살펴보노라면 이제는 다른 것이 아니라 어느새 많이도 닮아 있는지도 모를 일이다. 나는 본서에서 '내가 만난 사람들'이 이러했다는 것을 말하고 있기 때문에 그들의 사상이나 인품이나 행실에 대한 찬사나 비난이나 평가나 비판보다는 그냥 순순히 한 사람의 인간 대 인간으로서 만남에 역점을 두었다. 호불호(好不好)를 논하는 자리는 아니기 때문에 이 글을 읽는 독자들께서도 이 점에 대하여 넓은 시각을 견지하기를 바라는 바이다. 왜냐하면 이러함이 독자(讀者)와 작가(作家)에게 동일하게 유익할 것이기 때문이다.

웃으며 살까! 울면서 살까!

25.
축구선수 이영무와
차범근이 하나님을 만나다

어느 날 이영무 집사의 어머니께서 칠순을 맞이하여 '칠순감사예배'를 드리게 되었는데 그때 이영무 집사의 큰형이요 집안의 장남인 이영일 장로께서 내가 섬기던 교회의 시무장로였기 때문에 이 예배를 주관해 달라는 부탁을 받고 온 가족이 함께 모여 예배를 드리게 되었다.

당시 가족들의 면면을 대하는 자리에서 이영일 장로의 동생들인 이영길, 이영무, 이영채 등을 만나게 되었고 어느 가정보다도 신앙심이 깊은 가정이라는 사실을 바로 실감할 수 있었다.

당시 이영무 선수는 축구선수로서는 비교적 작은 체구에 속하여 신장도 165cm에 지나지 않아 무척이나 열악한 신체 조건을 극복하고 당당히 국가대표 선수로 발탁되어 두각을 나타내고 있었다. 그 분야에서는 기대 이상 최고의 성적을 올려 수많은 사람들에게 우상 같이 여겨지기도 했고 선망의 대상이요 우리나라의 자랑이기도 했던 사람이다.

나도 170cm의 신장과 65kg의 체중을 고등학교 2학년 때쯤에서부터 거의 50여 년 동안을 유지해 오고 있는데, 이영무 선수는 키가 180cm 이상은 넘어야 할 축구선수로서 당시 보통 신장인 나보다도 오히려 더 작았으니 무척이나 작은 편이었다. 하지만 도리어 이런 콤플렉스를 극복해 내고 운동장을 누비는 뛰어난 주전선수로서 손색이 없는 기지를 발휘한 특출난 사람이었다.

그때 이영무(李榮武, 1953) 선수는 나와는 한 살 차이나는 비슷한 연령이었고 또한 만나보니 서로가 성격도 흡사하여 이내 곧 친밀감을 가질 수 있었고 이를 계기로 정식으로 교회에 초청하여 은혜로운 간증집회를 열어 많은 사람 앞에서 자신의 신앙을 간증하기도 했다. 당시에는 체육인들 가운데 뛰어난 명성을 자랑하던 이들이 차범근이나 허정무나 조영증이나 김성남, 김강남 쌍둥이 형제나 오석재 같은 친구들이 스타급 선수들이었다. 이들이 대부분 내 나이이거나 아니면 한두 살 위나 한두 살 아래에 속해 있었고 축구뿐만이 아니라 내가 좋아하는 야구선수 중에도 김재박, 김무종, 김일권, 서정환, 차영화, 김용철, 이해창, 하기룡, 김용희와 같은 이름들이 불현듯 떠오른다.

그중에도 이영무와 차범근은 출중한 운동선수로서의 실력이나 신실한 신앙인으로서나 당시로서는 경기 시즌이 아닐 때는 교회의 초청을 받아 간증집회를 다니기도 하였기 때문에 그들을 통해 한참 부흥하던 한국교회에 더욱 부흥의 불을 지피는 크나큰 역할을 했다고 본다.

이영무 가문은 할렐루야 신교교회를 담임하면서 체육인선교회 회장을 지낸 이광훈 목사가 이영무 선수의 삼촌이었다. 또한 나중에 우리 교회에서는 장로로 섬기시던 이영일 장로께서도 목회 사역자가 되었으며 이영무 집사 역시 후일 목회자가 되어 활발히 복음을 전하고 있다. 그뿐만 아니라 '완도 섬 선교회'를 통하여 국내외적으로 사역의 폭을 넓혀 그야말로 대대적인 활동을 하여 지금은 '완도군 홍보대사'로 각광받는 김정두 목사도 이영무 목사의 여동생 남편이니 그 역시 그들과 한 가족이 아니겠는가.

특히 이영무는 선수 시절에 골을 넣고 나서 '기도 세레머니'를 통하여 하나님께 영광을 돌리고 복음전파에도 강한 인상을 심어 주었는데 이러한 코치는 "하나님께 영광을 돌리기 위하여 주전선수로 뛰게 해달라는 기도를 드리라"는 삼촌 이광훈 목사의 당부를 듣고 기도하기 시작했다고 옛일을 술회하고 있다. 이후 이런 비전을 가지고 기도하던 이영무 선수는 과연 당차게 주전선수로 활약할 수 있었고 한국과 일본 선수들이 맞붙은 한일전에서는 후반 30분에 출전해 극적인 역전골을 기록하고 자신의 기도하던 약속대로 수많은 관객과 시청자들 앞에서 거침없이 하나님께 영광을 돌려드렸던 것이다.

당시 이광훈 목사는 가족들을 중심으로 이영무 선수와 한국팀 멤버들을 위해 24시간 릴레이 기도를 시작했고 그 후로도 이영무 선수는 계속하여 주전선수로 출전하여 좋은 활약을 펼치게 되었던 것이다. 이를 계기로 유명세를 탄 이영무 선수는 MBC 방송에 출연해 간증을 하기도 했다. 이때부터 체육인들이 변화되기 시작했고 할렐루야 축구단, 세계체육인 선교회 등의 사역도 시작하는 계기가 되었다고 전한다. 그리하여 이광훈 목사는 본격적으로 스포츠 선교에 뛰어들어 88년 서울 올림픽 유치를 위한 365일 릴레이 금식기도, 2002년 한일 월드컵을 위한 금식기도 등 각종 큰 스포츠 행사가 있을 때마다 이를 위해 기도하는 순전한 믿음의 소유자이다.

그러다가 막상 88올림픽이 우리 한국에 유치되고 나서 축구팀 선수들을 어떻게 전도해야 할지 망설일 때 하나님께서 그 길을 알게 하셨다. 이 목사는 이 대회에 참여하는 모든 나라들과 자매결연 교회들을 정하고 이들을 환영하고 잘 싸우라고 응원도 해주었다. 이를 통해 관계성이 맺어진 선수들은 교회에 초청됐고 이른바 무려 67개국 선수들이 하나님을 영접하고 자신의 나라로 돌아가는 놀라운 성령의 역사가 일어났던 것이다. 그리고 앞서 언급한 바 있지만 차범근 선수의 전도를 놓고 기도하던 중 그는 조카인 이영무와 함께 차범근 선수의 집으로 찾아가 그에게 말씀을 전하게 되었는데 거기서 "하나님이 계심을 믿느냐?"라는 질문을 받은 차범근이 "하나님을 나에게 보여 달라"고 했다는 것이다.

그때 이 목사는 어떻게 했을까.

"공기는 볼 수 없지만 존재한다. 지구는 엄청난 속도로 돌아가지만 그 소리를 들을 수가 없다. 물이 담긴 컵에 젓가락을 넣으면 휘어져 보이고, 철길은 멀리 보면 마치 붙어 있는 것처럼 보인다. 이 모두가 우리 눈의 착각 때문이다. 하물며 어떻게 인간의 왜곡된 눈으로 하나님을 보려고 하는가?"라고 알아듣게 설명을 해 주었다. 하지만 차범근은 갑자기 자기 집의 텔레비전을 켜며 보기 시작하면서 더 이상 전도는 듣기 싫다는 거부 반응을 보였다.

그렇다고 호락호락 물러날 이광훈 목사가 아니었다. 그가 듣든지 아니 듣든지 전하겠다는 생각으로 2시간 동안을 복음을 전했다고 한다. 이번에는 더욱 복음을 거부하는 차범근이 스테레오 오디오까지 켜서 방해를 했지만 더욱 큰 목소리로 복음을 전하고서 다시 묻기를, "차 선수! 하나님을 믿습니까?" 하니까 단호히 "아니오!" 하니 기대했던 답변을 듣고 돌아오지는 못했지만 전도자의 마음은 평안했고 농부가 씨를 뿌리고서 싹이 날까 안 날까를 걱정하지 않고 전능하신 하나님께 그의 영혼의 구원문제를 맡겼다고 한다.

그런데 이런 일이 있고서 7개월쯤 지났는데 차범근 선수가 무릎 부상으로 수술을 해야 한다는 뉴스를 신문에서 읽게 되었는데 그때 하나님의 부르심이 그에게 찾아온 것 같다. 축구 선수의 생명이 달린 큰 수술을 앞두고 차범근은 마침내 이광훈 목사를 찾아온 것이다.

너무나 반가운 나머지 이광훈 목사는 이때다 싶어 창세기에서 계시록까지 무려 7시간 동안이나 복음을 상세히 전해 주었다. 후일에 이 목사는 회상하기를, 그때 차범근이 "그렇게 또렷한 눈빛으로 집중해서 들을 수가 없었고 그의 입에서는 '아멘, 아멘'을 연발했다"라고 기억한다.

불과 7개월 전에는 그토록 간절하게 복음을 전해도 들으려 하지 않고 도리어 TV나 오디오를 켜며 거부하고 방해하던 그에게 오늘 다시 물었다.

"차범근 선수! 하나님을 믿습니까?"

"네! 믿습니다!"

"예수 그리스도를 통한 구원을 믿습니까?"

"네! 믿습니다!"

이렇게 한국교회의 보배가 된 차범근이 주께로 돌아왔고 하나님의 가족이 된 것이다.

물론 이광훈 목사도 차범근의 무릎에 손을 얹고 간절히 기도했고 수많은 사람들의 기도와 또한 의사의 손길을 통하여 그는 예전과 다름없는 건강한 몸으로 선수 생활을 이어갔다. 멀리 독일까지 가서 훌륭한 선수로 활약했고 '분데스리가 홍보대사'나 '독일연방공화국 대십자공로훈장'까지 받고 국위를 선양하고 돌아왔다. 차범근(1953)은 나보다는 한 살 위이지만 연세대학교 종교음악과 출신인 부인 오은미(1954) 여사는 우리가 중고등학교 시절 같은 교회 SFC (Student For Christ) 학생회에서 신앙생활을 함께 하던 친구이기도 하다. 그들에게는 차하나, 차두리, 차세찌 등 삼남매가 있다.

이영무는 나중에 '축구 감독'도 했고 '예수교 목사'가 되어 더욱 동료 목회자로서의 친근감이 있고 그의 매제(妹弟)인 김정두 목사는 오늘도 서로 교제하며 '카카오톡'을 주고받는 동역자다.

26.
100세를 넘긴 노 철학자(老 哲學者) 김형석 교수

내가 어렸을 때 동무들과 한데 어울려 소꿉장난을 하고 놀 때면 어김없이 자신이 의사(醫師)라고 하면서 아이들에게 팔을 걷어 올리라고 재촉하고서 주사 놓는 자세를 취하거나 혹은 아이들의 이마에 손을 대고 열을 재보거나 무슨 치료하는 시늉을 하면서 붕대를 손에 감아주거나 처치하는 흉내를 냈다는 것이 나를 낳아 젖을 먹여 키우시던 어머니의 회상(回想)이다. 이런 어머님의 말씀을 따라 내가 커서 의사가 되었다면 한평생을 병원에서 환자들과 보내고 있었을 것은 두말할 나위 없이 자명한 일이 되었을 것이다.

또 다른 한 가지는 내 손위로는 형님이 두 분 계시지만 누님도 세 분이나 있다. 그중에서 둘째 누님이 재일동포 부자(富者)를 만나 가정을 꾸려 제주도에서 감귤 농장을 경영하던 때가 있었다. 어느 날은 서울로 올라온 그 누님이 나를 데리고 이틀을 설득하면서 "네가 우리 집안을 일으키려면 대학을 법과로 가서 명판(名判)이 되어

라. 학비는 우리가 일체 도맡아 주마!"라고 하면서 간청했다. 그 말대로 나아갔더라면 '일생을 범죄자들이나 죄수들과 살아갈 삶'이었을 것이다.

  그러나 나는 그렇게 되지 않고 자유로운 영혼의 소유자답게 지금 이렇게 되어 미미하고 부족하나마 다양한 사람들을 만날 수 있었고 다양한 일을 해 볼 수 있어서 얼마나 만족하게 여기고 사는지 모르겠다. 물론 의사(醫師)나 판사(判事)가 되었더라면 지금 내가 사는 이런 모습이 아닌 경제적인 여유도 충분히 마련하고 살아가게 되었을 것이고 세상에 유익하고 보람 있는 일을 하게 되어 좋았을 것이다. 하지만 그래도 나에게는 지금처럼 이렇게 자유롭게 사는 게 아쉬움이 없고 더구나 온갖 것이 부족하고 천민(賤民)한 나로서는 당연지사(當然之事)였다는 생각도 든다. 그 대신 뭇 영혼을 살피는 '영의(靈醫)'가 되어 그들의 심혼(心魂)을 살피고 또한 여러 사람들을 만나서 영적(靈的)으로 지도하고 교제하고 대화하고 상담하고 식사를 하고 여행도 하고 글도 쓰면서 환자들과 범법자들만이 아닌 여러 분야 각계각층의 사람들을 만나게 됨이 감사하다. 그렇게 살다 보니 이런 김형석 교수 같으신 훌륭한 분도 만나게 되었을 것이다.

  그분은 1920년 평안남도 대동군 고평면 송산리에서 출생하여 창덕소학교와 평양숭실중학교, 그리고 평양제3공립중학교를 마치고, 일본으로 유학을 가서 일본 3대 명문사립대학 중의 하나인 조치(上智)대학 예과 및 철학과를 나왔다. 실은 '조치대학교=소피아대학교=상지대학교'라는 공식으로 칭한 바 조치대학교에서의 조치는 상지(上智)의 일본어 발음으로 높은 지혜(智慧)를 뜻한다. 그래서 영어 대학명(大學名)은 'Sophia(지혜) University'가 되는 것이다. 그리고 이 조치대학은 일본의 흔치 않은 가톨릭계 대학에 속하기도 한다.

김형석은 이후 송산여자중학교와 중앙중학교 교사를 거쳐 1954년에는 고려대학교, 한국신학대학 등지에서 강사를 지내다가 연세대학교로 가게 되었는데 언제부터인가 김형석은 김태길, 안병욱과 함께 '한국의 3대 철학자'로 일컬어져 왔다.

그는 대학에 있는 동안에 연세대학교 학생상담소장, 연세대 인문과학연구소장을 맡기도 하면서 30년이 넘게 평생을 연세대학교에서 교수로 재직해 왔고 지금도 동교의 명예교수로 속해 있는 고명(高名)한 철학자(哲學者)이시다.

그는 사실 이승만 정부 때부터 대학교수로 재직하면서 지난 60여년 동안 여러 정권의 반민주, 반인권을 비판한 적은 없었다. 하지만 100세를 넘겨 근래에 와서는 작심(作心)하고 문재인 정권을 비판하고 있다는 데서 현 정부가 얼마나 비상식적이고 비민주적이면 그럴까 생각하지 않을 수 없다는 게 일반적인 평이라고 볼 수 있다.

그는 한국전쟁이 발발하기 3년 전인 1947년 여름에 북한을 떠나왔지만, 그래도 평양에서 살 때의 기억을 생생히 간직하고 있다. 그 당시 김일성하고는 집도 앞뒤 집처럼 가까운 이웃이었고 소학교도 선후배 관계였고 함께 앉아 조반 식사를 같이 할 때도 있었다. 어렸을 때의 김일성은 원래 김성주였다는 것인데 그 아래로 김철주, 김영주 등으로 삼형제가 있었으며 그 중 그 집의 장남인 김성주는 키도 커서 동네 골목대장 노릇이나 축구부의 수장도 했고, 지식보다는 의지가 강했고 '내가 할 건 한다'라든지 목적의식이 매우 강했던 사람이었다고 술회하고 있다. 아마도 이런 그가 가족들을 따라 일본의 지배를 피해 중국으로 피난을 가기도 했는데 그 과정에서 공산주의자가 되어 나타난 것이라고 하며 김형석 교수는 자신보다 예닐곱 살이 위인 김성주를 보면서 앞으로 공산주의 사상을 퍼뜨릴 심히 걱정스러운 인물로 이미 점찍었던 것이 아니었을까를 가늠해 보게 된다. 왜냐하면 이런 생생한 일화를 들려준다. 가장 피부에 와 닿는 대목이다.

'김일성 장군 환영식'이 평양공설운동장에서 있었는데, 젊은 김형석도 '정말 만주에서 항일 운동을 하고 독립운동을 하던 김일성 장군이 진짜 나타났나?' 하고 김일성 장군을 보려고 가보게 되었는데 가서 보니 '김일성 장군이 온 게 아니고 우리 동네 살던 성주였다'는 것이다. 하도 이상해서 가까이 가서 보니까 '틀림없는 우리 동네 성주가 맞더라'는 거다.

그래도 김일성 장군이라면 군사 경험도 풍부하고 항일운동이나 독립운동 전력도 가진 사람이니 나이가 50대는 넘어야 되는데 당시 갓 30이 조금 지나 동네 골목대장을 하던 성주 형이었으니 김형석의 눈에는 얼마나 우습고 가소로운 일이었을까를 짐작하고도 남는다.

그때 김형석의 예감이 '아마도 김성주가 만주에서 있을 때에 거기서 뽑혀가지고, 저 사람을 김일성으로 만들어 내보냈구나!'라고 생각하게 되었고, 1947년 봄부터는 '내가 여기 더 있다가는 잡혀가거나 감옥에 갈 수밖에 없겠구나'라는 생각이 들자 남한으로 월남해 오게 되었다. 그때가 바로 1947년 8월이었으니까 남한으로 내려오게 되어 지금까지 자유민주주의 시대를 살게 되었다는 것이다.

이처럼 남한에서 철학자로 살아 온 김형석 교수의 저서로는《철학입문》,《철학개론》,《아름다운 사색》,《이성의 피안》,《선하고 아름나운 삶을 위하여》,《고독이라는 병》,《인생의 길 믿음이 있어 행복했습니다》,《사랑과 희망이 있는 이야기들》,《백년의 독서》,《어떻게 믿을 것인가》,《김형석 교수의 백세 건강》,《삶의 한가운데 영원의 길을 찾아서》,《영원과 사랑》,《인생의 의미를 찾기 위하여》,《나의 인생 나의 신앙》 등의 주옥 같은 저서가 많았기 때문에 노 철학자 김형석 교수는 이미 내가 소년 시절부터 그분의 저서(著書)들을 통하여 익히 깨우침을 받아 온 분이기도 하다.

안병욱 교수는 30대 젊은 시절에 뵈었지만 반면에 김형석 교수를 실제로 만나기는 그분의 노년 시절이었고 그제서야 그분과의 교제나 대화를 가질 수 있게 되었던 것이다. 성품 자체가 온순하시고 인격 자체가 겸손하시고 인성 자체가 너그러우셔서 아마도 그를 만나 본 모든 사람들이 감동하고 감격하고 또한 감탄하는 분이 아닐까 싶은 마음이다.

100세가 넘으신 고령(高齡)의 춘추이심에도 불구하고 여전히 신사의 기풍이나 철학자의 자세를 흩트리지 아니하시고 은은한 향기를 날리는 분이 아닌가 생각되어진다. 여전히 강연도 하시고 방송에도 출연하시고 글을 써 올리기도 하시고 사람들을 만나기도 하신다. 그의 일상은 젊은 우리들과 거의 대부분 같거나 더 열정적이시고 놀라울 만큼 활동적이시다. 우리가 그분을 만났던 이태 전만 해도 귀도 잘 들리시고 기억력도 출중하시고 언변도 변함이 없으시고 우리의 초청에도 기꺼이 응해 주시던 기억이 새롭다.

특히 여기에 적고자 하는 것이 있는데, 그분이 안병욱 교수와는 같은 해 1920년에 태어나신 동갑내기로서 두 분이 모두 이북 출신이신데 안병욱 교수는 먼저 세상을 떠나시어 지금 강원도 양구에 가면 '안병욱 기념관'이 차려져 있다. 서로가 친구로 지내오셨지만 실향민이기도 하셔서 고향을 그리는 마음으로 '김형석 기념관'도 같은 양구 땅에 꾸며지고 있다고 한다.

양구(楊口)는 강원도에서도 중앙에 위치한 곳으로 동쪽은 인제군이요, 서쪽은 화천군이며, 남쪽은 춘천시이고, 그리고 북쪽으로는 휴전선을 사이에 두고 북한의 창도군, 금강군과 경계를 이루고 있다. 양구는 화가로는 유명한 박수근 화백의 고향이고 시인으로는 이해인 수녀가 태어난 곳이며 서예가로는 3국에서 일인자로 정평이 나 있는 고암(古岩) 김영두 선생의 출생지이기도 하다. 그리하여 그분들의 기념관이 있는데다가 안병욱, 김형석 두 철학자까지 그곳에 나래를 펴게 되었으니 명실상부하게 양구는 아름다운 예향(藝鄕)의 명소가 되어가고 있다.

안병욱 교수는 북한 용강 출신이요, 김형석 교수는 북한 대동 출신인데 모든 인간은 태어나서 숨을 거두고 세상을 뜨기까지는 항상 어머니의 품속 같은 고향을 그리며 사는 존재이기 때문에 두 분도 항상 고향을 그리다가 세상에서 남기고 가는 마지막 자취도 고향집을 향하여 머리를 숙이고 절을 올리는 심정으로 돌아가는 듯 싶은 것이 한결같은 인지상정(人之常情)인가 보다.

27.
'죽으면 죽으리라'와
'죽으면 살리라'의 안이숙 여사

내일 일은 난 몰라요! 하루하루 살아요!
불행이나 요행함도 내 뜻대로 못해요!
험한 이 길 가고 가도 끝은 없고 곤해요!
주님 예수 팔 내미사 내 손 잡아 주소서!
내일 일은 난 몰라요! 장래 일도 몰라요!
아버지여! 날 붙드사 평탄한 길 주옵소서!

좁은 이 길, 진리의 길! 주님 가신 그 옛길!
힘이 들고 어려워도 찬송하며 갑니다!
성령이여! 그 음성을 항상 들려주소서!
내 마음은 정했어요! 변치 말게 하소서!
내일 일은 난 몰라요! 장래 일도 몰라요!
아버지여, 아버지여! 주신 소명 이루소서!

만왕의 왕, 예수께서 이 세상에 오셔서
만백성을 구속하니 참 구주가 되시네!
순교자의 본을 받아 나의 믿음 지키고
순교자의 신앙 따라 이 복음을 전하세!
불과 같은 성령이여! 내 맘에 항상 계셔
천국 가는 그날까지 주여, 지켜 주옵소서!

순교를 각오하고 이 찬송을 지어서 자신이 즐겨 부르고, 또한 수많은 크리스천들이 여러 예배 때나 각종 집회 때마다 부르고 또 불렀던 '내일 일은 난 몰라요!'의 안이숙 여사는 1908년 6월 24일에 평안북도 박천에서 무역상을 경영하던 부호(富豪) 안중호의 넷째 딸로 태어났는데 달을 다 채우지 못하여 세상에 나온 '팔삭둥이'였다고 한다. 그럼에도 불구하고 이 아이는 자라면서 보통 아이들과는 달리 총명함이 남달라 두뇌가 뛰어나고 명석한 아이었다고 전한다.

안이숙은 나이가 차서 박천공립보통학교를 거쳐 평양(平壤)서문여고(西門女高)를 졸업한 뒤 그 당시 보통 사람으로는 가당치도 않았고, 더구나 여성으로는 상상할 수도 없었던 일본 유학길에 올라 거기에서 일본 경도 여전(女專)과 귀족학교인 동경 가정학원 연구과를 졸업한 재원이었다. 그 후 그녀의 나이 스물한 살이 되던 1929년에 고국으로 돌아와 대구여자고등보통학교 교원으로 임용되어 근무하였고 1937년에는 평안북도에 있는 선천 사립 보통여학교에서 음악 및 일어(日語) 교사로 교편생활을 했다고 한다.

그러던 어느 날, 선생들과 학생들 전원이 합동으로 신사참배를 해야 하는 날이 왔다. 그날 학교 운동장에는 일본 천황에게 신사참배를 하기 위해서 학교 관계자들뿐만 아니라 일본인들과 일본 형사들,

심지어는 기독교계의 목사와 장로들도 일렬로 정렬해 있었다. 모두가 일본의 조상 신(神)이 있는 신사(神社)를 향해 큰 절을 올리게 되었는데, 모두가 이에 굴복하고 말았지만 유독 안이숙 교사만 그 자리에 서서 꿈쩍도 하지 않았다. 이처럼 모두가 엎드려 있을 때 마치 '느부갓네살' 왕이 바벨론 지방의 두라 평지에 세운 금 신상(金神像)에게 절하지 아니한 사드락과 메삭과 아벳느고처럼 여교사(女敎師) 한 사람만 홀로 서 있자 여기저기서 수군수군 대는 소리가 들려왔고 학교로 돌아오자 일본 형사 네 명이 그녀를 기다리고 있었다.

형사들은 곧바로 안이숙을 군수실(郡守室)로 데려갔다. 그녀는 이미 감옥에 갈 각오를 하고 있었기 때문에 마음이 전혀 불안(不安)하지 않았다. 그런데 신기한 일이 벌어졌다. 군수가 그녀에게 호통을 치던 중이었는데 어디선가 걸려온 전화를 받고서는 황급히 밖으로 뛰쳐나갔고 이렇게 군수실에 잠시 머무르던 안이숙은 그 자리를 벗어나 집으로 돌아가게 되었다. 이때의 상황을 안이숙은 마치 사도행전 12장에 나타난 바와 같이 베드로를 감옥소에서 구해 낸 천사의 기적처럼 하나님께서 개입하신 거라 굳게 믿게 되었다.

그래도 이후의 일을 안심하고 있을 수만은 없었던 위급한 상황이었다. 그녀는 다시 집을 나와 홀로 도피생활을 하면서 힘든 생활을 이어가고 있었고 또한 어디로 가야 할지 목적지도 정하지 못하고 있던 때였다. 그러던 중에 하나님께서는 그녀에게 "평양으로 가라!"는 메시지를 보내셨는데 당시 평양은 그 어떤 곳보다도 더욱 위험한 곳이라는 사실을 익히 알고 있었지만 하나님의 음성을 거역하지 않고 평양으로 향하는 기차에 몸을 실었다.

그리고 어느 날 아침이었는데, 한복 차림에 경건해 보이는 한 노인이 그녀를 찾아왔다. 그 노인은 입을 열어 말하기를, "하나님께서 안이숙을 찾아가라!"는 음성을 주셨기에 여기에 오게 되었다면서 자신을 소개했다. 안이숙은 그 노인이 바로 평안남도 십자병원에서 근무하던 의사(醫師)였고 하나님을 섬기는 신앙인에게는 신사참배가 우상을 섬기지 말라는 말씀에 정면으로 위배된다는 사실 때문에 신사참배를 반대하는 일에 앞장서다 극심한 고문을 당하고도 결코 굽히지 않았던 박관준(1875.4.13.-1945.3.31 순교) 장로임을 알게 되었다. 이때부터 두 사람은 신사참배를 적극 반대하여 싸우는 대표적인 인물이 되었던 것이다.

특히 안이숙은 결혼도 하지 않은 처녀의 몸으로 박관준 장로와 함께 일본으로 건너가서 일본 국회에서 "회개하지 않으면 일본은 망한다!" "조선인들에게 신사참배를 강요하지 말라!"고 당당히 외쳤기 때문에 한국 여성의 용기와 담대함을 전 세계에 알림으로 에스더와 같은 구국여성(救國女性)이 되었던 것이다.

그리하여 꺾이지 않고 굽히지 않던 그녀의 일념불변절(一念不變節)의 신앙심은 그녀를 결국 평양 감옥에 가게 만들었고, 그 감옥에서 역시 일사각오(一死覺悟) 순교신앙(殉敎信仰)으로 신사참배를 반대하다가 끌려온 하나님의 종인 소양 주기철(蘇羊 朱基徹, 1897.11.25.-1944.4.21) 목사와 함께 옥중에 갇힌 영어의 몸으로 서로 마주 보고 옥살이를 하게 되었던 것이다.

그때의 일화는 유명하다. 둘이 서로 마주 보고 있기는 하더라도 감옥소의 규율이 죄수들 간에 대화를 못하게 하는 고로 두 사람은 손가락으로 글을 써서 수화(手話)로 대화를 하는 수밖에 달리 도리가 없었다. 그러니까 주 목사가 안 여사보다 열한 살이 더 많기 때문에 당시 주 목사가 41세라면 안 여사는 30세쯤 되었을 티인데, 주 목사는 성직자로서 안이숙이라는 처녀를 보면서, 자신의 고난보다는 연약한 여성이 당하는 시련에 마음도 퍽이나 아팠을 것이고 양을 대하는 목자로서의 책임감도 컸을 것이다. 또한 많은 목사, 장로들마저 신사참배에 굴복하는 모습을 생각하면 성직자라는 자신이 심히 부끄럽기도 했을 것이다. 그러나 두 사람은 오직 여호와 하나님 이외의 그 어떤 우상에게도 결코 절을 할 수 없다는 신앙심만큼은 동일(同一)하였던 것이다.

물론 수화인데, 어느 날 주기철 목사께서 먼저 묻기를, "안 선생은 우리가 감옥에서 죽지 않고 살아서 다시 세상으로 나갈 수 있다면 제일 먼저 하고 싶은 일이 무엇입니까?"라고 하자 그때 안이숙 여사는 대답하기가 망설여져 되묻지 않을 수 없었다. 그래서 이렇게 물었다.

"그럼 주 목사님은 다시 나가게 되신다면 무슨 일을 제일 먼저 하고 싶습니까?" 하니, 그는 눈을 들어 하늘을 바라보면서 하는 말이 "내가 다시 나갈 수 있다면 제일 먼저 하나님의 말씀을 전하는 강단에 서서 하나님의 백성들에게 하나님의 그 위대하신 사랑이 어떠한 사랑인지를 힘차게 전하고 싶다"고 했는데 안 여사는 두고두고 주 목사의 이 말을 결코 잊을 수 없었다.

주 목사와 안 여사는 각기 6년여의 옥고를 치르게 되었는데, 주 목사는 해방을 한 해 남기고 1944년 4월에 순교하였고 안이숙은 1945년 사형 집행을 불과 몇 시간 앞두고 8.15 민족 해방과 함께 살아나게 되어 8월 17일 극적으로 출옥하게 되었던 것이다. 안이숙은 주기철 목사와 함께 순교의 제물이 되지 못하고 소위 '살아 있는 순교자'가 되어 남은 사명을 감당해야 할 하나님의 예정과 작정과 섭리가 있었던 것이다.

그 후 안이숙 여사는 미국으로 건너가 김동명 목사를 만나 결혼하여 목회자의 아내가 되었고 남편과 함께 교회를 설립하여 사역에 임했는데 오늘의 '남가주 새누리교회'가 된 것이다. 내가 안이숙 여사를 만나게 된 것은 1980년 8월 11일, 간증집회가 열리던 여의도 침례교회에서였는데, 그녀는 그날도 힘있게 외치기를, "그들은 눈이 나오고 살이 찢기고 턱이 빠지고 팔이 부러지고 피를 흘리고 목숨을 바치며 순교의 제물이 되었는데, 그들이 순교하기 직전, 꼭 하는 말이 '우리는 지금까지 하나님의 사랑을 받고 살았으니 우리가 썩어 한 알의 밀알이 되어져야 앞으로 우리 한국교회에 수많은 복음의 열매가 맺힐 것입니다'라고 했습니다" 하던 모습이 지금도 눈에 선하기만 하다.

우리는 평소에 그녀를 '살아 있는 순교자'라고 불렀는데 그러한 여사께서도 마침내 1997년 10월 18일, 89세를 일기로 지상에서의 모든 삶을 마감하고 드디어 하나님의 부르심을 받으니 여사께서 그토록 소원하였던 하나님의 품으로 돌아가게 되었다. '죽으면 죽으리라'는 신앙적인 결단과 순교적인 그녀의 신앙심으로 살더니 '죽으면 살리라'는 하늘의 소망을 두고서 평생을 주를 위해 살아온 분의 모습답게 결국은 선한 싸움을 싸우고 달려갈 길을 다 가고 믿음을 지키고 의의 면류관을 바라며 주님의 재림을 사모하다가 이날 하늘로 날아간 것이다.

28.
'품바극' 원작자
김시라(金詩羅)와의 낭만계절

소치 허련, 의제 허백련, 남농 허건은 한국화의 3대 대가(大家)들인데 그중 남농의 수석 제자로 널리 알려진 청남 이원조 화백을 통해서 품바의 원작자 김시라 선생을 만나게 되었다. 맨 처음 그를 만난 곳은 어느 찻집이나 레스토랑이나 아니면 그의 자택이나 사무실이 아닌, 대학로의 품바 공연장에서였다. 청남 이원조 화백은 남농의 화실에서 거하며 한국화를 익혀 지금도 원로화가로서 허 씨 가문 3대의 뒤를 이어 유명한 화가로 작품 활동을 하고 있다. 그는 신영희 명창이나 남진 가수나 '목포의 눈물' 이난영의 딸들인 김시스터스나 유명 연예인들과 가족처럼 지내오는 분인데 그중에 김시라(金詩羅, 1945.12.1-2001.2.8)와도 막역한 사이였다. 나도 오래전부터 수십 년 동안 이 화백과 지인(知人) 관계로 지내왔기 때문에 그에게 배우고 듣고 느낀 바가 적지 아니하다. 그리하여 어느 날 김시라를 만나기 위하여 연극장으로 가게 되었는데 당연히 청남 화백에게 안내되어 간 것이다. 김시라의 본명은 김천동(金千童)이었는데 '김시라'라는 예명을 사용하였다.

나는 원래 연극을 영화보다도 더 좋아하여 연극장에 무려 천 번은 더 간 것 같은데, 처음 본 '품바(PUMBA)'에 매료되어 똑같은 분위기에 똑같은 줄거리, 그리고 똑같은 메시지를 듣고 싶어서 50여 차례나 찾게 되었다.

나 자신도 자신이지만 여러 지인들을 그 공연장으로 동행해 가게 되었고, 지인들도 지인들이지만 또한 내 자신 스스로가 좋아서 가게 된 것이 50여 차례가 된 것 같다. 품바는 강한 메시지가 담겨 있었다. '이 세상에서 가장 뒤 쫄리는 일은 남을 흉보는 것이고, 이 세상에서 가장 고통스러운 일은 남을 미워하는 것이다'라든가 또한 '이 세상에서 가장 아름다운 것은 남을 돕는 일이고, 이 세상에서 가장 복 받을 일은 배고픈 사람에게 먹을 것을 주는 일이다'라는 대목이었던 것으로 아련히 기억된다. 민족의 지도자인 씨알 함석헌 선생께서도 이 품바 공연을 접하고서 "이게 우리 연극(演劇)같다"라고 하였고, 황필호 교수도 "품바를 보지 않으면 한국인이 아니다"라고 않았던가 말이다. 그리고 연합신문의 기사에는 '품바는 이 땅의 작은 예수!'라고 적기도 했는데 실제로 김시라 선생은 자신이 신학(神學)대학을 나와 이 공연을 시작하였기 때문에 나와 가끔 주고받는 대화 가운데서도 복음 전파의 일환으로, 민족을 품는 심정으로 공연을 하고 있다고 하였다. 그는 안수(按手)만 받으면 곧바로 목사(牧師)이기도 했다.

매 공연마다 고수나 해설은 원작자인 김시라가 직접 맡았지만 품바는 여러 차례 바뀌었고 또한 1인 9역을 맡아야 했던 품바를 하고 나면 국내 연예계에서 스타가 되기도 했다. 1대 정규수 품바, 2대 정승호 품바, 3대 박동과 품바, 그리고 4대에 김영래와 김광원 품바, 5대 김대환 품바, 6대 김규형 품바, 7대에는 김기창 품바, 8대에는 여성품바로서 김은영과 양기화 품바, 9대 품바로는 최성웅, 10대 품바는 박해미가 이어 받았는데 아마도 품바가 바뀌어 있을 때마다 거의 공연장에 가본 것 같다.

이 품바극은 전남 무안 일로면의 천사촌이라는 마을의 천장군을 주인공으로 하는 '걸인들 공동체'에 얽힌 사연을 극화(劇化)했기 때문에 맨 첫 공연은 그곳 마을회관에서 시작되었고 그 후로 저 멀리 미국 뉴욕까지 진출하여 석 달 동안 6개주 9개 도시를 순회하며 55회 공연에 30,000여 관중을 열광시키는 등 가는 곳마다 열렬한 환영을 받았다. 일본, 캐나다 등을 거쳐 얼마 후 '북한 공연'을 앞두고 그야말로 급작스럽게 원작자인 김시라 선생께서 타계(他界)하는 아픔을 겪게 된 것이다.

급작스러운 비보(悲報)를 접하고 서울대병원 영안실로 달려간 나는 미망인 박정재 여사를 보자니 눈물이 앞을 가렸다. 그도 그럴 것이 1945년생 김시라가 2001년 세상을 뜨던 날이 불과 55세의 향년에 지나지 않았으니 너무나 안타까웠고, 50회를 지나 100회 이상은 그의 공연을 지켜보고자 했던 나의 희망은 아스라이 사라져 갔다. 너무나 아까운 김시라 선생의 나이였다.

그는 나보다 아홉 살이나 많은 형(兄)이었는데 실은 가까운 친우(親友)이기도 했다.

이미 그가 세상을 떠난 지금, 다른 얘기보다는 그의 품바를 잠시 논하고 싶다. '품바'란 각설이 타령의 후렴구에 사용되는 일종의 장단 구실을 하는 의성어(擬聲語)로 전해 왔으나 현재는 '각설이'나

'걸인(乞人)'의 대명사로 일반화 되었다. '품바'라는 낱말이 생활어로 우리 곁에 정착하게 된 것은 1981년에 초연(初演)된 연극이 장장 20여 년간 전국을 순회하며 공연의 히트를 쳐 1996년에 벌써 4,000회 육박이라는 경이로운 공연 횟수를 기록하는 한편 레코드, 테이프 등으로 제작되고 신문이나 잡지, 방송 등 매스컴에 수없이 오르내리면서부터다.

'품바'란 낱말이 처음으로 기록된 문헌은 신효재의 한국 판소리 전집 중 '변강쇠'가(歌)이다. 여기서 보면 품바란 타령의 장단을 맞추고 흥을 돋우는 소리로 작용하였고, 또한 품바란 가진 게 없는 허(虛), 텅 빈 상태인 공(空), 그것도 득도(得道)의 상태에서의 겸허함을 의미한다고 전하며 구걸할 때 품바라는 소리를 내어 "예! 왔습니다! 한푼 보내줍쇼! 타령 들어갑니다!" 등의 쑥스러운 말 대신 썼다고도 전해진다.

또한 품바란 한자의 '품(稟)' 자에서 연유되어 '주다', '받다'의 의미로도 볼 수 있는데 김시라의 생각은 "민초(民草)들의 마음에 쌓이고 쌓였던 울분과 설움, 압박과 억울함, 그리고 천시나 학대 등이 한숨으로 뿜어져 나왔던 한(恨)의 절정의 소리가 아니었을까"라고 피력하였다. 즉 지배계급, 유산계급, 또는 폭정자들의 앞에서 '품바!' '품바!' 즉 "이 한(寒)을 봐라!" "이 피맺힌 한을 아느냐!" 등의 의미로 동냥과 함께 경종이나 항의, 또는 적선(積善)을 구하는 의미도 담고 있음직하다.

그렇다면 이 시대에 있어서 재조명된 품바의 의미는 무엇일까. 아마도 그것은 이제 한과 울분의 역사는 가고, 진정 희망찬 역사의 찬란한 새벽을 염원하는 우리 모든 민초들의 마음일 것이다. 이렇듯 함축된 보편적 의미는 "베푸는 자만이 희망을 가진다"라는 뜻으로 집약되며 이 품바라는 추임새나 타령이나 노랫가락은 처음 시작할 때와 마쳐질 때 반드시 '품바!'라는 소리를 질러 시종(始終)을 알렸다는 것이 다른 노래에서는 볼 수 없었던 특이한 점이라고나 할까.

   지금 김시라가 떠나가고 이 시대에, 즉 품바시대에는 베푸는 자가 베풂을 받는 자에게 감사하는 시대! 노동(勞動) 그 자체가 놀이이며, 놀이 그 자체가 삶인 시대! 우리네 삶을 신명난 놀이처럼 사는 시대! 인류는 한 가족이라는 유대감이 아닌 인류는 한 사람이라는 일체감에 놓여 있는 시대! 한 사람의 인권(人權)이 만천하의 인권인 시대, 우주의 중심이 바로 사랑임을 증명하는 시대! 가장 낮은 자세로 사는 자가 가장 높임을 받는 시대! 세상을 축제장(祝祭場)처럼, 자신이 축제의 주인공(主人公)처럼! 사명감과 책임감이 함께 하는 시대! 진정한 사랑과 희망의 시대는 과연 언제 도래할 것인가!

   우리에게 화두(話頭)로 던지고 멀리 훌쩍 떠나간 김시라를 기억하며 진정한 품바시대를 살아가야만 할 것이라고 여겨진다.

   어허! 품바 잘도 헌다. 어허! 품바 잘도 논다.
   일(壹)자나 한 장 들고나 보니,
   일각이 여삼추(如三秋)인데 오십 분단이 웬말이냐!
   두 이(貳) 이자를 들고나 보니,
   이화 도화는 만발헌데 이산 민족이 웬말이냐!
   서이 삼(三)자를 들고나 보니,
   삼월 달엔 꽃핀 세상, 민족의 꽃 필 날을 기다린다.
   너이 사(四)자를 들고나 보니,
   사랑타령을 부르면서 지척 간에 임을 두고 애타 기다린다.
   다섯에 오(五)자 들고나 보니,

오월 하늘은 청자빛 백학 한 쌍이 춤을 춘다.
여섯에 육(六)자 들고나 보니,
유월 달엔 목단 꽃이 피어날 적, 통일 꽃도 피어난다.
일곱에 칠(七)자 들고나 보니,
하절 가뭄에 내린 단비에 농부들이 춤을 춘다.
여덟에 팔(八)자 들고나 보니,
판문점에서 열린 회담에 남북대표가 나오신다.
아홉에 구(九)자 들고나 보니,
구구구 귀뚜라미 슬피 울어 고향생각이 절로 난다.
남았네, 남았네, 장(長)자나 한 장이 남았네,
장하도다! 우리 민족 평화통일을 기다린다.
어허! 품바 잘도 헌다. 어허! 품바 잘도 논다.

  그는 기네스북에도 오를 만큼 대단한 업적을 남겼고 백상예술대상 수상자이기도 한데 요즘에 보면 그의 남겨진 딸 김추리가 아버지의 음악적 자질을 물려받아 방송에서 볼 수 있어 좋다.
  올해로 김시라 형이 허망하게 떠나 하늘로 날아간 지도 어느덧 이십여 성상이 되었다. 북장단을 맞추며 애절하고도 호소력 짙은 목소리로 구슬피 품어내던 김시라 선생의 타령조가 아직도 귀에 생생히 들려오는 것만 같고 아직도 그의 해맑은 모습이 눈에 선하다.

29.
충북 음성의 '꽃동네'
오웅진 신부(神父)와 함께하다

    오웅진(1945.8.20) 신부도 위에 언급한 김시라 형과 동년배인 1945년생 해방둥이다.
    나는 그에 대하여 수없이 쏟아지는 찬사(讚辭)와 천사(天使)와도 같은 선행을 자주 들어 익히 알고 있었고 또한 존경심이 절로 가는 분이었기에 언젠가는 한번 만나고픈 생각이 있었다. 충북 음성으로 내려가랴, 아님 서울에서 언제 한번 만나랴 이런저런 궁리를 하던 차에 그 기회는 더디지 않고 쉽게 찾아왔다. 정말 우연한 기회에 연세대학교 동문회관에서 조우(遭遇)하게 되었다. 그가 연세대 동문인지는 잘 모르겠지만 그때 나는 '연세대학교 총동문회 상임이사'라는 직책을 맡고 있었는데 뜻밖에 신촌의 동문회관에서 그를 만나게 된 것이었다. 그는 퍽이나 포근하고 인자한 얼굴에 어느 정도는 약간 바보스러워 보이기까지 하는 사람이었다. 결코 민첩해 보이기보다는 다소 느슨해 보였고, 핸섬해 보이기보다는 어느 정도 검게 그을린 듯

한 모습에 촌티도 적절히 배어 있는 듯해 아무래도 달리 부담이 없는 사람이었다.

어쩌면 장사익이나 오웅진이나 내 눈에는 엇비슷해 보이기까지 하는 것이었다. 그래도 '장사익'이라는 촌티 물씬 나는 시골 출신 가수는 '봄날은 간다'라는 노래 한 곡이면 만인을 감동시키고, '오웅진'의 해맑은 웃음기 한 모금이면 모든 중생들의 갈증이 해소될 것만 같았다.

그래서 노태우(盧泰愚)도 병상에서 그에게 세례를 받고 대통령을 꿈꾸는 김동연도 그에게 세례를 받았던가 보다. 그가 받았다는 상(賞)만 보아도 그가 사회 각층 각 분야에서 얼마나 존중을 받고 있고 신임을 받은 채 살아가고 있는지 가히 짐작이 가리라고 본다.

실로 충북 음성 꽃동네의 상징이기도 한 고(故) 최귀동 할아버지는 어느 다리 밑에서 동냥으로 연명하면서도 십여 명의 걸인(乞人)들을 돌보아 주고 또 그들이 세상을 떠나기라도 하면 불쌍한 그들의 처지를 마치 자신의 일처럼 안타깝게 여겨 장례도 치러 주고 살았다. 그의 행적은 마치 전라도 무안 땅 일로읍 의산리 888번지의 '천사촌'이라는 거지, 양아치, 품바들의 세상을 이루고 그들을 챙기며 살던 '천장근 거지대장'을 연상하게 만드는 대목이다.

1976년 당시에 무극성당에 새로 부임한 오웅진이라는 젊은 신부가 길을 지나가다가 어느 거지가 구걸을 하는데 자신이 먹을 수 있는 밥 덩어리(음식)보다도 더 얻어가는 것을 보게 되었다. 그 걸인이 어찌 하나 보자 하고 뒤를 따라가 보니, 다리 밑에 옹기종기 모여 있는 또 다른 걸인들을 보게 되었던 것이다. 이미 몸이 늙거나 쇠약하기도 하였고, 혹은 장애를 가진 탓에 동냥도 나가지 못하고 거기 누워 남이 얻어다 주는 음식을 기다리고 있는 걸인들이 애처롭게 기식(寄食)하고 있다는 사실을 발견하게 된 것이었다.

그리고 자신은 물론이려니와 그들 중에 자신이야말로 밥을 얻으러 다닐 수 있는 다리가 아직 성하고 동냥을 다닐 수 있는 힘이라도 남아 있는 최귀동 할아버지가 스스로 이르기를, "'나는 이렇게 동냥을 나가고 그들은 이렇게 누워 있으니 서로 불쌍해 보여도, 그러나 나에게는 얻어먹을 수 있는 힘이라도 남아 있으니 얼마나 다행이고 감사한 일인가!"라고 하면서 그 마음에 "얻어먹을 수 있는 힘만 있어도 그것은 주님의 은총입니다!"라는 모습에 크게 느끼고 감동한바가 있었다. 그 후 선하고 착한 오웅진 신부는 그와 함께 작은 벽돌집을 만들어 그 걸인들을 돌보기 시작했다. 그것이 바로 오늘날 음성 꽃동네의 시발점이 되었다고 하는 것은 대부분의 세인들이 다 알고 있는 주지의 사실이다.

이런 오 신부가 생각한 그들의 헌장에서는 '꽃동네가 꿈꾸는 세상, 그것은 단 한 사람도 버려지는 일이 없는 세상이고, 모든 사람이 세상에서 사는 동안 마치 하나님처럼 우러름을 받는 세상이 되고, 게다가 이웃을 내 몸같이 사랑하고 사는 세상!'을 주창하고 있다. 꽃동네는 가난에 시달리고 이런저런 일로 수없이 고통을 당하고 사람 취급도 받지 못하고 소외된 모습으로 살아가며 보잘것없는 소자, 빈자, 약자, 병자 등 천민들의 보금자리이다. 그들 안에서 예수 그리스도의 숭고한 사랑을 실천하는 사랑의 전달자가 되기로 마음먹은 사람들이 실제로 이렇게 몸소 실천하고 섬기며 사는 '아름다운 사랑의 둥지'를 이룩하고 사는 곳이다.

이렇게 또 다른 '천사촌(天使村)'을 설립한 오웅진 신부는 1987년에

동아일보 인촌기념회 인촌 상(賞)을 받은 바 있고 1991년에는 '국민훈장동백장'까지 받았으며 1996년에는 필리핀 '막사이사이상'을 받았고, 또한 같은 해에 '자랑스런 충북도민상'을 받았으니 그의 섬김과 헌신이 뭇 사람들로부터 충분히 인정을 받고 있다는 마음에 비록 천주교가 개신교인 우리와 종교는 달라도 한때 나로서도 개종인(改宗人)들을 섬기고 살던 일이 있었기에 저으기 기뻐할 일이었고 반가운 소식이 아닐 수 없었던 것이다.

그러나 강원도 원주시 치악산 인근에 위치했던 '소쩍새 마을'이라는 불교계 복지원 이야기나 뽀빠이 이상용이 심장병 어린이 수술기금을 위해 재단을 통하여 모금한 재정을 횡령하였다는 이야기나 꽃동네 오웅진 신부의 PD수첩 이야기는 모두가 은혜롭지 못한 부정(不正)한 뉴스들이었다. 이로 인하여 수많은 사람들에게 선한 일을 하는 천사로 여겨지던 신부의 모습이 세인(世人)들의 비난과 지탄과 조소거리가 되는 모습은 아무리 생각해도 가슴 아픈 일이 아닐 수 없었다.

그중에 소쩍새 마을은 분명히 복지원 아동들을 실제로 폭행도 했고 기부금을 횡령했던 일이나 원생들을 상대로 일어난 성폭행, 그리고 더 많은 부패와 비리가 밝혀지기도 했고 관계자가 구속되기도 했다. 그러나 뽀빠이 이상용의 심장병 어린이 돕기와 부랑아나 빈민들을 수용해 돕는 꽃동네 이야기는 수년간의 법정 다툼 끝에 억울하게 모함을 받아 그렇게 된 일이라는 사실이 밝혀져 늦은 감은 있지만 그나마 다행스럽게 여기게 되었다. 그러나 이런 볼썽사납고 안타까운 일이 어디 세상에서 한두 군데에 국한된 일이겠는가. 오락과 향락과 쾌락을 탐닉히여 일락(逸樂)을 추구히고 헤테히게 사는 자들은 세상 영화 가운데 재미를 누리며 살고 정직하고 경건한 마음으로 선행(善行)으로 사는 자들은 도리어 따뜻한 말 한 마디나 애정 어린 배려의 손길마저도 느끼지 못하고 사는 이들의 경우를 우리는 어렵지 않게 발견할 수 있음에 가슴 아파하는 것이다.

30.
청량리 '밥퍼'의
최일도 목사와 함께 서다

　독일 유학을 포기하고 1988년부터 소외된 이웃들과 더불어 사는 나눔과 섬김의 삶을 실천하고 있는 최일도 목사는 1957년생으로 올해 그의 나이 65세이다. 그는 지금까지 33년 동안 다양한 복지 활동을 펼쳐 나가면서 밥 퍼주는 일로 더욱 알려진 바 2017년 5월로 굶주린 이들의 허기를 채워준 것이 100만 그릇을 넘어섰다고 전해진다.

　기독교에서는 맨 먼저 무료 병원인 '다일천사병원'을 건립하기도 했다. 그것이 현재는 중국, 베트남, 캄보디아, 필리핀 등 11개국 21개 분원(分院)이 되어 그곳에서 '밥퍼'(급식지원)와 '꿈퍼'(교육사업)와 '헬퍼'(의료사업) 등을 펼치고 있다. 그야말로 기독교계에서 보다 세상에서 더 널리 천사로 잘 알려진, 웃음을 한 모금 가득 머금고 사는 진정한 천사다. 그의 어머니도 알고 있는 니로시는 오래전 그와 만나 동역자로서의 교제를 나눈 바 있고 다정하게 포즈를 취하고 기념으로 흑백사진을 남긴 바도 있다.

그는 명동성당 뒤에 있는 S.P 수도회 교육관에서 있었던 베델성서 연구 모임에서 성경공부를 하다가 만난 수녀와 결혼하게 되었다. 그들의 러브스토리가 마치 순정연애 소설 같기도 하고 한 편의 드라마 같기도 하여 많은 사람들이 존경하고 따르며 연예인 같은 목사가 되었다. 그도 그럴 것이 그가 처음에 이 사역을 시작했을 때는 후원자의 80%가 크리스천이었고, 나머지 20% 정도가 비신자였던 것이 지금은 거꾸로 이방인들이 80-90%요 크리스천은 10%뿐이고 많아야 20%라는 말만 들어도 얼마나 많은 일반인들이 협력하는지 알 수 있다.

아마도 우리 예수님의 정신이 그러하였고, 예수님께서 하시던 일도 그러하였으니, 주리고 목마른 자들에게 밥이든 빵이든 떡이든 주어 허기진 배를 채우고 힘을 얻도록 도와주는 선행은 물론이려니와 이보다도 더욱 중요한 것은 가난한 자에게 복음과, 포로 된 자에게 자유와, 눈 먼 자에게 밝은 시력과, 눌린 자에게 해방을 주는 등이었다. 그러니 최일도 목사의 밥퍼 사역은 당연히 우리 예수님으로부터 많은 칭찬과 상급이 주어지리라고 믿는다.

그가 이렇게 선한 일에 힘쓴 것은 두 말할 나위 없이 값지고 복된 일이 아닐 수 없겠다. 허나 그가 이러한 일에 혼신의 힘을 다 쓰다가 언제부터인가 이 일보다도 '다일영성수련'에 치중하고 있고 밥퍼와 헬퍼보다는 꿈퍼 차원에서 영성수련에 집중하는 것 같아 이 글을 덧붙인다.

2004년에 설립된 '다일자연치유센터'에서는 '아름다운 세상 찾기' (1단계), '작은 예수 살아가기'(2단계), '영성수련지도자과정'(3단계)과 침묵피정, 청소년 영성수련 등 다양한 내적 치유 프로그램을 진행하고 있다. 거기에 다녀온 동료 목회자들의 체험담을 들어 보면 '모든 문제의 해결자는 자기 자신이고 자기 생각이다'라는 분위기가 깊이 스며 있었다고 회고했다.

그럼에도 불구하고 참가했던 많은 사람이 '변화를 받았다'는 평가가 나오고 있다. 그러나 슈바이처가 세계적인 성인(聖人)이요, 성자(聖者)의 경지에 이르렀다고 보더라도 신앙적인 견지에서 엄밀히 살펴보노라면 구원에 이를 만한 신앙의 사람이었던가에 대하여는 의구심을 갖는 사람이 많다. 이처럼 그 수련회도 '구세주와 십자가의 필요성이 배제되고 오직 사람의 생각만 바꾸면 된다는 식의 가르침은 주께서 칭찬하실 일이 결코 아니다'라는 사실 앞에 서게 된다.

거기서는 천주교, 기독교는 물론, 심지어는 불교, 도교까지를 다함께 통합될 수 있다는 것이었다. '다일(DAIL) 식 표현'으로 무엇이나 받아들여 예수의 제자가 되고자 하는 모습이 역력하였으며 수련회 기간 내내 '다일영성'은 혼합주의 영성이라고 체험기에 남긴 이들도 있었다. 어떤 이는 쪽지에 써서 북극성(최일도 목사)에게 "예수님 외에 다른 종교, 다른 이를 통해서도 구원이 있다고 믿는가?"라고 수련회 스태프를 통해 답을 물었으나 묵묵부답이었다고 말하고 있다.

또 어떤 여성은 말하기를, "이마를 땅에 대고 양손을 바닥에 댄 후에 위를 향하여 손바닥을 뒤집도록 하며 절을 하게 했다. 손바닥이 위를 향하게 하여 뒤집는 행위 등은 성경 말씀 안에서나 기독교의 어떤 문화 속에서조차도 들어본 적이 없다. 참가자들 중에는 기존 신자나 초신자들, 또는 불신자들도 있었는데 이것은 비신앙적 수련회라고 말하고 싶다"고 했다.

아무래도 예수님 외에는 달리 메시이기 없고 기독교 유일신앙관을 믿는 정통 신자들과 이에 반하여 종교혼합주의, 종교다원주의도 함께 공존하기 때문에 이런 점은 엄히 구별해야 할 것이다. 밥퍼의 최일도 목사가 박애주의자(博愛主義者)나 자선사업가(慈善事業家)나 선행주의자(善行主義者)나 사랑의 실천자(實踐者)라는 온갖 칭찬이나 찬사는 다 좋은데 유일하신 독생자 예수 그리스도께서 하시는 구원의 문제만큼은 하나님께서 기뻐하시는 바른 신앙관을 가질 수 있다면 더없는 기쁨이 되리라는 생각이 든다.

그가 얼마든지 선한 일을 많이 하고 있고, 그를 통하여 많은 배고프고 굶주린 빈자들과 병들고 연약한 환자들이 치료를 받고 건강한 삶을 살아가고 있다. 굳이 '다일자연치유센터'나 '다일영성수련회'를 하지 않아도 무방할 텐데 성경을 넘어가 무리하게 대중을 더 섬기려는 좋은 의도를 가졌다고 하더라도 결과적으로 예수 그리스도의 보혈(寶血)의 속죄하심과 사도행전 4장 12절 말씀의 "다른 이로써는 구원받을 수 없나니 천하(天下) 사람 중에 구원을 받을 만한 다른 이름을 주신 일이 없음이라"고 하신 하나님의 말씀을 더욱 깊이 가슴에 새기고 주님을 섬겼으면 하는 마음뿐이다.

더구나 설곡산 다일영성원에서 하고 있는 '관상기도(觀想祈禱)'만 해도 그렇다. 관상이란 볼觀, 서로 相으로 서로 마주 봄을 의미하는데, 즉 하나님과 얼굴과 얼굴을 마주 보며 하나님을 아는 기도라고 할 수 있다. 이는 인간의 노력과 하나님의 도움이 합하여 정화, 주입, 합일의 단계에로 나아가려는 반펠라기우스적인 천주교적 사상을 토대로 하고 있다. 소위 마음기도, 향심기도, 침묵기도, 묵상기도, 호흡기도 등이 이에 포함되는데 관상기도의 선구자들과 주창자들로 언급되는 이들은 대부분 천주교도들이다. 천주교 안에서도 뉴에이지적인 영성과 상당히 비슷하다며 비판적인 입장을 취하는 이들도 있다. 어느 신부(Fr. Finbarr Flanagan)는 말하기를, 향심기도는 '초월명상에 그리스도교의 옷을 입혀놓은 것'이라고 하며 더 나아가 '이는 기독교적인 것도 아니고 결국 자아(自我) 중심적(中心的)인 자기 체면'이라고 했던 것이다. 그러니까 이는 당연히 성경적이지도 않고 복음주의적이지도 않은 것이다.

한 시대를 향해 사역하는 동역자로서, 비슷한 나이의 친구로서, 혹은 세 살 더 먹은 형으로서 당부하건대 '밥퍼'께서 선한 일을 많이 해 놓고 성경적으로 교리적으로 어긋나서 주님께 꾸중을 듣지 않기를 바랄 뿐이고 도리어 크게 칭찬을 들을 수 있는 신실한 목사(牧師)가 되기를 재삼(再三) 바라는 바이다.

왜냐하면 어느 '영성 참가자'의 말대로, '밥퍼'께서 아무리 많은 분량의 선한 일과 '아하!'를 외치는 수만 명의 영성훈련 제자가 따른다 해도 오직 주님만이 인류에게 죄 사함을 베푸시는 구원자요 유일무이(唯一無二)한 구주(救主)로 확실하게 인정하지도 않고, 믿지도 않는다면 하나님께 칭찬을 받지 못하고 꾸중들을 것이라고 염려한다. 이는 더구나 칭찬과 꾸중으로 끝날 일이 아니라 천국에 입성할지 못할지를 가늠하는 일과, 선생이 되어 수많은 여러 영혼을 잘못 인도한 죄라면 자기 일생의 준엄한 심판이 주님으로부터 있을 것이기 때문이다(요 14:6).

그래야만 우리 인생의 총결산이 복스러운 결국이 될 것이다. 훗날에 주께서 "나는 너를 모른다"라고 하신다면 대체 이를 어찌하면 좋을까. 그나 나나 이제 주 앞에 이를 날이 멀지 않았으니 깊은 성찰과 되돌아봄이 필요하리라고 사료되기 때문에 냉철한 맘으로 엄숙하게 받아들여야겠고 성스럽고 경건한 마음으로 너와 나의 중심(中心)을 살피고 좋은 평가를 기다리자.

사랑하는 님이여! 사랑하는 동역자여! 사랑하는 친구여! 우리 함께 주님께 칭찬받도록 하자.

31.
어느 바보 청년이
이현숙 자매를 만나다!

집도 없고 절도 없고 안정된 직장도 없고 가진 것도 없고 아직은 공부하고 있는 학생이요 젊은 청년이라는 사실 하나 이외에는 무엇 하나 똑 부러지게 내놓을게 없는 시절이었음에도 불구하고 '나는 무조건 스물일곱에는 결혼을 한다'는 그런 배짱은 대체 어디에서 생긴 걸까.

지금 생각해도 참으로 무모하고 대책 없는 객기나 만용에 지나지 않을 것 같다 그런데 말이다. 지금 이 시대에는 먹혀들지도 않을 것 같고 그이 혼자 그러다 스스로 포기하고 말 것 같은 분위기이지만 놀랍게도 그때에는 그런 무모한 '남자 청년'만 있는 게 아니라 이런 사람에 걸맞는 '여자 청년'들도 부지기수로 많이 있었다는 사실이다.

막상 결혼을 하려는 해를 정해 놓고 신붓감을 찾아 나섰고 신부 후보자를 만날 때마다 가식이나 꾸밈없이 있는 그대로 말하고 다녀도 이런 청년에게도 결혼을 하겠다는 여성들이 있었다는 게 그저 놀라울 뿐이다. 은숙이도, 윤숙이도, 요숙이도 그녀들이 날 싫다고는 하지 않았고 내가 원한다면 결혼을 하겠다는 입장이었으니까 채이지 않았던 것만 해도 천천만만 다행이다. 게다가 그녀들은 가정이 여유로워 무얼 어떻게 하겠다면서 오히려 가난한 나를 지원할 기세이기도 했었다.

애당초 중학생 시절부터 양친께서 여러 자녀들 가운데 단 한 명이라도 '하나님의 일을 할 사람, 즉 주의 종으로 드리겠다'고 구분지어 놓은 사람이 바로 일곱째인 나였으니, 앞으로 사역자가 되기는 해야 하는데 그러자면 가장 중요한 게 재정적인 도움이나 가문의 배경 및 지원보다는 성직자의 내조자로서 갖춰야 할 소양(素養)이나 재덕(才德) 등이 필요한 터였기에 기도하는 자세나 사람을 대하는 태도, 온화하고 상냥하고 친절한 그런 모습이 필요할 것 같았다.

테레사 수녀가, 후배 수녀들을 선발하는 기준이 뭐 대단하고 별날 것 같아도 그렇지 아니하고 도리어 단순하기를, '잘 먹는 처녀, 잘 자는 처녀, 잘 웃는 처녀'를 지목했다나. 이런 후담(後談)이 있더니만 사역자의 이상형 역시 그렇게 간단하고 깔끔하고 명료하면 되리라 여겼다.

내가 아무리 집도 없고 절도 없는 가난뱅이 처지라 해도 또 가릴 것은 가려야겠지만 내 성격 또한 지극히 단순하고 소박하기 이를 데 없어 앞에 언급된 자매들도 날 싫어하지 않았다. 그렇다고 절대로 내가 싫은 것도 아니었는데 그냥 주께서 정하신 배필(配匹)이 아니었기 때문에 지금 같이 살고 있지 않을 뿐이라고 생각한다.

그리고 앞서 잠시 언급한 대목이 있었지만 1979년 12월 31일과 1980년 징월 초하루가 교차하는 그 시간에 수도원에서 두꺼운 얼음을 깨고 몸을 씻고 눈밭에 꿇어 엎드려 '올해 결혼하게 해 달라'고

기도를 드리고 세상에 내려갔더니 그달 정초부터 서너 자매를 만났다. 다시 23일에 광화문 '별 다방'에서 한 자매를 만나게 되었다. 나도 데려간 분이 있었고 거기도 데려온 분이 있었는데 서로 인사를 시켜 놓고서는 두 분 다 오래 끌지 않고 되돌아갔다. 그러고서 댕그랑 둘이 남아 이야기를 하는데 물어보니 이름도 생소하지 않고 여성 이름으로는 제격이고 보아하니 피부나 얼굴도 밉상이 아니라 고운 편이고 말씨도 상냥해서 그때 나는 거두절미(去頭截尾)하고 이렇게 말했다.

"자매님! 반갑습니다. 내가 결혼을 더 잘하면 얼마나 더 잘하고, 또 못하면 얼마나 더 못하겠습니까. 나는 자매님이 좋습니다. 자매님이 오신다면 환영하고 맞아들이고 자매님이 싫으시면 기꺼이 보내드리오니 자매님 뜻대로 하십시오!" 이렇게 말하고서는 나머지는 서로가 탐색이나 재보고 떠보는 시간은 일체 없고 그냥 친밀감이 가는 좋은 얘기만 하고 놀다가 나왔다.

물론 헤어질 때 덧붙이기를 지금까지 기도해 오셨을 테니 한 주간쯤 생각해 보시고 연락을 달라고 했고 나는 전화할 일은 없을 거라고 했다. 좋다는 건지 싫다는 건지, 애원인지 배짱인지 구분이 안 된다는 분도 있겠지만 원래 내 스타일이 대체로 그렇다. 지금도 마찬가지다. 어쩌다 오랜만에 옷이나 물건을 사러 가도 맘에 드는 물건이 있으면 그냥 딱 사서 들고 나오고 말지 이걸 보고 저걸 보고 이럴까 저럴까, 살까 말까 애시당초부터 그런 스타일은 아니다.

지금 생각해도 결혼을 잘했는지도 모르겠고 못했는지도 모르겠다. 하지만 분명한 것은 현재 이렇게 만나 살고 있는 자매가 참 좋고 만족스럽다. '주제 넘게 가릴 것도 없고 따질 것도 없는 처지다 보니 그럴 것이다'라고 여길지 몰라도 객관적으로 보아도 다들 내가 만난 자매에 대하여 '현숙(賢淑)한 여인(女人)'으로 혹은 '우수(優秀)한 재원(才媛)'으로 여기지 하품(下品)으로 여기는 분들은 없는 것 같아 큰 다행이다.

이 책을 시작할 때 처음에는 이 부분에 대하여는 계획이 전혀 없었다. 그러나 글을 써 내려가다가 불현듯 떠오르는 생각이 '네가 만난 사람들을 논한다면 네 아내를 제쳐두고 대체 누구를 말할 참인데!'라는 누군가의 말이 귓가에 들려오는 듯하였다. 그래서 자매님을 말하고서야 결국 모든 인터뷰가 끝날 것 같아 이 중년 여성을 모셔다가 언급을 하게 된 것이다.

나는 그동안 사귀어 온 소녀나 처녀나 여성도 많았다. 대체로 남성들보다는 여성을 더 좋아하는 편이기도 하다. 전쟁영화보다 로맨스를 좋아하고 서로 다투고 싸우는 시간에 노래를 부르고 싶고 무뚝뚝하게 침묵하기보다는 정겨운 대화를 더 선호하는 편이다. 그러나 분명한 것은 나는 지금까지 내 신분으로서는 지극히 당연한 말이겠지만 결혼 전이나 결혼 후나 순결을 잃은 적도 없고 결코 딴짓을 해본 적도 없다. 혹시 친밀감에 작은 스킨십까지야 물리치고 살아오진 않았지만 '당신 같은 사람은 이 시대에 천연기념물에 속한다'는 이야기는 듣고 살아도 주변이 복잡하고 의심이 간다는 사람은 없다. 이렇게 자유로운 영혼으로 살고도 이처럼 순수한 평가라면 이보다 더 감사한 일이 또 세상 어디 있겠는가.

그러나 '우리는 한 번도 다투지도 않았다' 하는 주장은 펼 수가 없다. 티격태격할 때도 있었고 서로 간에 의견이 일치하지 않을 때도 있지만 대체로 행복하게 지내왔다고 보는 것이다. 끝으로 연애 시절에 사내에게 보냈던 시작(詩作)을 여기에 적고 마치고자 한다.

이현숙 자매님께

그리운 나의 아씨, 현숙이여!
꿈길에도 힐끔 바라다 뵈더이다.
무릎을 피투성이로 만들지 않고는
결코 오를 수 없는 가파른 골고다의 언덕길을
저와 함께 오르려 하시다니
설움에 겹도록 고맙수외다.
그래, 좋아요. 우리 손을 잡고
천성을 향하여 뛰어갑시다.
가다가 지치면 쉬었다 가고
쉼터 주인이 괄시를 하면
앉는 듯 마는 듯 또 가죠.
아무려면 어떻소. 주께서 아시리이다.
현재의 아픔은 장차 받을 위로와 비교 못하니
서로가 이해하고 서로가 사랑하며
서로가 존중하고 서로가 감싸주며
우리끼리 일체의 화목을 터득합시다.
눈물과 노력을 아끼지 맙시다.
맑은 물소리 같은 고요한 음성으로 속삭이고
열정에 넘치는 다정한 숨결로 호흡하고
한 몸 된 비결을 체득하여
마음과 마음을, 뜻과 힘을
정성을 다하여, 충성스럽게
우리의 구원이신 주를 노래합시다.

그리운 나의 아씨, 현숙이여!
'에로스'와 '필리아'와 '스톨게'를 한데 모으고
아가페(Agape)의 숭고함을 드려서
나 그대를 연모합니다.
사랑하는 님이 계시기에
난 이제 외롭지 않소.
주님은 내 몸보다 더 사랑하고
서로는 내 몸만큼 꼭 사랑하는
거룩한 사랑에 이르는 길로 눈길을 돌립시다.
가장 순수하고 가장 평범하며
더없이 청순하고 순박한
두 송이의 백합이 되어
나는 그대를 위하고 그대는 나를 위하여
살고 지고 살고 지고
괴로울 때나 슬플 때나
병들었을 때나 외로울 때에도
변함없는 친구로서 우주 공간에
하나뿐인 반려(伴侶)임을 잊지 맙시다.

그리운 나의 아씨, 현숙이여!
용감한 국군 병사와 결혼했다고 생각하시고
껍질의 낭만을 원하시거들랑 하얀 바탕에
쾌청한 눈동자를 바라보아 주십시오.
각기 서로의 다른 생각이
어느 경점에 이르게 되더라도

31. 어느 바보 청년이 이현숙 자매를 만나다!

낯을 붉히는 우리가 돼서는 안 돼요.
나는 그대의 더 이상의 높은 수준을 원치 않습니다.
현재보다 더 이상의 아름다움도 바라지 않고요
더 이상의 고상한 인품도 요구하지 않을래요.
또 다른 인기나 별난 재능도 바라지 않습니다.
그대 외의 소유물에도 욕망이 없음은 물론입니다.
가식(假飾)이나 외식(外飾)도 싫어요.
왜냐하면 지금 그대로가 족합니다.
나는 그대의 진선(眞善)한 마음을 원합니다.
행동은 마음의 지배를 받습니다.
모든 것이 참되지 못하나 참되고자 하고
잘못도 섞여 있으나 옳고자 하며
당당한 자신감 속에서도 항상 겸허하며
흙탕물 가운데서도 곱게 피어오르는 순결을 원합니다.
나를 보세요. 나를 보세요.
항상 성스런 기쁨(聖樂)을 잃지 않으려 합니다.
부질없는 인생고락(人生苦樂)을 주께 맡기고
웃으며 살아갑시다. 웃으며 살아갑시다.
인생은 연습이나 반복이 없음으로 인하여
비단 연습이 있다손 치더라도
다툼이나 분쟁은 모르는 얘기로 덮어둡시다.
하나님을 알고 부모님의 은덕과 형제간의 우애,
가련한 이웃에 대하여 동정심과 연민을 잃지 않는
우리여야 할 것이외다.
나보다 불행한 이웃들과

나보다 가난한 자들을 잊어서는 안 돼요.
또한 우리는 짐으로서 이기는
사려 깊은 지혜의 소유자여야 하리이다.
모든 사람을 대하여 거치는 돌이 되지 아니하고
둥글고 원만하여 조화 있는 삶을 살아
화평케 하는 자(Peace Maker)가
우리 신조의 절반은 되어야 하오리다.

그리운 나의 아씨, 현숙이여!
온전하면 온전한 대로, 부족하면 부족한 대로
남으면 남는 대로, 적으면 적은 대로
잘나면 잘난 대로, 못나면 못난 대로
나는 그대를, 그대는 나를
싫어할 줄 모르는 그러한 벗이 되어
사랑밖에 모르면서
주님 부르시는 그날까지, 주님 뵈옵는 그때까지
그날을 기다리며 내 맡은 본분 다하여 주를 높이고
뭇 영혼 구원 얻도록 잘 인도하다가
주께서 오라고 부르시면
기꺼이 황금 집에 이르도록
주님 뜻대로 우리 살아갑시다.
이 세상 사람들이 우릴 몰라준다 하여도
세상 등지고 십자가 바라며
예수를 위해 삽시다, 예수를 위해!
이 어두운 고뇌의 시대에

더욱 사랑하고 덜 미워하도록
우리 서로 기도합시다.

          1980년 3월 17일 밤12시
          당신의 사람, 당신의 청년으로부터

 이 글은 내가 현재의 아내와 결혼을 약속하고 서로 연애하는 중에 보냈던 글인데 그 후 우리는 만난 지 58일 만인 3월 30일에 서울 남대문 '거북정'이라는 한식집에서 약혼식을 올렸고 드디어 3개월이 채 되지 않은 4월 19일 한낮에 한 예배당에서 백년가약을 맺고 정식 결혼하였다.

32.
'강릉 효도마을' 이무승 원장과
'선한 손길' 임기종 집사

우리 일행이 강릉에 갔을 때 '강릉 효도마을' 이무승 원장에게 들은 미담(美談)은 이렇다.

1958년에 출생하여 몇 해 전 환갑을 지낸 임기종은 강원도 어느 산간의 워낙 가난한 집에서 태어났는데 그가 열 살쯤에 부모님이 연달아 세상을 뜨시고 육남매 중 셋째라 초등학교도 다니다가 그만두고 남의 집에서 머슴살이로 시작해 목공소, 자전거포, 철공소 등을 돌고 돌아 마침내 설악산 지게꾼이 된 사람이라고 한다.

임기종은 막상 지게꾼이 되고자 했지만 처음에는 지게를 질 줄도 몰라 자꾸 넘어지니 이도 힘들다고 여긴 나머지 그만둘 생각도 했는데 원체 배운 게 없고 다른 재주가 없으니 이것 말고는 할 것이 없어, 이제는 열여섯 살에 시작한 지게꾼, 짐꾼생활이 40년을 훌쩍 넘어 50년이 가까워 온 실정이란다. 160cm 키에 체중은 60kg도 안 나가는 작은 체구로 하루에 적게는 네 번, 많게는 열두 번을 설악산 대청봉을 오르내리며 이 산을 삶의 터전으로 삼고 살아가는 상인(商人)들과 사찰(寺刹) 등지에 필요한 생필품을 져다 주고 임기종이 받는 짐삯이 한 달에 150여만 원 남짓이라고 했다. 한창 때는 한 달을 모으면 수입이 200만 원 이상이 갈 때도 있기는 했지만 말이다.

그는 비가 오나 눈이 오나 이렇게 날마다 산을 오르는데 자신이 지게를 지지 않으면 휴게소 상인들이 장사를 할 수 없다는 걸 누구보다 잘 알기 때문이라고 한다. 이처럼 강원도 설악산에서 50여 년간 지게꾼으로 살면서 드높은 대청봉을 무려 15만 번이나 오르내리며 힘들게 고생하며 돈을 벌어 평생 90%이상을 남을 돕고 베풀며 살아온 진정한 천사가 바로 그가 아니겠는가 생각해 본다. 옛날 어느 전설에 하늘에서 천사들이 설악산에 내려왔다가 미처 올라가지 못한 한 명이 있었다고 하던데 그 사람이 바로 임기종(65) 집사가 아닌가 싶을 정도이다.

임기종은 어느 때는 가스통을 한꺼번에 4개나 지고 가파른 산을 오르기도 하고, 어떤 날은 100kg이 넘는 대형 냉장고를 통째로 짊어지고 운반하기도 한다. 그는 이 설악산 외에 다른 산은 일체 가본 적이 없다고 한다. 그만큼 '설악산 사나이'다. 처음에는 자신의 생계 때문에 이 일을 시작했지만 이제는 이웃을 돕는 보람으로 힘겨운 일을 계속하고 있다는 것이다.

어떤 사람이 도망가지는 않을 거라며 소개해 준 정신장애를 가진 최순덕 자매와 결혼을 할 때도 다짐하기를, '나도 나지만 그녀는 내가 도와줘야 한다'라는 마음으로 결혼하게 되었다고 하니 그의 마음 씀씀이가 얼마나 갸륵한가. 결혼 후에는 마침 국가에서 영구 임대아파트를 제공해 주고 또한 아내로 인하여 장애인 정부보조금이 나와 살고 술, 담배를 안 하는 덕분에 그렇게 살 수 있다는 것이다.

그래서 이렇게 힘들게 번 돈을 가족을 위해 쓰지 않고 자신보다 더 어려운 사람들을 위해 사용하기로 결심을 하고 지금까지 수십 년 동안 장애인학교나 장애인 요양시설 등에 생필품을 지원하고 독거노인을 보살피고 어려운 이웃을 도와 억대가 넘는 돈을 거의 다 선행에 쓰고 이렇게 사용한 돈이 자신의 재산의 전부라고 한다.

자신은 180만 원 보증금에 월세 8만 원을 내는 영구임대아파트에 사는 것으로 만족하고 이런 삶을 계속하고 있다니 그를 보면서, 나는 지난 50여 년간 성직자로 살아오며 수만 번 설교한 내 자신보다도 그가 더 큰 일을 하였고 몸소 사랑을 실천한 참으로 존경스러운 형제라고 여긴다. 이처럼 한낱 지게꾼이요 짐꾼에 불과한 그를 사람들은 '작은 거인'이라고 칭하며 2012년에는 대통령 표창도 받았고 여기저기 TV에 소개되기도 했다는데 우리가 참으로 본받을 만하다.

때로는 MBC방송국이나 강원도 봉사대상도 받아 상금으로 1천만 원이나 800만 원을 받아도 불우한 독거노인들 20여 명을 모아 제주도에 2박 3일 효도관광을 시켜드렸다고 하니 눈시울이 붉어질 만큼 마음이 뭉클하고 그의 놀라운 선행에 가슴이 먹먹해져 온다.

우리 사람들 몸에 치아(齒牙)가 30여 개가 있는데 그는 이를 악물고 힘들게 지게를 지다 보니 30여 개 치아가 다 빠지고 달랑 1개만 남아 있다. 치과에 가서 손을 보라는 주변 사람들의 성화에 못 이겨 푼돈을 절약하여 400만 원을 모았다가도 치아 치료비마저 포기하고 또 남을 돕는 데 몽땅 내놓았다니 이 사람의 선행에 대하여 가히 짐작이 가고도 남음이 있다.

이런 임기종을 극구 칭찬하고 선을 행하는 미담(美談)의 주인공으로 여겨 차근차근 말을 이어가는 이무승 원장도 강원도에서 30여

년 공무원생활을 마치고 어르신들을 모실 요양원이나 장애인을 돕는 복지시설에 관심을 갖고 준비해 오다가 사회복지법인 '성지복지재단'을 설립하고 '강릉효도마을', '늘 사랑의 집', '강남노인복지센터', '강릉재가노인종합지원센터', '정다운 노인복지센터', '강릉요양원보호사교육원'에 이르기까지 무려 27년을 줄기차게 해오고 있다.

필자도 전부터 임기종 집사에 대한 간증을 들은 바 있지만 이번 이무승 원장에게서 더 자세한 내용을 들을 수 있었고 그가 운영하는 '정다운 마을'에도 임기종 집사의 선행이 닿아 그가 올 때면 차에 여러 가지 선물이나 생필품을 가득히 실어온다고 한다. 그리고 임기종 집사의 자녀 가운데 아들이 이무승 원장의 보호시설에 함께 거주하고 있어 더욱 익히 알고 있었기 때문에 이번 강릉효도마을에 펼쳐진 5,000여 평의 종합타운에 들러 이곳저곳을 자세히 둘러보고 돌아왔다.

이무승 원장은 지금 78세의 노령(老齡)에도 불구하고 아직도 청년처럼 재단의 대표이사직과 시설의 원장직을 감당하면서, '행정학 박사' 학위를 가진 이 분야의 전문가로서 서울을 오가며 숙명여자대학교 등 두세 군데 대학에서 강의도 하며 교수로 나가면서 지칠 줄 모르는 현직을 유지하고 있었다. 그는 자신의 바람처럼 아마도 105세를 거뜬히 넘겨 120세까지도 장수인(長壽人)으로 생존해 있을 것으로 보여졌다. 그의 전언(傳言)에 의하면 자신이 경영하는 효도마을에서도 이미 100세를 넘긴 어른들이 세 분이나 나와 대통령으로부터 하사품(下賜品)으로 '장수 지팡이'를 받아 원장님께 선물로 남기고 갔다는 얘기도 실감나게 들을 수 있었다.

우리는 강릉을 찾아 이 박사의 별채 아파트에서 두 밤을 묵으며 그와 함께 저녁 늦게까지 '이야기꽃'을 피우며 시간가는 줄 모르고 인생과 삶에 대하여 무척이나 진지하고 의미있는 대화의 시간을 가졌다. 또한 강릉을 떠나오기 전 하루는 '쌍폭포'와 '용추폭포'가 줄기차게 흘러내리는 '무릉계곡'을 세 시간 동안을 함께 산행(山行)을 하면서 이런저런 많은 대화를 나눌 수 있었다. 그와 내가 다녀온 나라가 줄잡아 각각 50여 개 국가가 되었기 때문에 우리가 저 먼 나라에 가서 보고 듣고 느낀 점들을 나누는 즐거움도 여간한 기쁨이 아니었다. 어떤 나라들은 서로가 겹치기도 하였고 이와는 달리 그렇지 않은 국가들도 있었다.

  그런데 대화를 하면서 그에게 크게 배우고 느낀 점은 여러 가지이지만 그중에도 두드러진 것은 그가 무척이나 많은 것들을 베풀고 나누며 살아왔다는 사실이다. 물론 그는 재력(財力)으로도 어마무시한 소유물이 있다고 여기지만 사람이 무엇을 많이 가졌다고 하여 나누고 베풀 수 있는 것이 아님은 다 알고 있는 주지의 사실인데 그는 달랐다. 앞서 임기종 집사의 선행에 대해서도 우리가 탄복을 했지만 이무승 박사도 대단했다. 마치 임기종 집사의 경우처럼, 이 박사의 선행은 구차하게 일일이 나열하여 소개할 일이 아니요 은밀함이 요청되기 때문에 구구절절 다 진열할 수는 없지만 그 역시 참 대단한 분이었다. 우리 주변에 이런 미담의 사람들이 포진해 있다는 것은 삶의 기쁨이요 희열이 아닐 수 없다.

  이 세상이 어두운 것은 이 세상 어딘가에 우리의 이웃이 울고 있기 때문이요, 이 세상이 아름다운 것은 이 세상 어딘가에 우리의 이웃이 웃고 있기 때문이라고 하였다. 우리는 서로 돕고 배려하고 위로하고 이해하고 나누며 살아야지, 서로 반목하고 질시하고 오해하고 갑질이나 하고 삿대질하고 앞길을 가로막거나 헤코지하는 진상들이 되어서는 결코 안 될 것이다.

나는 앞으로도 이무승 박사와 자주 연락하고 이따금씩 교제하며 더 많은 것을 배우고 싶어졌다. 왜냐하면 그는 마치 수많은 사람들의 인생사는 이야기와 거기에 얽히고설킨 진솔한 이야깃거리를 통째로 간직하며 살아온 특별한 인물(人物)로 보여졌기 때문이다. 과연 그는 주변 인생이 아니라 주인공 인생으로 살아왔으며 자신의 삶을 구차하게 여기거나 한탄하는 모습이 아닌 삶을 즐기고 작은 것에서도 진기(珍奇)한 보람을 찾아내며 성실히 살아온 분이었다.

자고 가는 저 구름아!

33.
김익두 목사의 외손(外孫)이라는 조영호 탈북자

지금 우리나라에는 북한에서는 도저히 못살겠다고 목숨을 걸고 탈북하여 넘어온 사람들이 무려 3만 명을 훨씬 넘어 4만 명 시대로 향하고 있다. 이들이 북한에서 신격화(神格化)하여 선전하는 김일성을 마치 주님처럼 믿고 따르다가 대한민국의 품에 안겨 살면서 단숨에 그 실상을 알게 되자 당연히 거짓 신(神)인 김일성을 멀리 던져버리고 그 허전한 마음에 진정한 신앙심으로 예수 그리스도 주님을 영접하게 되어 그들 가운데 대개는 기독교 신자가 되어가고 있다. 김신조를 필두로 김만철, 여만철, 전충남, 이상규, 강철환, 박상학 등 수도 없이 많다.

　내가 섬기는 신앙공동체 안에서도 김옥순, 한순희, 김순실, 순용범, 박희철, 장연옥, 이옥실, 김경민, 유영옥, 조영호 등 10여 명이 함께 가족이 되어 성경공부도 하고 세례도 받고 집사로 세움 받기도 했는데 그중에 조영호 형제를 떠올리지 않을 수 없다.

그는 1963년 평양시 서성구역 상흥동에서 태어났는데, 탈북자 중 평양시 서성구역 출신의 사람으로는 미그기를 몰고 남하한 이웅평 씨와 KAL기 사건에 연루된 김현희 씨가 있다고 전해진다. 조영호 형제는 남한에 와서 이웅평 씨가 세상을 떠나기 전에 함께 냉면을 먹으며 장시간 담소했던 일이 있었다고 하고, 김현희 씨와는 평양에서 인민학교를 같이 다녔고 도로 하나를 사이에 두고 같은 동네에서 살았다는 사실을 뒤늦게 알았다고 한다.

김현희 씨는 나중에 KAL기 폭파범임을 고백하고 예수교 신자가 되었는데 이 두 사람은 극동방송에서 처음 만나게 되었다. 그때 김현희 씨가 무척 반가워하며 뜻밖에 고향 사람을 만나게 되었다며 그 후로 서신왕래가 있었는데, 어느 편지에는 '내가 외롭고 고독한 순간에 무척 반가웠고 또한 남한에 내려온 탈북자들이 나에게는 큰 힘이 된다'는 사실과 '주님 안에서 아름다운 삶이 되기를 기도하겠다'는 내용이 적혀 있었다고 한다.

조영호 형제는 북한에서 사는 동안 사건사고도 많이 저질러 감옥살이도 많이 했고 특히 절도범으로 수차례 붙잡히게 되었다. 십여 년의 인민군 생활과 십여 년의 감옥살이를 하고 겨우 사회에 나와 얼마 있지 않아서 또다시 당시 김정일이 도당 간부들에게 내려 보낸 생일선물로 운송되던 차량에서 꿩 18마리를 훔쳐 수배가 내려졌다.

잡히면 사형(死刑)이라는 중형을 예감하고 밤새 숨어 있던 산속에서 고민하다가 새벽 2시쯤 집 근처로 가서 아버지께 자초지종을 말하자, 아버지는 방금 막 경찰들이 다녀갔다며 근심어린 얼굴로 어쩌자고 그런 일을 저질렀느냐며 호통을 쳤다고 한다. 그러자 죄스러움에 "아버지, 저는 잡히면 바로 총살당할게 뻔하니, 멀리 다른 나라로 도망을 가겠다"라고 말씀드리니 아버지는 러시아나 동유럽이 살기 좋은 환경이 되어 있다며, "어서 가라"고 하면서 모자와 헌 장갑을 내어주었다고 한다. 아버지와의 10분도 안 되는 짧은 만남을 뒤로하고 어스름한 새벽길을 재촉하여 3일을 걸어 청진을 지나 함경북도 무산까지 걸어 국경에 도착했다고 한다.

이것이 그의 부친과의 마지막이었다고 하는데 다시 밤을 기다렸다가 국경 경비대원들의 경비가 좀 느슨할 때 그들의 눈을 피해 포복으로 얼어붙은 두만강(豆滿江)을 넘었다고 술회했다. 두만강을 건너 세 시간가량이 지나자 배고픔과 추위가 엄습해 왔고 이러다가는 죽겠다는 생각마저 들었다는 것이다. 이 과정에서도 죽을 고비를 넘기며 그렇게 한참을 걸었더니 바로 마을을 벗어나기 직전 대문에 십자가(十字架)가 달린 집이 눈에 들어왔고 그는 뭔가에 이끌리듯 그쪽으로 향했다고 한다. 북한에서는 십자가가 병원을 표시하는 안내 표지이기 때문에, 얼마 전 마을 청년들에게 심하게 얻어맞아 아직도 피가 흐르는 머리를 치료받을 수 있을까 해서 찾아갔는데 그곳은 사실 병원이 아니라 교회였던 것이다.

조영호 형제는 하룻밤만 묵게 해 달라고 사정을 하여 허락을 받고 들어가게 되었는데, 그날 저녁 그들은 조영호 형제에게 "독생자 예수를 아느냐?"라고 하면서 주기도문과 사도신경을 따라하도록 하고 찬송가를 함께 부르자고 하면서 하나님을 믿으라고 권면하였다. 조영호가 처음으로 하나님을 접하는 순간이었던 것이다. 연이어 그들은 예수님이 어떤 분이라는 사실을 대략적으로 알려주는데 조영호는 찬송가 소리를 들으며 오랜만에 마음 편히 깊은 잠에 취하게 되었다. 이튿날 아침, 그들이 쌀밥과 고깃국을 대접하니 뭉클한 마음에 그의 두 눈에서는 눈물이 쏟아졌다. 대체 이게 얼마 만에 먹어보는 사무치게 그리던 음식들인가. 이런 쌀밥 한 번 마음껏 먹어

보고 싶어서 얼마나 많은 고생을 했던가. 그동안의 일들이 영화처럼 머릿속을 스쳐 지나가는 순간이기도 했다고 한다.

부부는 말하기를 "여기 중국에서는 이런 쌀밥과 고깃국을 매일 먹는다"라고 하면서 어서 많이 먹으라고 사랑을 쏟아 주어 실컷 먹을 수 있었다. 얼마 후에는 한 남성을 따라 목욕탕으로 안내되어 때 묻고 지친 몸도 씻겨 주고 새 옷도 갈아 입혀 주면서, 그렇게 네 달쯤을 지나게 되었는데, 이리하여 1994년 2월에 북한에서 탈북한 지 넉 달 만에 드디어 한국을 향하게 되었다는 것이다.

물론 중국에서 지낸 짧은 기간은 북한에서의 고단했던 삶에 비하면 너무나 자유롭고 좋았지만 하나님의 인도하심은 거기서 그치지 아니하고 그를 대한민국으로 인도하시는 것이었다. 그러나 그 길은 쉽지 않고 험난한 길이었으며 기적이 아니고서는 도저히 불가능한 일이었다. 우선 몸을 씻어주고 옷을 입혀주고 먹여주던 '박지헌'이란 형제가 신분증이 없는 그를 위하여 공안당국에 찾아가 신분증을 분실했을 때 사용하는 '임시증명서'를 발급해 주어 그걸 가지고 기차를 세 번이나 갈아타고 도문에서 목단강, 가목사에서 학강시까지 도착하여 러시아 국경이 가까운 곳으로 가는 버스에 몸을 실을 수 있었다.

이렇게 올라탄 버스 안에서도 기적적으로 위기를 모면하여 신분증이 없는 대여섯 명은 끌어내림을 당하고 그는 용케도 버스에 남아 있을 수 있었다. 그건 옆에 앉은 승객에게 말하기를,

"아줌마! 제가 신분증이 없어서 그러는데 저를 좀 도와주세요!"라고 도움을 구했다. 그런데 이게 웬일인가! 천만다행으로 그분이 조선족이었던 것이다. 그 여성이 묻기를, "어디를 가느냐?"라고 하여 얼마 전 지극한 사랑으로 도움을 주었던 박지헌 형제의 친척 집 주소

33. 김익두 목사의 외손(外孫)이라는 조영호 탈북자

를 말했더니 바로 자신이 사는 마을이라고 반기더라는 것이었다.

그러니까 공안원이 와서 중국말로 신분증을 내놓으라고 하는데 이 여성이 말하기를 "이 사람은 내 친척인데 정신이 이상한 상태다. 지금 정신병원에 데리고 갔다 온다"라고 하여 그녀의 도움으로 위기를 넘길 수 있었고 한국으로 들어오는 여정의 큰 기적은 여기서부터 시작되었다.

조영호 형제가 한국행을 위해 '천인호' 여객선에 몰래 잠입할 때의 일인데, 이제 한국으로 갈 결심을 하고서 천진행 여객선 터미널에 도착했을 때 주변을 면밀하고도 유심히 살피고 있었다. 일단 여객선에만 들어서면 여권 검사는 이미 다 마친 상태이기 때문에, 그 배에 올라타는 일이 성사되면 배 안에서는 마음 놓고 다녀도 괜찮다는 정보를 이미 얻어 듣고 있었던 터다.

떠날 때 일러주기를 자신들이 도울 수 있는 길은 기도밖에 없다며 모험을 한번 해 보라는 것이었다. 먼저 부둣가 안의 철담을 넘어 기중기가 있는 곳까지 접근했다. 그리고 학강시로 오는 버스 안에서 어설픈 기도를 했을 때 기적이 일어난 것과 같이 또 한 번의 기적을 바라는 마음으로 기중기 앞의 방파제에 쪼그리고 앉아 기도를 드렸다.

"하나님! 도와주세요! 한국으로 보내주시면 다시는 도둑질하지 않고 착하게 잘 살겠습니다."

이런 짧은 기도 속에는 위험에서 벗어나게 해 달라는 것과 붙잡히지 않기만을 바라는 그만의 깊은 애절함이 깃들어 있었을 것이다. 때는 이미 새벽 2시가 넘은 시간이었다. 공안원이 2명씩 짝을 지어 각각 왼쪽과 오른쪽 밧줄을 묶어 놓은 곳으로부터 4-5m쯤 떨어진 곳에 '임시 이동식 초소막'을 쳐 놓고 지키고 있는 상태였다. 이런 위험천만한 상태에서 조영호는 방파제 벽을 붙잡고 마치 바닷가의 게처럼 조금씩 옆으로 접근해 갔다. 50m, 30m, 10m, 1m…. 이런 식으로 발을 떼는 순간순간마다 도저히 숨을 쉴 수가 없었다. 가는 도중에 힘이 들면 몸을 끌어올려 말뚝 밑에 바싹 붙이고 숨을 돌린 후 다시 움직이기를 반복하여 드디어 여객선 근처까지 도달했다. 한편 공안원들은 이처럼 가까운 거리에서 살피고 있었지만 밧줄을 부여잡고 조영호가 배에 오를 때까지 보는지 못 보는지 둘이서 이런저런 얘기만 주고받고 있었다.

다행히 밧줄이 워낙 굵어 걸어서도 이동할 수 있었다. 마침내 천신만고 끝에 배 안에 당도하자 새벽임에도 불구하고 여객선 안은 대낮같이 환하게 밝은 불이 빛나고 있었고 항구 전체도 국제항(國際港)답게 환히 밝은 상태였다. 그러나 신기하게도 그를 발견한 사람은 아무도 없었다. 밧줄을 타고 배에 오른 그는 제일 높은 꼭대기에 매달려 있는 구명정 뚜껑을 열고 안으로 숨어 들어갔다.

이제 안도의 한숨을 몰아쉬며 "하나님! 감사합니다!" 하는 소리가 저절로 입 밖으로 새어나왔다. 그러나 이도 잠시뿐, 뱃고동을 울리며 배가 움직이기 전까지는 불안한 마음을 감출 수가 없었다. 혹시라도 수색을 하지 않을까 하는 불안함이 남아 있었기 때문이다. 그는 초조한 마음으로 숨을 죽이며 날이 밝기만을 기다렸다. 얼마나 지났을까. 드디어 긴 뱃고동 소리가 울려 퍼졌다. 그리고 기적처럼 배가 출발하기 시작했다.

'이젠 살았구나!' 하는 마음에 긴장이 풀리자 온몸이 늘어지면서 가라앉기 시작했다. 그러나 살았다는 안도의 순간도 일순간이었다. 한창 서해(西海) 바다를 가로지르며 한국을 향하던 배가 갑자기 속도를 줄였다. 구명정에 난 동그란 창문으로 내다보니 저 멀리 경비선

하나가 조명 빛을 번쩍거리며 그가 타고 있는 여객선을 쫓아오고 있는 것이었다. '내가 몰래 숨어 있는 것을 알고 추격해 오는 것은 아닐까?'라는 생각이 미치자 갑자기 눈앞이 캄캄해지는 것 같았다. 하지만 그건 그의 섣부른 추측일 뿐이었다. 경비선은 오른쪽으로 사라지고 여객선은 다시 속도를 내고 있었다.

얼마간의 시간이 지났을까. 어느새 다시 저녁이 되었고 그제야 그는 참았던 숨을 뱉어내듯 구명정에서 밖으로 나와 갑판 안으로 들어갔다. 이렇게 하여 그는 사선(死線)을 넘어 대한민국 인천항에 도착할 수 있었다. 배에서 내리자마자 세관 직원에게 "북한에서 왔다!"라고 말했고 그들은 정보사와 안기부에 곧바로 연락을 취하여 정보사 직원들이 조영호를 데리러 왔던 것이다. 물론 그의 글을 참조도 했지만 조영호 형제는 나를 만나 이 모든 사실을 소상히 말했고 이뿐만이 아니라 자신의 일생에 관한 지금까지의 살아온 이야기를 남김없이 들려 주었다.

조영호 형제의 탈북 경로를 조사하던 중 정보사와 국정원(당시 안기부) 직원들이 구명정 관리의 치밀하지 못함에 대하여 더욱 세심히 살필 것과 더불어 상당한 문책을 당했다고 하는 말을 나중에 들어 알게 되었다. 그리고 그들에 의하면 여객선에서 구명정(救命艇) 수색을 맡은 사람이 하는 말이, 지금까지 항상 구명정 상태를 열어 확인하고서 문을 잠갔는데 어떻게 문이 열렸는지 알 수가 없다는 것이었다. 게다가 그날따라 구명정 4개 중 3개를 수색하고 그가 숨어 들어간 구명정을 확인하려고 막 사다리를 오르는 순간에 갑자기 소나기가 쏟아졌다는 것이다. 그래서 할 수 없이 소나기가 그친 다음에 하려고 기다리다가 깜박 잊고 수색을 못했다고 한다.

이처럼 기적이 일어났었던 것은 당연히 하늘 위에 계신 전능자요 생명의 주인이신 하나님이 하신 일이라는 사실을 조영호 형제는 가슴 깊이 받아들이고 또한 이 형제는 훗날 여러 가지 신앙 지도와 프로그램에 참여하게 되었다. 마침내는 신학(神學)을 공부하여 지금은 목회자가 되어 북한선교를 위한 비전을 가지고 복음 전파에 매진하며 옛 이름을 개명(改名)하여 사울이 바울이 되었듯이 조영호(Cho, Young-Ho)도 조바울(Paul Cho)이 되어 새로운 삶을 살고 있다.

한편 그와의 대화와 그 생사를 넘나드는 고비 속에서도 그가 품고 살아온 빛바랜 사진들을 통해서도 알 수 있었지만 그 형제가 바로 저 유명한 김익두 목사를 외할아버지라고 부른다는 사실이었다.

그는 지금도 전화를 걸어오면 항상 나에게 "형님! 형님!" 하며 친근하게 부르고 있다. 사랑하는 형제요, 동역자인 바울이여! 형님 노릇을 충실히 못하여 항상 미안한 마음일세!

34.
혜수와 혜리를 만난 건
우리 가정의 큰 기쁨이었다

내 동생

'언니!' '언니!' 부르는
일학년 내 동생.

조금 후엔 '혜수야! 혜수야!'
언니 이름을 마구 부르네.

'언니'라고 부를 때는
매우 귀엽고
'혜수'라고 부를 땐
무척 얄밉다.

그래도 혜리는
예쁜 내 동생.

보슬비와 꽃잎

보슬보슬 비가 내려와
꽃잎을 가렵게 하네.

꽃잎은 화내지 않고
히죽히죽 웃기만 하네.

보슬비는 장난꾸러기
꽃잎의 얼굴을 자꾸 만지네.

보슬비와 꽃잎은
다정한 친구인가 봐.

이 동시(童詩)는 우리 집에 생명의 선물로 하나님께서 보내 주신, 첫째 아이 혜수가 초등학교 1학년 때 지었던 시이다. 그리고 다음의 시는 두 번째로 우리 집에 와서 함께 가족이 된 혜리가 지은 시이다.

봄

벌써 봄인가
봄을 어떻게 알지?
파릇파릇 새싹이
돋는 걸 보고 알지.

벌써 봄인가
봄을 어떻게 알지?
개굴개굴 개구리
노래를 듣고 알지.

벌써 봄인가
봄을 어떻게 알지?
따사로운 햇볕이
쬐는 걸 보고 알지.

우리 마을

우리 마을은
도시일까?
시골일까?

우리 집 앞쪽은

높은 아파트
우리 집 뒤에는
넓다란 들판.

내가 태어나서 자라는
서울시 내발산동 우리 마을
아파트엔 서울 사람
논과 밭에는 시골 풍경

아름다운 우리 마을은
도시인가
아니면 시골인가.

이상의 서정적이고 목가적인 두 편의 평화로운 동시(童詩)는 귀여운 혜리가 아홉 살 때 지었다. 물론 혜수와 혜리는 더 많은 시도 지었고 산문도 썼고 초등학교를 졸업할 무렵 아빠와 함께 가족문예집을 책으로 엮어 출판하기도 하였던 아동작가(兒童作家)들이다. 그리고 후에 태어난 가족 가운데 둘째 혜리네 시윤(詩允)이도 그림을 그리고 책을 펴내는 작가를 꿈꾸고 있다.

우리 부녀간 세 사람이 지은 책이 '꿈과 사랑이 열리는 나무'라는 작품인데 그 책을 펴냈을 때 첫머리에 실었던 글을 여기에 적고 싶다.

우리 집에는 한 그루의 나무가 있다.
알고 보면 그 나무가 우리 집에 있는 것이 아니라

우리 모두가 그 나무 아래서 살고 있다.

그런데 이 나무는
겨울에는 겨울대로 좋을 뿐 아니라
봄에는 봄대로 푸르름을 주고
여름에는 여름대로 서늘한 그늘이 되며
그리고 가을에는 가을대로 열매를 맺는다.

사실 이 나무가 자랑스러운 것은 가을이 아니라도
사시사철 시도 때도 없이 언제나
탐스러운 열매를 맺는다는 점이다.

아무리 따내고 따내어도
그 열매가 더하면 더했지
줄어들지를 않는다.
더욱이 신기한 것은
그 나무에는 꿈이 맺히고 사랑이 열린다.

그때마다 우리는 넓고 커다란 광주리를 준비하여
꿈과 사랑을 가득가득 따다가
이 사람, 저 사람, 이 집, 저 집,
마구 나누어 준다.

그럴 때면 받는 사람들이
어쩔 줄 모르고 기뻐하지만

알고 보면 진짜 진짜 즐거움은
꿈과 사랑을 나눠주는 우리에게 있다.

어제만 해도 그렇다.
있는 것 모두를 나누고 잠들었는데
새아침에 일어나 보면
가지마다 여전히 열매가 가득하다.

어느 해 한철에는
유난히 무수한 열매를 따다가
이웃집, 남들에겐 한 개도 주지 않고
집안에 차곡차곡 저장했다가
나중에 열어보니 온통 썩어 있었다.

이와 같이 부끄러운 일을 당하고서야 우리는
이 열매들이야말로 서로 나누어 갖고
같이 누려야 한다는 것을 알게 되었다.

오늘도
우리 집 꿈나무, 사랑나무에는
꿈 열매, 사랑 열매가 탐스럽다.

가난한 자여, 이리로 오라.
고독한 자도 어서 올지라.
배고픈 자여, 받아 먹으라.

그 나무의 열매 맛이 어떤 줄 알리라.

꿈과 사랑이
열리는 나무
참 좋은 나무임을 네가 알리라.
참 좋은 열매임을 그대 알리라.

우리는 이런 꿈을 가지고 사랑을 나누며 아름답고 화목한 가정 공동체를 이루며 살아왔다.

우리 집에는 남자 아이는 없고 딸만 둘인데 나는 아쉬움이 하나도 없고 도리어 참 좋다.

어렸을 적 자라나기를 10남매가 넘는 대가족(大家族)이었고 사내들도 예닐곱이나 되었기에 아들에 대한 애착 같은 건 지니고 살지 않아서 그런지 여자아이 둘이 무척이나 감사하고 흡족하였다. 둘은 자라면서 다른 어떤 친구들보다 더욱 다정다감하고 친밀하기가 이를 데 없이 잘 자랐다.

그런데 이 두 자매는 서로 간에 그토록 좋은 친구임에도 불구하고 둘의 성격이나 취향은 너무도 달랐다. IQ는 아버지의 몫이요, EQ는 어머니의 몫이라는 말도 있지만, 이도 맞다고 할 수 없는 것이 혜수는 자신의 어머니 성격을 더 닮았고, 혜리는 아빠의 성격뿐만 아니라 얼굴의 모습까지도 더 닮았기 때문이다. 여하튼 IQ가 139가 나왔던 혜수는 이성적(理性的)이라면 EQ가 뛰어났던 혜리는 감성적(感性的)인 면이 더욱 발달되어 있는 듯이 보인다. 혜수는 자기 방에 혼자 있을 때에도 텔레비전을 보는지 까르르 웃거나 희희낙락(喜喜樂樂)대는 소리가 문밖에까지 왁자지껄하게 새어 나온다. 이와는 달리 혜리는 무슨 또 애처로운 사람들의 모습을 지켜보고 있는지 연신 눈시울을 붉히며 훌쩍훌쩍 울고 있나 보다. 그만큼 혜수의 눈에는 웃을 거리가 보이고, 그만큼 혜리의 눈에는 안타까운 사람들이 들어오는지 긍휼의 마음을 가지고 그들의 아픔이나 슬픔을 보듬어 안고 같이 나누는 심정으로 동정심을 보이는 것 같다.

실제로 그녀들의 말을 들어보면 웃고 있는 아이는 TV에 비쳐지는 저들의 모습을 보고 있노라면 웃음이 절로 터져 나오지 않을 수가 없다는 것이고, 또한 저렇게 슬프고 고달픈 이들의 모습을 보고서 어찌 눈물이 나오지 않을 수 있냐고 말하는 것이다.

이처럼 극히 대조적인 모습으로 성장하는 자매(姉妹)를 바라보는 아빠로서의 심정은 무어랄까. '하나는 잘하고, 하나는 못하고'로 보이질 않고 둘 다 잘하고 있다고 여겨지는 것이었다.

큰아이를 보면 장차 세상을 무척이나 낙천적(樂天的)으로 바라보고 웃으며 살아갈 것만 같고, 둘째를 보면 모든 힘든 사람들의 모습이 눈에 잘도 들어와 성녀(聖女)처럼 아낌없이 도우며 살 것 같아서 고마운 것이다.

그러더니 혜수는 혜수대로 자신의 적절한 짝꿍을 만나서 잘살고 있고, 혜리는 혜리대로 남편으로 성직자(聖職者)를 만나서 많은 사람들을 안아주고 보듬어 주며 목자의 마음이거나 어머니의 심정으로 사람들을 대하는 모습을 보게 된다.

어쩌면 본인들로서는 '내가 더 아빠의 사랑을 받고 있다'고 느끼거나 '아빠는 나보다는 언니(혹은 동생)을 더 사랑하는 것 같다'고 느낄 수 있을지 모르겠다. 그러나 아빠는 그런 생각에는 동의하기가 넌김한 입징이다. 왜냐하면 그런 소리를 듣지 않을 만큼 적당히게 잘 조절하고 있기 때문이다. 또한 아빠로서도 그녀들이 나보다는 엄마를 더욱 친근히 하고 챙기는 것이 무척이나 좋아 보이지 질투심을 가질 것은 결코 아니다. 그래서 우리에겐 서로 각자의 너그러움이 각별히 요청된다고 하겠다. '이것이 바로 아름답고 바람직한 인간관계의 기술이 아니겠는가?'라고 생각하고 싶다.

35.
한국교회의 성자(聖者)라 일컫던 한경직 목사

'한경직 목사의 우거처'라는 말을 들어 본 적이 있는가. 우거처(寓居處)란 남의 집에 임시로 몸을 붙여 산다는 뜻이다. 종교계의 노벨상이라 불리는 템플턴상을 수상한 바 있는 목회자이자 교육자이며 사회사업가였던 한경직 목사가 은퇴 후에 머물면서 평소 소외되고 가난한 사람들을 위해 기도하며 노후를 보낸 곳이기도 하다. 자신의 이름으로 된 어떤 것도 가지기를 원하지 않았던 청빈과 겸손한 삶을 살았던 그는 하루도 거르지 않고 민족통일을 위하여 기도한 애국자이기도 하다. 그리고 건물 외벽의 오른쪽에는 한경직 목사의 부인인 '김찬빈 권찰 기념관'이란 명패가 붙은 작은 공간도 있다.

한경직 목사는 북한에서 신의주 제2교회 목사로 시무하다가 북한의 종교말살정책을 피해 월남해서 지금의 한신대학교 전신인 조선신학교 교수로 취임한 뒤 이 학교 재단에 속한 건물 터를 빌려 자신과 같은 처지의 실향민들을 중심으로 1945년 12월 2일에 '베다니교회'

라는 신앙공동체를 시작했다. 설립 초기에는 피난민들이 많이 몰려
와 교회라기보다는 피난민 수용소로 이용될 정도였으며 설립 한 달
만에 교인수가 100명에 이르렀다. 이듬해에 교회 이름을 '영락교회'
로 개칭하게 되었는데 늘어나는 교인들로 예배당이 비좁자 1947년
건축위원회를 구성하고 1950년에 석조예배당을 완공했다. 그는 신
앙에 중심한 자신의 신념대로 철저한 반공운동과 피난민 구제, 전도
사업, 신탁통치 반대운동 등 사회 현실에도 깊이 참여했고 6.25 전쟁
중에는 전쟁미망인과 전쟁고아들을 위한 사회사업을 벌였다. 또한
공민학교와 영락중학교, 영락상업고등학교를 세우는 등 교육계에도
크게 기여했다.

　이런 왕성하고도 다양한 활동을 벌이며 헌신적으로 사역에 임한
한 목사는 성자(聖者)로 불릴 만큼 섬김과 나눔과 봉사의 삶을 살았
으며 거기다가 매우 겸손하기까지 하였다. 섬기던 교회에서 매월 사
례비를 받으면 그것을 집으로 가져가서 김찬빈 사모님께 드리는 것
이 아니라 길거리에 서서 지나가는 사람들 가운데 형색이 초라하거
나 빈한해 보이는 사람을 가까이 오라고 불러서 쥐고 있던 사례비
봉투를 여러 개로 나누어 그들에게 나눠주며 예수님의 심장을 가지
고 살았다는 일화는 너무나 감동적이고 아름답다.

　특히 나는 문익환 목사께서 그의 아내인 사모님을 '박용길 장로'
로 세워 교회를 섬기게 한 것을 보았고, 고영근 목사께서도 사모님
께 '한완수 권사'라는 직분을 갖게 한 일들이 권위적인 자세를 버리
고 섬김의 도를 실천하는 일환이라고 여겨 바람직하게 생각했다. 내
아내도 교회에서 아예 집사로 임명하여 16여 년 동안 봉사하게 하다
가 교회 직분자들을 세우는 행사가 있을 때에 그들과 똑같이 피선
거권을 갖게 하여 신자들이 허락하자 권사로 세워서 지금은 '이현숙

권사'로 섬기게 하고 있다. 물론 신자들이 이현숙 권사로 호칭하는 경우는 거의 찾아볼 수 없지만 행정상 평신도 직분자로 세움이며 목회자가 먼저 하나님의 부르심을 받아 떠나가게 되면 '홀 사모'라는 외로운 이름보다는 어느 교회에서나 당당하게 섬기는 자세로 남은 여생(餘生)을 보내기를 바라는 심정이 깃들어 있기도 하다.

교회 강단에서 자신의 아내를 지칭할 때 다른 깊은 생각이 없이 대부분 '김 사모'니 '이 사모'니 '박 사모'니 라고 칭하는 경우가 다반사(茶飯事)이지만 우리는 철저히 그렇게 하지 않았고 그냥 자매님이라고 부를 때가 가장 자유로웠다. 또한 당사자도 그것을 서운하게 생각하거나 싫어하는 기색을 보지 못했다.

그런데 거기에 반하여 한경직 목사께서는 신자들이 부르는 사모(師母)님이자 그의 아내에게 '권찰'이라는 직분을 주어 그것을 일생동안 교회를 섬기고 신앙생활하면서 단 한 번도 진급이랄까 승진이랄까 그런 예우를 갖추어준 일이 없이 은퇴를 하셨고 세상을 떠나가셨다. 또한 사모님도 변동이 없이 그 직분을 그대로 가지고 하늘나라까지 이어진 것이다. 게다가 세상에 남아 있는 기념관까지 '김찬빈 권찰 기념관'이라고 명패를 붙인 것이다. 참으로 배울게 많고 진한 감동이 가는 놀라운 모습이라고 여겨진다.

강재구가 대위였을 때 순국했지만 그 후에 일계급 특진을 해서 강재구 소령이라고 부르듯이, 우리 어머니가 권찰로 계실 때 하늘나라로 옮겨 가셨기 때문에 올해로 가신 지 45주년이 되어 이따금씩은 '집사님'이라고 부를 때도 있다. 그러지 않아도 무방하겠다는 생각이 앞서고 또한 아내는 이미 받은 권사이니 일부러 한경직 목사를 흉내내는 것처럼 보이는 것도 하고 싶지 않다.

이렇게 성자로 알려진 한경직 목사님과 나는 교단이 장로교회 통합이고 합동이었기 때문이었는지는 몰라도 단 한 차례도 설교를 듣거나 만나본 적이 없었다. 그러다가 가나안농군학교(農軍學校) 설립자이신 고 김용기 장로께서 상처(喪妻)를 하시어 외롭게 노년을 지내시던 중 그의 자녀 가운데 장남인 김종일 목사와 차남인 김범일 교장께서 서로 효도를 하고자 하시고 또한 본인도 그렇게 하시길 반대하지 않으셔서 중매를 해드렸는데 일이 잘되어 두 분이 재혼(再婚)을 하시게 되었다.

그런데 농군학교에서 가족들 중심으로 열린 혼례식(婚禮式)에서 한경직 목사께서 주례(主禮)를 맡아 주셨던 것이다. 예전에는 암기력이나 기억력이 천재(天才)같다는 말도 듣고 자라온 나였지만 지금은 예전의 일들이 수없이 사라지고 멍텅구리가 된 느낌이어서 한 목사께 주례 부탁을 내가 했는지, 그들이 했는지 정확하지 않다. 아마도 내 편보다는 가족 편에서 주선하여서 그렇게 된 것이 아닌가 싶다. 그렇다고 하더라도 중요한 일은 기억하고 있고 아직도 메시지 시간에 크게 불편하지는 않지만 여하튼 기억력의 감퇴가 나의 연령이 작지 않음을 여실히 증명하고 있는 것 같아 세월의 흐름을 가늠하고 있는 중이다.

그날 혼인예배가 끝나고 우리는 검소하게 그야말로 잔칫날 국수잔치를 벌인 것 같다. 나는 전에도 가나안농군학교를 무척 좋아하여 김용기 교장께도 많은 교육을 받았고 그의 아들 김범일 교장께도 많은 가르침을 얻었다. 김용기 장로는 우리가 치약을 사용할 때도 조금씩 쓰고 또한 음식을 먹을 때도 쌀 한 톨에 농부의 땀이 여든여덟 방울이 들어 있다고 하면서 항상 음식을 아끼고 버리지 말고 낭비하지 말라는 훈도(訓導)를 들었다. 그래서 잔치 음식으로 국수가 나온 것은 의외의 상황이 아니라 지극히 당연하게 받아들일 일이라고 여겼다.

　식사 자리가 어떻게 정해졌는지도 잘 모르겠지만 한경직 목사 바로 앞자리에 내가 앉아 마주보고 식사를 하게 되었다. 그는 나에게 궁금한 몇 가지를 묻기도 하셨고 또 나는 아는 대로 답변해 드렸다. 거기다가 당시 내가 하는 일 가운데 불교 개종인들 사역이 큰 비중을 차지하고 있던 때인 만큼 그 부분에 대해서도 한 목사께서는 궁금한 점이 많이 있었는지 관심을 보여주셨던 기억이 난다. 그때까지만 해도 한 목사께서는 건장한 편이셨고 건강 상태도 꽤 좋은 편으로 보였다. 지금도 우리 한국에 한경직 목사, 김준곤 박사, 옥한흠 목사, 하용조 목사 같은 분들이 많이 일어나 주어야 되겠다고 생각하는 마음이 간절하다 못하여 애절한 심정이다.

　사실 광화문에서 외친다는 전광훈 목사도 머리칼만 허옇지 나보다 손아래 동생이고 신학교 연조도 후배이다. 언젠가 그와 함께 마주 앉아 딱 한 번 음식을 놓고 대한 적이 있어서 말인데 그가 좀 더 신앙적인 면에서는 말할 것도 없고 윤리적으로, 도덕적으로, 언어 사용면에 있어서 위에서 언급했던 성인들처럼 존경스러운 분으로 나서서 외친다면 훨씬 더 선한 영향력을 끼칠 수 있고 대외적으로도 더욱 지대한 파괴력을 가진 지도자가 될 수도 있었을 텐데 그렇지 못함이 못내 아쉽게 생각되어진다.

　어디 전 목사뿐이겠는가. 우리 모든 후배 사역자들이 너나 할 것 없이 한경직 목사를 비롯한 저런 분들을 닮거나 본받아야 한국교회의 위상이나 장래가 끝없이 추락하는 작금의 현실보다는 훨씬 더 좋아지리라고 본다. 나중에 천국에 가면 한 목사님과 사모님을 만나 뵈오리라고 소망한다.

36.
성실하고 신실한
선교사의 표상(表象) 정도연

    조선왕조 519년 역사에 27명의 왕들이 지나가고 하늘이 열려(開天) 대한민국이 출범하던 초기에 개화기(開化期)의 이 땅에는 여기저기서 서양의 선교사들이 들어왔다. 그들은 학교나 병원을 설립하고 예배당을 세워 학문이 필요한 백성들을 가르치고 몸이 병약한 사람들의 병을 진료하며 예배당에서는 하나님의 진리를 일깨워 신자가 되게 하였다. 그들의 섬김과 헌신으로 오늘의 대한민국이 우뚝 서게 되는 데 혁혁한 공을 세웠다는 사실은 그 누구도 결코 부인할 수 없을 것이다. 지금도 도처에 아직 그들이 우리 곁에 있지만 그래도 이제는 우리나라에서 파송한 선교사들이 천하 만민 가운데 나아가서 그동안 지고 있던 사랑의 빚을 갚는 데에 큰 공헌을 하고 있다는 사실은 온 세상 열방(列邦)이 다 아는 주지의 사실이다.

    한국 선교사 1만 명이 파송되었을 때 한국의 GNP는 1만 달러였고, 선교사 2만 명이 파송되었을 때는 2만 불로 GNP가 뛰어올랐다. 이제는 170여 개국에 3만여 명의 선교사가 파송되자 우리나라의 GNP도 3만 달러 시대를 맞이하게 된 것이다.

나는 밀레를 좋아한다. 전원을 아꼈고 부인을 사랑하고 가난을 넘어선 예술세계를 펼쳤다. 첫 번째 부인을 잃은 밀레의 텅빈 가슴에 '루메르'라는 순박한 여인이 다가오고 있었다. "당신은 나를 사랑합니까?"라는 숨김없는 솔직한 질문에 "죽도록 당신을 사랑합니다. 설사 당신이 저를 미워하더라도 영원히 변치 않을 것입니다"라고 대답했다. 이 여인의 고백은 후에 성실히 진행되었고 정신적인 면에서 몹시 행복한 밀레였다.

누가 밀레의 그림을 설명할 수 있단 말인가. 자연과 순수의 부딪힘, 바로 그것이다. 넓은 들판에서, 개울가에서 밀레는 눈시울이 뜨거워 붓을 들었을 것이다. 한 조각의 빵이 그를 괴롭혔지만 그의 내면세계는 풍부했다. 그렇다. 풍부한 내면세계, 고통의 매미허물, 세상치레, 헐러덩 벗어내고…. 가난하면서도 현실을 이겨내고 남편의 그림을 거친 손으로 붙잡아 주던 루메르! 그 여인은 내가 좋아하는 밀레의 아내이다.

지난번 후에이콩 마을에 갔을 때 두 분의 모습은 흡사 밀레와 루메르 같았다. 서로 감싸주면서 손잡고 가는 길, 아름다웠다. 서로 사랑하면서 주께로 가는 길, 행복해 보였다.

이맘때쯤이면 나는 김남조 시인의 '무제(無題)'가 생각이 난다.

그 어디 한적한 섬으로 가도 좋다.
아니 게서 영영 산대두 좋다.
돌아가는 배엔 달빛과 너만이 타고

구애 없는 해풍(海風)에
나 홀로 그곳에 남는대도 좋다.
너의 서명이 무엇이면 어떠리.
너의 고향이 아무 데면 무에랴나.
죽어야 할 만큼 슬픔이 있다는 것으로
넌 무작정 내 마음을 끈다.
실상 우리가 인생에게 바랐던 거란
고맙고 향긋한 한줌의 인정(人情)
병석에서 목마른 아내라면
한 그릇의 냉수를 사랑으로 먹여주는
남편으로 족하다 했었거니와
건강과 이해와 믿음, 그렇다.
우린 결코 많은 걸 원하지 않았다.
이제사 손목에 잠긴 쇠사슬을 물어뜯듯
엄청난 배리(背理)의 이 생활을 끊어버리니
어디 한적한 섬에라도 가자.
게서 겨웁도록 네 슬픔을 품어 보자.

후에이콩 마을, 그곳은 산간지방이 아니라 바로 섬이었다. 가식과 꾸밈의 그 누구도 살지 않는 무인도(無人島) 섬이었다. 또한 그곳은 조그마한 낙원(樂園)이었다. 의인이 열 명도 더 사는 아름다운 낙원이기도 했다. 하나님께서 이 지면(地面)을 쓸어내기로 작정하실지라도 그들로 인하여 심판을 지연하고 계심이 아닌가 보여졌다. 오래오래 잊지 못할 추억 만들기 고향이기도 했다. 삶이 괴로울 때면 다시 후에이콩 마을로 가보고 싶어진다. 그들과 같이 살아 지내는 정도연, 이미숙 두 분 앞날에 햇빛 빛나는 행복과 기쁨이 있으리라.

초대교회의 신실한 사도와 같은 에볼르와 손분, 그리고 삭개오, 수라챠이, 카우와 조레에게 주님의 은총이 가득하기를 빈다.

1991. 2. 6. 캄캄한 서울에서 신새벽을 바라보며
사랑하는 동역자께,
김성락, 이현숙

내가 그가 사역하고 있는 현장을 다녀와서 얼마 후 그에게 잠시 다녀온 소회(所懷)를 밝히며 위의 글월을 보낸 적이 있었다. 애당초 그는 서울을 떠나 태국으로 가기 전에, 내가 섬기던 교회에서 나와 함께 주의 사역을 감당하던 동역자(同役者)였다. 물론 내가 조금 더 먼저 사역을 시작한 선배이고 그는 후배이지만 연령 차이도 많이 나지 않았다. 또한 역사의식(歷史意識)이나 민족공동체에 대한 비전, 마음에 품고 살아가는 방향이나 삶의 스타일이 많이 흡사하여 서로 간에 자연적으로 친밀감을 가지게 되었고 형제처럼 늘 살피던 사이였다.

그래서 그가 사역지로 떠나간 지가 얼마 안 되었는데도 불구하고 서둘러 찾아가게 되었다. 그의 사역이 지극히 아름답고 귀중한 사역이라 여겨져 항상 기도로 후원자가 되어 주었고 선교 후원적인 차원에 있어서도 태국 치앙마이 등지에 '반라차교회', '남단느아교회', '껑상교회', '퍼세므타교회' 등 몇몇 교회를 지어 봉헌하게 되는 기쁨과 보람을 누리기도 했다. 또한 그가 이토록 열심히 사역을 하다가 선교 보고 차 귀국하게 되어도 가능하면 서로 만났고 늘 그의 신실한 사역에 대하여 들노라면 주님께 감사하다는 마음이 일어났다.

우리나라 선교사가 현재 세계 도처에 파송되어 사역하고 있음을 밝힌 바 있으나 그중에서도 정도연 선교사는 참 신실하고 충분한 역량이 있고 현지에서도 존중함을 받는 사역자 중에 한 사람이라고 부끄럼 없이 말할 수 있어 기쁘기 그지없다.

그는 이번 전염병 시대에도 고국에 나와 불가불 체류하는 동안 무려 대여섯 권의 시집이나 저서를 출간(出刊)한 문우(文友)이기도 하다. 또한 한시라도 서둘러 선교 현장으로 달려가고픈 그의 심정을 곁에서 보아왔기 때문에 태국 선교사로서는 가장 준비되고 경험이 풍부한 사역자라고 할 수 있다.

그는 태국에 들어가서 '치앙마이'나 '치앙라이'뿐만 아니라 멀리 메콩강의 '골든 트라이앵글' 지역까지 선교 무대를 넓히는 등 주요 태국 전역을 주께서 허락하신 자신의 사역지로 삼고 무려 60여 개처에 신앙공동체를 세워 대부분을 현지인들에게 맡겨 보람 있는 성과를 거두고 있으며 그야말로 힘 있게 사역을 감당하고 있다. 주의 나라가 임하면 주님께 크게 칭찬을 받는 선교사가 될 것이다.

37.
어느 날 둘이 조용히 만났던
영산(靈山) 조용기 목사

    김성혜(1942.6.10-2021.2.11) 사모(師母)께서 하늘나라로 가신 지 불과 7개월 만에 이번에는 조용기(1936.2.14-2021.9.14) 목사(牧師)께서 아내의 뒤를 따라 주님 품으로 돌아갔다. 세수(歲數)로 치자면 79세와 85세를 살고 지상 생활을 마감하고 하늘을 향해 떠난 것이다.

    한 분은 '최자실'이 어머니요 남편이 '조용기'이다. 또 한 분은 '최자실'이 장모요, '김성혜'는 부인이다. 이렇게 세 분이면 참으로 대단한데 거기에 '희준'이니 '민제'니 '승제'니 하여 세 아들을 덧붙이면 외할머니나 부모님처럼 은혜롭고 덕스러워 보이지 않는 아쉬움이 있다. 자식을 낳은 부모가 낳기만 했지 어찌 부모의 뜻대로 자녀들이 다 옳고 바르기만 하리요. 하지만 떠나가는 부모의 심정은 그래도 그 부분이 가장 아쉬운 감정이 아니었을까 사료된다.

    세습이야 당연히 좋아 보이지 않기 때문에 그걸 말하려는 것이 아니고 삼형제 가운데 셋이 아니면 둘이라도, 둘이 아니면 하나라도 제사장의 가정에서 제사장이 나와서 성직(聖職)을 맡고 목회 사역자가 되었으면 좋으련만 그렇지 못했다는 것이다. 그리고 그것도 모자라 부친이 시무하시는 교회를 담보로 하여 은행에서 사업 자금을 대출받았느니, 혹은 조폭 '김태촌'과도 관계가 있느니, 큰아들 '조희준'은 결혼과 이혼과 재혼이 수차례니 하는 일로 늘 목회하는 부모의 마음에 짐이 되거나 하나님의 영광을 가리는 일은 더더욱 커다란 골칫거리였을 것이라는 생각이 든다.

조용기 목사는 생전에 약간은 농담조로 이렇게 말했다고 한다. "머리숱과 아들은 얘기하지 마세요." 이 두 가지는 듣기도 대답하기도 무척 난처했었나 보다.

그건 그렇더라도 조용기 목사에 대한 공과 업적이라든지 긍정적인 평가와 반대 의견이 있다는 것은 잘 알고 있지만 나는 잠시나마 그를 만나본 사람으로서 너무 찬사만 늘어놓으면 나답지도 않고 글답지도 않을 것 같다. 그렇다고 앞부분이 아닌 뒷부분에 가서 붙이자면 오히려 모양이 더 좋아 보이지 않을 것은 뻔하기 때문에 해피엔딩 차원에서라도 이 정도 배열을 해 놓고 이제는 진짜 군자의 지론대로 좋은 것을 보고 좋은 이야기를 남기고자 한다.

우선 나는 위 두 분께서 1983에 작사, 작곡(作詞 作曲)을 했다는 '내 평생 살아온 길'과 이보다 조금 앞서 1980년에 작시(作詩)를 하고 1981년에 작곡(作曲)을 했다는 '얼마나 아프셨나'라는 찬송가가 너무나 좋다. '구원의 감격'과 '보혈의 찬송'이기도 한 두 찬미(讚美)의 노래는 자주 부르며 주께 영광을 돌리고 있다. 시대상 성경은 이미 완성된 하나님의 말씀이기 때문에 후에 첨가할 수는 없지만 찬송가는 이와 달리 주님 다시 오실 때까지 오고 가는 시대에 언제라도 영감을 받아 지어 부를 수 있기 때문에 구원받은 사람들이 할 수 있는 일이요 감격이라고 본다.

　그렇기 때문에 서양 사람들의 신앙으로 다 채워진 찬송가에, 우리 한국 크리스천들이 부르는 찬송은 체질적으로도 더 익숙하고 친근감이 가는 곡조(曲調)일 뿐만 아니라 우리 정서에 맞는 심정으로 부르는 찬미의 제사이기도 하기 때문에 나는 좋게 생각한다. 물론 찬송은 부르기 편하거나 내 취향에 맞게 부르는 것이 아니다. 더욱이 내 기분이 좋아지고 내 감정이 유쾌하고 내가 흥에 겨우려고 부르는 노래가 아니라 철저히 하나님께 영광을 돌리는 것이다. 그렇기 때문에 인본주의로 해선 안 되는 것은 당연하지만 민족마다 음악(音樂)의 전통이 있고 리듬이 있고 흐름이 있기 때문에, 몸에 잘 맞는 옷을 입고 부모님을 공경하듯 우리의 진솔한 모습으로 주님을 찬미하는 일은 무척이나 고상하여 다는 아니라도 적은 부분의 비율이라도 한국 신앙인들의 찬양은 찬송가에 더 넣어도 좋다고 생각한다.

　현재 한국교회가 대부분 공동으로 사용하고 있는 찬송가 645곡 중에 주기철, 손양원, 이성봉, 김환란, 한경직, 강신명, 김지길, 김창인, 황금찬, 김소엽, 남궁억, 김인식, 김수진, 임옥인, 박종화, 조용기, 신세원, 정필도 목사 등이 지은 110여 곡이 올라와 있다. 그중에도 조용기 목사 부부의 이 두 찬양이 참 은혜롭다.

〈내 평생 살아온 길〉

내 평생 살아온 길 뒤를 돌아보오니
걸음마다 자욱마다 모두 죄뿐입니다.
우리 죄를 사하신 주의 은혜 크시니

골고다의 언덕길 주님 바라봅니다.

나같이 못난 인간 주님께서 살리려
하늘나라 영광보좌 모두 버리시었네.
낮고 낮은 세상의 사람 형상 입으신
하나님의 큰 사랑 어디에다 견주리.

예수님 나의 주님 사랑의 주 하나님
이제 나는 예수님만 높이면서 살겠네
나의 남은 인생을 주와 동행하면서
주님 사랑 전하며 말씀 따라 살겠네.

<얼마나 아프셨나>

얼마나 아프셨나 못 박힌 그 손과 발
죄 없이 십자가에 달리신 주 예수님
하늘도 산과 들도 초목들도 다 울고
해조차 빛을 잃고 캄캄하게 되었네.
오! 놀라운 사랑 크시고 끝없도다
오! 주님 사랑에 구원의 강물 넘치네.

나의 죄, 너의 죄와 우리의 모든 죄를
모두 다 사하시려 십자가 달리신 주
얼굴과 손과 발에 흐르는 그 귀한 피

골고다의 언덕 위를 붉게 물들이셨네.
오! 놀라운 사랑 크시고 끝없도다
오! 주님 사랑에 구원의 강물 넘치네.

나는 1980년대 중반 이후부터 한동안 불교에서 스님 생활을 청산하고 기독교로 돌아온 개종인(改宗人)들을 상대로 한 복음 사역을 하면서 무엇보다도 어려운 것이 그들의 거처 문제였다. 그래도 신학대학이나 대학원 진학 문제는 대학마다 장학금 제도가 있어서 당당히 학교 당국을 찾아가서 학장이나 총장을 만나 설득력 있게 얘기하면 대부분 해결되었지만 숙소 문제가 난제였다. 그래서 찾아간 곳이 실업가로서는 당시 명성그룹 김철호 회장이었고, 교계에서는 신현균, 최훈, 조용기 목사였다.

그래서 그때 조용기 목사를 단둘이 사무실에서 만나게 되어 현실을 설명하고 우리 기독교가 그들에 대한 대책을 마련해야겠다고 담대하게 주장했던 것이다. 이때의 심정은 주께서 나의 중심을 익히 아시리라고 믿고 있다. 그리고 그들에게 부탁하기를, 내가 이 일에서 빠져 일반교회 사역에 집중할 테니 한국교계의 대표적인 어른들께서 친히 맡아 달라고 애원을 하기도 했다. 하지만 그 일은 그리 쉽게 해결되지 않았다.

앞에서 다른 분의 지면에서도 언급한 바 있지만 절에서 스님들이 개종을 하고 양육을 받아 신앙관과 구원관이 확고히 정립되면 신학을 하고 목회자가 되겠다고 내려왔다가 우리가 아직 그들을 받아들일 자세와 준비가 미비하여 다시 사찰로 돌아가는 일에서 정말 마음이 아프고 안타까워 어찌힐 줄 모르고 인절부절했다. 그때의 일을 생각하면 상당한 세월이 지난 지금도 여전히 애석(愛惜)하다.

37. 어느 날 둘이 조용히 만났던 영산(靈山) 조용기 목사

이런 개종인들 때문에 내가 그들을 인솔해서 CBS 기독교방송국에 나가 세 차례나 '새롭게 하소서'에 출연하기도 했고 극동방송에 나가서 '하나 되게 하소서' 등 대여섯 차례나 방송을 했다. 하지만 이제 목회 사역자로 안수를 받고 얼마 지나지 않았고 나이도 아직은 30대 초반에 지나지 않은 젊은이여서 그랬는지 자신의 한계랄까, 능력 부족이랄까 여하튼 잘 안 되었다.

물론 나중에 뉴스나 여의도 순복음교회 측 장로들의 소송 건이 세간에 알려지면서 알게 된 것들이지만 조 목사께서 자녀들의 사업자금 문제로 교회를 저당 잡혀 수백억 원을 어찌했다거나 퇴직금으로 200억 원을 주고받았다고 할 때 '이런 분들을 위한 일도 무척이나 귀한 일이었는데…'라는 마음이 들기도 했던 것이 사실이었다. 김철호 회장의 명성그룹이 무너질 때도 역시 '저분들이 이런 일을 위하여 더욱 힘을 보태 지원해 주셨더라면…' 하는 마음이 교차했다.

한때 나는 이런 생각도 했고 이런 주장도 했다.

'만일 절에 있는 스님들 30인과 신학교에 다니는 신학생 30명을 뽑아 60명을 합숙시키되, 먼저 60명을 사찰로 모셔가서 열흘 동안 불교 교리와 진리를 가르치고, 다시 내려와서 교회에 모셔다가 이번에도 똑같이 열흘 동안 예수교의 진리와 교리를 가르치자. 그 후에 60명이 스스로 선택하여 각자가 절로 가든, 교회로 가든, 스님이 되든, 목사가 되든 자신들이 스스로 선택하도록 하자'라고 제안(提案)을 하면 어떻겠느냐는 것이었다. 이 일 역시 젊은 사역자의 뜻이어서 성사(成事)되지는 않았지만 나는 그만큼 '진리는 오직 하나요, 하나님도 오직 한 분뿐이시라'는 강건한 믿음이 잠재해 있었다. 그렇기 때문에 가능했던 주장이기도 했다. 이를테면 그들 60명 가운데 단 한 분도 남김없이 하나님의 사람들이 될 수밖에 없을 거라는 확신 때문이었던 것이다. 그만큼 나는 절박한 심정이었는데 다른 분들은 내 생각과는 사뭇 달랐던 것이다.

여하튼 그분은 큰일을 해내고 떠나갔다. 목회 사역 65년 동안 자신이 섬기는 교회에서만도 3,182주일을 설교하였다. 해외에서도 복음을 전하기를 게을리하지 아니하여 70여 개국을 다니면서 1,500여만 명에게 복음을 전했다. 지구를 무려 120바퀴나 돌았을 정도였다고 한다. 방송 선교도 55년 동안 하였고 저서도 300여 권을 냈다. 교회 개척도 국내에 522개 처소, 해외에 1,194개 처소를 합하여 무려 1,716교회에 이르고 선교사도 673명이나 파송했다고 한다. 또한 무료 심장병 수술도 4,700여 명을 해주었고 헌혈도 많이 하였다고 하니 가히 놀랍다.

38.
영국 '웨스트민스터 채플'에서
만난 캔달 박사

    영국 여행을 하리라 마음을 먹고 여행에 필요한 서류와 수속을 끝내고 나는 에어프랑스(Air France)에 올라타고 하늘 높이 치솟았다. 이륙(離陸)한 지 두어 시간이 지나자 저녁 8시가 되었고 일본 나리타 공항에 도착하였다. 거기서 잠시 머문 후 한 시간 후에 다시 이륙하여 조금 더 나아가니 미국의 49번째 주인 알래스카의 앵커리지 공항이었다. 이곳은 얼마 전 소련의 만행으로 대한항공 여객기가 격추되는 처참한 일이 벌어졌던 죽음의 항로(航路)길이다.

    한 맺힌 그들의 죽음을 애도하는 동안 여객기는 끝없이 광활한 대지 위에 눈이 하얗게 쌓인 설경(雪景)의 하늘 위를 날고 있었다. 환하고 밝은 대낮이 눈앞에 펼쳐지더니 잠시 후 칠흑같이 어두운 밤으로 변하여 파리 공항에 도착할 때까지 계속되었다. 우리는 프랑스 파리에서 내려 다시 비행기를 갈아타고 영국 런던으로 가는 도중 기내 창가에 기대 앉아 아래를 내려다보니 땅 위에 구름이 덮였고 그

구름 위에 비행기가 떠 있었다. 비행기 위로는 더욱 가까워진 하늘이 티 없이 환하고 맑아 가히 황홀하고 놀라운 정경이었다.

내가 가장 좋아하는 양떼구름, 그 위를 힘 있게 비춰주는 빛나는 햇살을 보니 지금 당장 뛰어내려도 푹신한 양떼구름의 최상급 쿠션에 푹신하게 파묻힐 것만 같았다. 이번 여행 중 첫 번째 느끼는 참으로 환상적인 순간이었다. 창조주 하나님의 오묘하신 솜씨에 탄성이 절로 터져 나왔다.

이렇게 여행의 환희를 만끽하는 가운데 드디어 영국 런던에 도착하였다. 먼저 유학을 와서 런던에 자리를 잡고 사역하고 있고 이민생활에 점차적으로 익숙해 있는 조카 한현수 선교사가 미리 나와 반갑게 맞이해 주었다. 집에 들어서니 가족들도 친절히 대해 주었고 특히 영국 유학생활에서 아직은 어려울 때인데 같이 다니는 교회 신자 가운데 한 분이 유학생을 위하여 방을 하나 내 주어 별 불편함이 없이 그곳에서 함께 지내며 공부하고 있다고 하면서 주인 아저씨를 소개해 주는 것이었다.

한 선교사가 이분이 그동안 말씀드렸던 나의 삼촌(Uncle)이라고 하자 에브리 클레이톤(Every Clayton)이라는 주인 아저씨께서는 "아니, 삼촌이라고 해서 콧수염 나고 중후하게 늙은 모습의 중년 신사를 떠올리고 있었는데 삼촌이라는 분이 왜 이리도 젊고 싱싱하냐?"라고 하여 방 안에는 한바탕 웃음이 터졌다. 그런데 조카의 말에 의하면 이분이 지금까지 발행한 데이비드 마틴 로이드 존스(David Martyn Llooyd Jones, 1899-1981)의 모든 저서를 감수하고 교정을 맡은 분이라고 하여 깜짝 놀랐다.

지자도 훌륭히지만 시실 책이 한 권 세상에 나오기까지 그 채이 출판되기 전에 세세히 살펴 감수하고 교정하신 분들도 대단하다는

38. 영국 '웨스트민스터 채플'에서 만난 캔달 박사

것을 익히 알고 있는 나로서는 에브리 클레이톤의 모습이 달리 보였다. 순교자 손양원 목사의 막내 딸 손동연 교수가 《결국엔 사랑》이라는 책을 펴 낼 때 누구의 소개를 받았는지 어찌어찌하여 나에게 전화가 왔을 때 시내 모처에서 만나 함께 식사를 하고 '자신의 저서를 감수하고 교정해 달라'는 부탁을 받고 어렵게 그 일을 승낙하였다. 그리고 일단 육필 원고를 8차례나 읽고 또 읽고서 책이 나온 후에도 또 한 번 더 읽었으니 도합 아홉 차례나 읽었던 일이 있었다.

데이비드 마틴 로이드 존스의 저서는 너무도 유명하여 한국에서도 많이 읽히고 있다. 《마틴 로이드 존스에게 배우는 설교》라든가 《영혼의 닥터 로이드 존스》, 《로마서 강해》, 《에베소서 강해》 등 수많은 책이 한국어로 번역되어 내가 알기로는 영국 의사 출신의 복음주의 설교가로 존 스토트와 함께 한국교회에 가장 많은 영향력을 끼친 목회자에 속한다고 볼 수 있는 인물이다. 그런데 오늘 그 로이드 존스는 뵈올 수 없지만 그분의 모든 저서(著書)를 감수하고 교정했다는 분을 만나게 된 것이 무척 기뻤다. 한국에 귀국할 때까지 그분 가정에서 조카네와 함께 수일을 머무르게 되었다. 그리고 아침 식사 때면 그분과 함께 식사했다.

이튿날부터 한현수 선교사가 자신의 승용차에 태워 런던 시내에서 가볼 만한 곳을 몇 군데 안내해 주었다. 웨스터민스터 채플(Westminster Chaple)과 아베이(Abbey), 버킹엄 궁(宮), 대영박물관(British Museum), 하이드 파크(Hide Park), 미술박물관, 자연역사박물관, 과학박물관, 빅토리아 박물관, 대영도서관을 두루 다니며 관람하고 살펴보았다. 영국에 오면 정말 가고 싶은 곳이 있었는데 그곳이 바로 셰익스피어 생가(生家)와 옥스퍼드 대학교(Oxford Univ.)와 캠브리지 대학교(Cambridge Univ.) 캠퍼스였다. 그런데 이번에 셰익스피어 생가는 가보지 못하고 다음 기회로 미루기로 했으며 그 대신 유명한 두 대학 캠퍼스를 가기로 했다.

여기로 유학을 와서 유명한 교수들의 명강의를 들을 수는 없었지만 젊음과 낭만이 흐르는 저 아름다운 캠퍼스를 밟아 본다는 것이 얼마나 유쾌하고 신나는 일인가 말이다. 특히 옥스퍼드 캠퍼스는 시내 안에 들어 있어서 여기저기 시민들이 살고 있고 그 중간중간에 뒤섞여 캠퍼스들이 흩어져 있는 듯하면서도 또 어찌 보면 방만한 캠퍼스가 시민들의 생활 공간들을 껴안고 있는 듯한 조화로움을 느낄 수 있었다. 돌아오는 길에 영국 국회의사당과 대형 백화점 등을 들러 영국 사람들의 살아가는 모습을 눈여겨 볼 수 있었다.

그중에서도 여기에 분명하게 아로새기고 싶은 유명한 대사건(大事件)이 하나 있었다. 그것은 다름이 아니라 웨스트민스터 채플에 갔을 때 교회를 들러 여기저기를 살피고 감격스러운 기분으로 나서다가 바로 교회 문 앞에서 캔달(Dr. Kendal) 박사를 만나게 되었다. 그는 저 유명한 데이비드 마틴 로이드 존스의 후임으로 웨스트민스터 채플의 강단을 맡은 분이다.

그는 키도 훤칠하고 다부진 체격에 검푸른 바버리 코트를 걸치고 환한 얼굴로 마주쳤다. 그때 정말이지 응접실이나 실내가 아닌 곳인데도 불구하고 어찌나 따뜻하고 친절하게 대해 주던지 그 느낌이 가슴으로 다가왔다. 그래서 말하기를 "내가 한국에서 여기까지 와서 꼭 한번 이곳을 오고 싶었으며 당신을 꼭 만나 그를 만나고 왔노라고 동료들에게 말하고 싶다"라고 했더니 그는 곧바로 나의 어깨를 부여잡고 긴곡히 기도해 주었다.

이러한 그의 모습은 참으로 감동적이었다. 무엇보다도 우선 그는 몹시도 소탈하고 인간미가 넘쳤으며 게다가 몹시 겸손하기까지 하였다. 나는 그때 캔달 박사와의 일을 기억하여 반가운 이들이나 혹은 신자들을 거리에서 만나면 그 자리에서 바로 손을 잡고 기도해주었다. 아니면 차량으로 이동할 때에도 운전석을 차지하지 않았을 때는 바로 전화기를 붙잡고 기도해 주는 일 등을 시작했다.

우리가 영성수련에 가면 서로 껴안아 주는 포옹 즉 허그(Hug)도 하고 각별한 사랑을 나타내는 의미로 '아부라조' 인사를 하기도 한다. 그런데 영국 런던에서 있었던 그 기도의 자리와 캔달 박사의 인상이 얼마나 강렬했던지 지금도 그때의 숨결이 느껴져 오는 듯하다. 모름지기 우리가 인간을 대할 때면 저렇게 진정성 있는 몸과 마음으로 타인을 대하는 자세가 갖춰져 있어야 하리라고 굳게 다짐하는 계기가 되었다.

나는 이 책을 통하여 지금까지 내가 만난 사람들의 면면을 살펴보고 있지만 그 뜨거움, 그 반기는 모습에 있어서는 아마도 그가 제일 압권(壓卷)이지 않았을까 싶다. 이제 나도 가서 그렇게 사람들을 대하여 아름다운 마음으로 사랑하고 싶다.

39.
세계여행 중에 예루살렘에서 만났던 론(Ron) 형제

어렸을 때 학교 뒷동산이나 봉덕사로 소풍을 갔던 일은 아스라이 떠오른다. 하지만 중고등학교 시절에는 봄, 가을 소풍도 거의 가지 못하고 그토록 가고 싶었던 수학여행도 못 갔다. 나는 그때 학교 사환이나 신문 배달 같은 아르바이트를 하거나 갈 만한 형편이 되지 못하여 떠나는 학생들을 보며 한없이 부러워하기만 했던 일이 새삼 떠오른다.

더구나 고3 졸업여행은 4박 5일을 제주도로 간다고 다들 들떠 있었는데 동행하지 못해 아쉬웠고 그들이 수학여행을 마치고 돌아와 여행담을 주고받거나 촬영해 온 흑백사진을 들여다보며 자랑할 때는 정말이지 친구들이 더욱 부럽기만 하였다. 태어날 때부터 음악이나 여행을 좋아하는 취향이 있어서 지금도 내 저장물 보관소에는 이런 내용도 포함되어 있을 정도이다. '내가 노래를 좋아하는 것은 마음의 위로와 감동 때문이요, 내가 여행을 떠나는 것은 진정한 자유와 힐링 때문이다'라는 글귀 말이다.

그러나 그 후로 성년이 되어 세상에 나왔을 때 주님 은혜로 여러 나라를 여행하게 되어 감사한 마음이다. 나는 육대주 가운데 하나를 뺀 오대주를 다녀왔고, 신학교를 졸업할 때 176명이 함께 졸업했는데 그중에 내가 가장 먼저 성지순례를 다녀오기도 했다. 당시에는 평생 목회생활을 하신 분들이 사역을 다 마치고 은퇴 기념으로 다녀오던 성지순례였지, 나같이 졸업하고 몇 년도 채 안 되어 새파랗게 젊은 사람이 가는 일은 거의 전례가 없었던 때였다.

그렇게 시작한 성지순례를 나는 단 한 번만 가는 곳이라고는 생각하지 않았다. 또한 가면 갈수록 더욱 은혜롭고 메신저로 살아가는 사람들에게는 가장 필수적이고 유익한 여행이라고 생각했기 때문에 네 차례나 더 다녀오기도 하였다. 이렇게 다닌 세계여행이 대략 50여 개국은 넘는 것 같다.

물론 국내여행도 '조국순례'라고 명명하여 전국을 다니는데 지도를 펴놓고 체크하며 다녔는데 군 단위(郡 單位)는 남김없이 갔고 경기, 강원, 충청, 영호남, 울릉도, 죽도, 독도, 백령도, 소청도, 대청도, 백두산, 한라산, 설악산, 울산바위, 대청봉, 도서지방(島嶼地方)까지 섬 여행을 하였다. 중국 계림에 가서는 '계림산수갑천하(桂林山水甲天下)'라는 그들의 자랑을 들으며 요산이나 첩채산, 천산, 탑산, 은자암 동굴 등을 다녀왔다. 특히 제주도에 가서는 우도와 배양도까지 다녀오니 말하기를, 제주도는 아버지 섬이고 우도는 아들 섬이고 배양도는 손자 섬이라는 말을 전해 듣기도 하였다.

그런데 1986년에는 외국 여행도 자유화가 되지 않았던 때이라 해외여행이 처음이었는데, 영국으로 가서 성지 이스라엘 비행기를 타고 홍해 바닷가 인근의 '에일랏(Eilat) 공항'에 도착하여 몇 시간의 버스 여행 끝에 마침내 고대하던 예루살렘에 도착하게 되었다. 그곳은 신도시(新都市)에 있는 버스 터미널이었다. 옆에 앉아 있던 여대생이 같은 버스에서 내려 내가 찾아가야 할 구도시(舊都市)로 가는 길을 친절히 안내해 주었다. 그녀는 나에게 길을 건너가서 다시 23번 버스를 타고 예루살렘 옛 도시로 가야만 기독교인 순례자들이 찾는 성경 속의 모든 유적지와 역사적인 현장들을 보게 될 것이라고 일러준 뒤 함께 기념 촬영을 하고 서로 헤어졌다.

그러나 나는 옛 도시와 새 도시를 구분하지 못한 상태에서 예루살렘 전체에 거룩한 예수님의 발자취가 흩어져 있는 줄로 착각하고 단순한 생각에 중간에 내려버렸다. 나중에 알게 된 일이지만 예루살렘은 다윗과 솔로몬의 유적지 및 예수님의 활동 무대였던 지역과 새로 늘어난 건축물의 지역으로 확연히 구분되어 있었다. 히브리대학교 여대생의 안내대로 곧바로 거기로 가야 했는데 아무것도 모른 상태에서 신도시 한복판에 내려 이러지도 저러지도 못하고 갈 길을 잃은 채 국제미아(國際迷兒)가 되어 버렸다.

이래서 영국에서 출발할 때 한현수 조카가 혼자 가면 안 되는 곳이라고 말렸나 싶었다. 큰 눈을 두리번거리며 찾아 헤매는데 몹시 당황했다. 주변에 몇 사람을 붙잡고 물어 보아도 말도 통하지 않고 뚜렷한 대책도 없이 어느덧 서산에는 저녁노을이 짙게 물들고 있었다. 또한 어제 홍해바다 해변가에서 하룻밤을 묵었던 유스호스텔 숙박비에 비해 일반 호텔은 무려 20배나 비쌌다. 옛 도시에는 유스호스텔도 여기저기 있다고 하여 어떻게 해서라도 그곳으로 찾아가야 할 판이었다. 단체로 오지 않고 혼자서 온 것을 후회하는 마음도 들었나. 이럴 때 어찌하면 좋을까. 조급하고 초조한 마음을 가다듬고 길 한가운데 그대로 서서 평정심을 되찾고 침착하고 차분하게 기

39. 세계여행 중에 예루살렘에서 만났던 론(Ron) 형제

도를 드렸다.

'주님! 선하신 뜻대로 내 갈 길을 인도하옵소서!' 이렇게 간절한 마음으로 기도를 드렸다.

마침 그때 한 청년이 유대인 특유의 풍부한 수염을 길게 늘어뜨린 채 바람에 나부끼며 다가왔다. 사실은 틀림없이 내가 그에게로 나아가기 전에 그가 먼저 내게로 다가왔다.

그가 "누구를 찾으시는가요? 어디에 가고자 하시나요?"라고 하면서 친절히 물어왔다. "예! 저는 한국에서 온 순례자입니다. 옛 도시로 가고 싶습니다. 먼저 유스호스텔을 찾아야 합니다"라고 하자 그는 지나가던 택시를 잡아 태워주면서 운전사에게 말하기를, "이분을 옛 도시에 있는 유스호스텔로 태워다 주십시오!"라고 부탁을 하는 것이었다.

그리고 나에게는 자신의 집 전화번호와 공중전화를 걸 때 사용하는 코인(Coin)을 세 개나 건네주면서 도움이 필요하면 자신에게 연락을 해 달라는 것이었다. 참으로 고마운 사람이었다. 그리하여 그의 도움으로 택시를 타고 오는 동안 나는 하나님께 깊이 감사를 드렸다. 그리고 얼마 후에 바로 옛 도시 안에 있는 유스호스텔에 도착할 수 있었다. 이제야 비로소 차분해진 나는 그곳에 들어가 3달러를 내고 하룻밤을 자게 될 방을 배정받아 짐을 풀고 식당에 내려가 다시 3달러를 지불하고 늦은 저녁 식사를 했다. 아침 식사에 비하여 배나 비싼 가격 때문인지 감자 볶음과 생선 튀김, 그리고 야채 샐러드 등 푸짐한 요리가 나왔다. 시장하던 중이라 맛도 그야말로 꿀맛이었다. 이렇게 늦은 저녁을 마치고 숙소에서 만난 영국인 친구와 오스트리아 청년 그리고 나, 이렇게 셋이서 예루살렘 성곽 4km를 평화롭게 거닐 수 있었다.

길을 잃고 낮에 헤매던 모든 혼돈은 씻은 듯이 사라지고 엠마오

도상에서 부활의 주님을 만났던 두 제자처럼 이제는 나의 눈도 환히 밝아져 주님의 불기둥과 구름기둥의 인도함을 받는 듯하였다. 손목을 잡고 인도하신 주님의 크신 능력의 팔을 절절히 경험하였다.

특히 낮에 만나 친절한 도움을 받고 헤어질 때 그의 이름을 물으니 론(RON)이라고 하였는데 그를 만나 서로 사정을 이야기하고 안내를 받았던 그때를 헤아려보니 내가 속한 서울의 교회에서 철야기도를 드리고 있던 금요일 한밤중이었다. 사역자가 멀리 떠나와 여행을 하고 있을 동안 끊임없이 안전한 여행을 위하여 기도하고 있을 그들을 생각하니 얼마나 감사한지 이루 말로 형용할 수가 없었다. 숙소에 돌아와, 세계 각국에서 모여든 여러 여행자들과 함께 편히 잠들 수 있도록 도우시는 은총을 감사하면서도 낮에 만났던 여대생이나 아낌없이 친절을 베풀어준 론 형제나 기도하는 서울의 신자들이나 모두에게 감사한 마음뿐이었다.

특히 론에 대하여는 지금도 한번 만나 근사한 곳에서 대접하고픈 마음이 가득하다.

"친절한 론(RON)에게 큰 복이 있을지로다!"

다행히 전화 코인도 사용할 필요가 없어 가지고 온 것이 지금도 귀중한 여행의 증표가 되었고, 열흘 이상을 여기서 택시 타고 버스 타고 잠자고 음식 먹고 다 해야 되는데 비행기 티켓을 끊고 에일랏 공항에서 확인해 보니 주머니에는 전 재산이 120달러였다. 일반 호텔로 가면 딱 이틀 밤 숙박비에 지나지 않는 소액이었다. 아침과 저녁은 유스호스텔에서 해결하고 점심은 성지에 있는 동안은 모두 건너뛰었다. 이렇게 절약해서 잘 지내고서 다시 영국 게트윅(Getwick) 공항으로 돌아오는 비행기 안에서 헤아려보니 달리화 지폐는 하나도 없이 다 소진되었고 몇 닢의 동전만 달그락거렸다.

39. 세계여행 중에 예루살렘에서 만났던 론(Ron) 형제

40.
이승만 박사의 수양아들
이인수 교수(敎授)

　나도 세상에 태어나 보니 '큰집', '작은집'이 있었다. 우리 집을 '새집'이라고 부르는 것을 듣고 자랐다. 이것이 무엇을 의미하는지는 나중에 더 커서 알게 되었다. 아마도 김문옥(金文玉) 조부께서 처음에 결혼하여 큰아버지 두 분을 낳으시고 상처(喪妻)하시자 나중에 이문숙(李文淑)이라는 새 규수를 만나 재혼을 하셨다. 거기에서 사남매를 두셨던가 보다. 그리하여 나는 이 가정에서 장자(長子)도 아니고 일곱째로 태어났다. 일본에서 독립운동 등 민단(民團)에서 활약하다가 자녀 없이 돌아가신 큰아버지 한 분이 계셨는데 나는 그분에게 양자(養子)로 갔다.
　그래서 어렸을 적 늘 아버님은 일본에서 돌아가신 자신의 손위 형님의 기일인 칠월칠석(七月七夕) 날을 기억하여 제사를 지내주면서 "앞으로 내가 세상을 뜨거들랑 네가 이 일을 맡아서 하라"는 부탁을 수차례 하셨던 기억이 새롭다.

그래서 나는 이승만 대통령의 양자로 들어간 이인수(李仁秀, 1931) 박사에 대한 이해가 남다르다. 이인수 박사는 원래 생부(生父)가 '이승용'이고 생모(生母)는 '조인숙'이었는데 나중에 이승만(李承晚)과 프란체스카 이부란(Franziska Donner Rhee, Franceska, 1900)을 양부와 양모로 받아들여 그 가정에 양아들로 들어간 것이다.

그는 이승만 대한민국 초대(初代) 건국 대통령의 양자(養子)라는 기나긴 형용사가 없이 단독으로도 충분히 인명사전(人名辭典)에 등재될 만한 덕망과 소양을 갖춘 분이다. 한 사람의 정치학자로서, 또한 대학 강단에 서서 후학을 지도해 온 대학교수로 살아온 분이다.

그는 일제 강점기에 현재의 의정부에서 출생했으며 경성부에서 성장하였다. 우리가 잘 아는 것처럼 초대 대통령 이후 2대와 3대를 거쳐 대통령을 역임한 이승만의 양자인데, 국내에서는 서울 보성고등학교와 고려대학교 경영학 학사와 고려대학교 대학원에서 경영학 석사를 취득했고 미국으로 유학을 가서 뉴욕대학교에서 정치학 박사를 받았다. 그 후 정치학자로서 명지대학교의 법정대학 학장을 지냈고, 후에 이승만 기념사업회 이사장과 2007년 건국 60주년 기념사업회 준비위원으로도 활동하였다. 그는 조선 태종의 후손으로 양녕대군 직계 21대 손(孫)이다.

내가 그를 만났던 때의 첫인상은 양부(養父)이면서도 어떻게 그토록 이승만 대통령과 똑같이 허연 백발을 자랑하는 외모를 지니게 되었는지 참 신기하고 오묘하다는 생각이 들었다. 마치 일부러 아버지와 닮게 보이려고 일부러 백색 염색이라도 한 듯이 머리가 새하얗고 외모도 세월이 흐를수록 이승만 박사를 더 많이 닮아가는 듯한 인상을 받았다.

이승만의 유일한 친자(親子)인 이봉수가 열 살 때 요절하자 첫 번째 양아들인 이은수는 1949년에 파양(罷養)해서 양자의 인연을 끊었다. 그는 호적상으로만 양아들이었지 사실상은 아니었던 것이다. 말하자면 이승만이 미국으로 떠난 뒤 돌아오지 않자 이승만의 첫 번째 부인 박승선이 고아원에서 아이 한 명을 데려와 '은수'라는 이름을 지어주고 입양을 했으나 그래서인지 파양 또한 쉽게 이루어지고만 것이다.

두 번째 양아들 이강석은 자유당 말기에 온 세상을 떠들썩하게 하고 1960년에 세상을 떴다.

사실 이강석의 경우는 이강석이 이기붕의 아들이기 때문에 파가 달랐고 항렬상으로도 대수(代數)가 맞지 않은 경우였는데 이승만과 이기붕은 자유당 시절 대통령, 부통령은 하더라도 두 사람의 공통조상인 태종 이방원을 기준으로 할 때 이승만이 17대손, 이강석이 19대손이었으니 할아버지와 손자뻘이 되는 경우였다. 이와는 달리, 이승만은 양녕대군의 서5남 장평도정의 15대 손이요, 이인수는 양녕대군의 적2남 함양군의 16대 손이기 때문에 항렬이 '딱 맞다'는 말에 '아하 그렇구나!' 하면서 고개가 끄덕여지는 경우에 속한다.

이승만이 하야하여 하와이로 간 뒤인 1961년에 이승만의 측근들과 전주 이씨 종친회(宗親會)의 소개로 이인수가 당시 만 서른 살의 나이에 이승만의 양자로 입적되었다. 물론 이강석이 세상을 뜨기도 했지만 먼저 이강석이 이승만의 눈에 들어 효령대군파(孝寧大君派)임에도 불구하고 양녕대군파(讓寧大君派)인 이승만에게 입적되었다고 말이 많아서 이번에는 아예 양녕대군파에서 명망(名望)있는 청년으로 이인수를 입적시키게 되었다. 항렬도 딱 맞는데다가 그는 영어(英語)에도 능통하여 프란체스카 여사와의 의사소통(意思疏通)에 지장이 없는 것도 한몫을 했다고 전해지고 있다.

그리고 소문으로는 이승만이 숨진 후 프란체스카 여사에 의해 입적되었다는 얘기도 있었지만 이는 사실과 다르고, 이인수도 하와이로 가서 이승만 부부와 함께 짧게나마 지낸 적이 있는데다가 이승만은 이인수를 입양하고 4년이 지난 1965년에 별세(別世)했던 것이다.

여하튼 우리는 '화해 예배를 드려야 한다'는 명분을 가지고 이인수 박사를 만나게 되었다. 그는 친절하고 자상하게 예를 갖추어 우리를 대해 주었으며 언행심사(言行心思) 하나하나에 덤벙대거나 미리 속단하는 태도가 없이 진정성을 가지고 맞아 주었다. 아무래도 내가 나서서 행사에 대한 설명이 필요했기 때문에 쉽게 이해할 수 있도록 논리정연하게 의사를 전달했다.

자유당 시절 제3대 대통령을 재직하고 있던 이 박사에게 4.19 혁명 대원들의 일부(一部)인 여섯 명이 경무대를 찾아가서 그중에 김기일이 이승만 박사에게 하야를 권유하여 결국 대통령 직에서 물러나게 되었다. 그리고 세월이 흘러 흘러서 30여 년이 지나 '양자를 모아 화해를 시킨다'라는 것이 정치적으로 어떤 의미가 있는 것인지, 그리고 김기일 이외에도 또 다른 4.19 회원들은 어찌 생각할지 모르겠지만 이렇게 하야를 권유한 장본인과 지상에 남아 있는 프란체스카 여사와 이인수 박사를 비롯한 유가족들에게는 그래도 맺혀 있는 한 가닥 매듭을 풀어내는 뜻있고 의미 있는 일이 아니었나 싶다.

지금도 그때 당시의 예배드리던 모습이나 신문기사 내용 그리고 기록물들이 여전히 남아 있다. 우선 신현균 목사님의 화해에 대한 메시지가 너무 훌륭하였고, 길음중앙교회 사역자이신 김천식 목사가 기도를 맡아주었다. 대중가요 '인어 이야기'로 유명한 허림 가수가 특창(特唱)을 불러 주었으며 거기에 더하여 이인수 박사가 자상하고 흐트러짐이나 일체의 실수가 없이 차분하게 행사 진행에 대하여 도움을 주고 더불어 함께했다. 이러한 일들은 그때도 그랬지만 지금으로서도 여전히 고마움으로 남아 있다.

특히 이 박사와 사적으로 조용히 이화장을 거닐면서 나눈 대화 중에는 이런 내용도 있었다.

대부분의 사람들이 세상을 뜨고 나면 사후(死後)에 기일(忌日)이나 추도식(追悼式)을 지키는 데 비하여 이승만 박사의 경우는 탄생일(誕生日)을 더 중요하게 여기고 지켜오고 있다는 것이다. 물론 어떤 면에서 보면 자신들을 위한 일이요, 우리야 도량을 베풀어 준 것 같다. 하지만 이것이 전적으로 일방적인 것은 아니다. 양측이 서로 같이 공감하고 서로 같이 필요를 느끼고 서로 같이 진행해야 할 행사였다. 어느 편은 시혜자(施惠者)이거나 어느 편은 수혜자(受惠者)인 것도 아니었던 것이다.

모든 예배 행사를 다 마치고 이화장 내에서 비롯된 다과회에서 이 박사의 부인 조혜자 여사의 친절한 도움도 이 지면을 빌어 감사의 인사를 드리고 싶다. 여기에 더하고 싶은 것은 이승만 대통령은 '정동제일감리교회'의 장로(長老)로 그의 신앙심이 거의 성직자다웠다고 하는 점은 세간에서도 익히 알고 있는 바이지만, 이인수 박사와 조혜자 여사의 신앙심도 높이 사는 바이다. 지금도 이인수 박사 내외는 대(代)를 이어 장수(長壽)하여 이화장에서 지내며 남은 여생(餘生)을 고요히 보내는 모습이 한없이 평화로워 보였다.

에필로그

우리는 '영원 전'이나 '영원 후'나 혹은 '현재'나 '영생'이라는 말을 사용하기는 하나 '억겁'이라는 말은 이교도들이 쉽게 쓰는 언어에 속한다고 할 수 있는데 그래도 말이다. 《내가 만난 사람들》이란 책을 펴내면서 '인연'이나 '억겁'을 그들은 어떻게 이해하고 있는지를 살펴보고자 했다. 노래하는 사람, '이선희'라는 가수의 가락 중에 '그중에 그대를 만나'라는 창가(唱歌)가 있는데, 그 가사 중에 '억겁의 시간이 지나 또다시 만나…'라는 대목이 있기 때문에 대체 '겁'이 무언지를 말해 보려고 한다. 눈 깜짝할 사이를 찰나(刹那)라 하고, 손가락 한 번 튕기는 시간을 탄지(彈指)라고 하며, 숨 한 번 쉬는 시간을 순식간(瞬息間)이라고 한다.

그중에 '겁'(劫)이란 사실 필자로서는 뭐라고 설명하기조차 난감한 처지이다. 이를테면 1,950m 한라산의 약 8배나 되는 크기로서, 가로, 세로, 높이가 각각 1유순(Yojana)쯤 되는 크나큰 바위를 100년마다 한 번씩 비단 옷자락으로 스쳐서 그토록 거대한 바위가 다 닳아 없어지는 헤아릴 수조차 없이 길고 긴 시간을 일컫는 것이다. 그러니 얼마나 기나긴 세월인가 말이다. 그래서 1겁(劫)을 말할 때 어떤 이는 '세상이 한 번 만들어졌다가 사라진 후 세상이 다시 만들어질 때까지 걸리는 시간'이라고 했고 또 다른 이교도들은 1겁을 '4,320,000,000년이나 되는 어마무시한 시간'을 가리킨다고 들먹거린다.

이러한 가운데 '사람과 사람 사이의 만남'에 대하여 피력하고자

한다. 일단 찰나나 탄지나 순식간에 비하여 겁(劫)이란 이와 같이 긴 세월이라는 사실을 강조하는 듯하다. 그래서 인간의 만남과 이별을 의미 있고 뜻있게 보라는 것 같다. 이를테면 우리가 대한민국이라는 같은 나라에 태어난 것은 1천 겁의 인연이 있어서 비롯되었다는 것이고, 우리가 어떤 일을 계기로 하루 동안 여정의 길을 동행(同行)하게 되었다면 그와 나는 적어도 2천 겁의 인연이 쌓이고 쌓여서 그렇게 된 것이며, 어떤 사람과 하룻밤을 한 집에서 같이 잠을 자는 것은 3천 겁의 인연으로 가능하다는 것이다.

필자는 산을 좋아하여 어느 해인가 설악산 대청봉에 오르고자 소청봉에서 한밤을 지내게 되었는데 미리 예약을 해둔 산행객들이 한 방에서 간이 침상이나 바닥 여기저기 누워 함께 잠들었다. 아마도 우리는 그 밤에 다음 날 아침 이른 새벽에 일어나 앞다투어 대청봉에 오르리라는 맘을 먹고 함께 잠들었던 50여 명의 사람들과는 3천 겁의 인연이 닿아서 그렇게 된 것인가 보다. 게다가 같은 동족 혹은 한 민족으로 태어난 것은 4천 겁의 인연이 있어서 이렇게 된 것이다. 이보다 더하여 만일에 5천 겁의 인연들이라면 한 마을에서 태어날 수도 있다는 것이다.

그러니 우리는 지금까지 이런 깊은 인연이 있는 줄도 모르고 서로 다투고 빈목하고 비난했으니 이를 어쩌면 좋으랴. 그리고 6천 겁의 인연이 있어야만 하룻밤을 같이 잠들 수 있었다니…. 필자는 지난 1993년 여름에 캐나다와 미국과 멕시코 등지를 여행하며 충주의 김봉하 님과 반 달 이상을 같은 호텔, 같은 객실에서 자고 나왔으니 이건 필설로는 이루 형용할 수 없는 인연(因緣)이었음을 새삼 실감하지 않을 수 없음이로다. 그리고 그해 겨울에는 호주 브리스번(Brisbane)이나 시드니(Sydney), 멜버른(Melbourne) 등지를 12월 내내 한 달 동안 한태랑 님과 강의를 듣고 여행했던 적이 있었다. 이 또한 대단히 깊은 인연으로 보아도 무방하겠다는 생각이 스치운다. 게다가 이현숙 자매를 만나 40여 년이 지나도록 함께 동반자로 살아온 것은 7천 겁의 인연이 있어서 그러했다니 더 이상 무슨 말을 해야 할지…할 말을 잃고 만다.

　물론 이들의 세월에 대한 상상이나 추측에서 비롯된 개념을 다 받아들이는 것은 결코 아니지만 부모와 자식 간은 8천 겁의 인연으로 만났다든지, 더 나아가 형제자매(兄弟姉妹)로서의 인연은 9천 겁에 해당한다든지, 스승과 제자로서의 인연은 1만 겁의 인연이 있어야 가능하다는 이야기를 들을 때 우리의 인연의 깊이가 얼마나 깊고도 소중하고 아름다운 것인지를 가늠케 한다.

　적어도 이런 엄청나고 값진 인간들과의 관계 속에서 우리는 세상을 살아가고 있는 것이리라. 해맑고 청명한 하늘 아래 가을을 기다리는 1954년 8월 18일 수요일 정오 12시에 태어난 나는 이번 지나간 67회 생일을 계기로 되돌아보니 24,468일을 살아온 것으로 받아들

여진다.

　어림잡아 하루에 20명씩을 만났다고 가정해 볼 때 50만 명쯤은 만났을 것이라는 생각이 든다. 물론 더 적은 수의 사람들을 만났다면 그 수는 줄어들 수도 있고 더 많은 사람을 만났다면 이와 반대로 그 수는 더 늘어날 것이라고 본다. 중요한 것은 이렇게 천하보다 귀하고 소중한 분들을 과연 나는 얼마만큼 진정성을 가지고 대해왔고, 얼마나 성실하고 신실하게 사람들과 만났을까. 또한 얼마나 진실하게, 뜻있고 의미 있게 살아왔을까.
　책을 펴내기 위하여 그동안 만났던 이들 가운데 대략 130명을 간추려 보기로 하였다.

1. 나를 무척이나 아끼고 애정을 가지고 대해 주시던 씨알 함석헌 선생을 만나게 되었고
2. 구중궁궐과도 같은 아흔아홉 칸 대문 집에서 해위(海葦) 윤보선 전 대통령을 만났으며,
3. 성균관대학교 교수와 총장을 지낸 지식인 장을병 박사를 만나 교제하였고,
4. 연세대학교 은사(恩師)이신 김찬국 박사님과의 고귀한 만남을 자주 가졌으며,

5. 한국대학생선교회를 창설하시고 총재로 지내시던 영원한 청년 김준곤 박사님,
6. 엘리사가 엘리야를 끝까지 따라갔듯이 나는 고영근 목사를 끝까지 존경하고 따랐다.
7. 고려대학교 교수이자 법학자였던 이문영 박사님과의 만남이 좋았다.
8. 왜소하고 검소했지만 검은테 안경답게 강직했던 이중재 의원을 만났다.
9. 정일형 박사, 이태영 박사의 자제인 정대철 의원과의 만남이 있었다.
10. 이승만 대통령의 영부인 프란체스카 여사의 이화장을 찾아서 그녀를 만나게 되었다.
11. 성직자로서의 기풍을 지니고 사역자의 생을 살았던 최 훈 목사를 만났다.
12. 아현동 자택을 방문하여 성경을 선사하며 전도했던 이기택 총재와의 만남이 있었다.
13. 자랑스러운 한국인이자 천재로 알려진 이태섭 박사를 그의 사무실에 만났다.
14. 수차례 겸상(兼床)도 하며 함께하던 후광(後廣) 김대중 전 대통령과도 교제가 있었다.

15. 부형같이 따뜻하고 다정하게 대해 주던 신현균 목사와의 만남을 회고해 본다.
16. 나를 친가족처럼 여겨주고 물심양면으로 사랑을 베풀어 주던 강달희 목사를 잊지 못한다
17. 어느 날 조용히 만나서 함께 대화를 나누던 조용기 목사를 기억하고 있다.
18. 신라의 법흥왕, 진흥왕, 문무왕, 성덕왕 등의 왕손 종친인 김영삼 대통령을 만났다.
19. 재야의 원로요 민주화 운동의 대부였던 진정한 신사 홍남순 변호사를 만났다.
20. 이한열 열사의 어머니 배은심 여사의 그 붉고 눈물 젖은 얼굴을 잊지 못하고 있다.
21. 한국의 테레사라고도 불리우던 따뜻한 가슴을 지닌 어머니 조아라 권사를 추억한다.
22. 이화장을 찾아가 이승만 박사의 양자인 이인수 교수와 조혜자 부인과의 교제가 있었다.
23. 한국화의 대가요 특히 호랑이 그림의 일인자였던 노당 서정묵 화백을 또렷이 기억한다.
24. 동양화로 예수님의 일생을 직품화힌 혜촌 김학수 회백의 인품을 닮고 싶다.

25. 4.19 혁명의 주역 가운데 한 사람인 이세기 국회의원과의 만남을 간직하고 있다.
26. 인권변호사로 수많은 양심수와 민주인사를 변호했던 한승헌 전 감사원장을 생각해 본다.
27. 신원에벤에셀 그룹의 박성철 회장과 만나 서로 간에 좋은 교제의 시간이 있었다.
28. 아름다운 노년이 어떤 것인가를 보여주고 떠나가신 윤반웅 목사와의 추억이 남아있다.
29. 청와대의 어느 초청 모임에서 임관 후배 전두환을 꾸짖던 조남기 목사가 있었다.
30. 문재린 목사와 김신묵 여사의 두 아들 문익환 목사, 문동환 박사, 두 형제를 기억하고 있다.
31. 동교동 자택에서 밥상을 차려주기도 하고 자주 대화를 나누던 이희호 여사가 생각난다.
32. 민주화운동 시절에 재야단체에서 만나서 박형규 목사와 교제를 나눌 수 있었다.
33. 굵고 짧게 살다갔으나 참으로 본받을 것이 많았던 이중표 목사가 그립다.
34. '어둠의 자식들', '꼬방동네 사람들'의 작가로 알려진 이철용 의원과도 교분이 있었다.

35. 오사 갑오생 동갑내기로 친밀감을 가지고 대하던 신계륜 국회 의원도 기억한다.
36. 동교동계 정치인으로 신의의 사람으로 알려진 남궁진 전 의원 (장관)도 더러 만났다.
37. 임권택 감독의 영화 '서편제'로 유명한 김명곤 전 장관과 만남이 있었다.
38. 영화배우 부친 김승호의 대를 이은 미남스타 김희라 배우와도 친밀감을 나눴다.
39. 슬픈 모습으로 일찍이 세상을 떠났으나 함께 식탁 교제를 나누던 남윤정 배우가 그립다.
40. 젊은 청년 시절에 무려 16주간이나 집회에 참석하며 은혜 받았던 이천석 목사를 회상한다.
41. 내 첫 장편소설 '법당에도 계신 예수'의 주인공인 삼불 스님이 그리웁구나.
42. 홍익대학교 미술대학 출신으로 절에서 탱화를 그리던 유태각 선생이 회심해 돌아오다.
43. 물방울 다이아몬드를 훔쳤다던 대도(大盜) 조세형 형제를 종로5가에서 만났다.
44. 삼각산 자택을 찾아기 만났던 서예의 대가였던 심당(心堂) 김제인 선생을 떠올린다.

45. 부산 범어사(梵魚寺)의 법사였던 명식 스님이 개종(改宗)하여 나를 찾아왔다.
46. 경북대학교와 대학원을 나와 사찰의 주지승으로 지내던 김성화 종친을 만나다.
47. 한중일(韓中日) 서예 3국의 일인자인 고암 선생은 백범 선생께도 총애를 받던 분이다.
48. 한국미술대전에서 종합 대상도 수차례 받고, 국전의 심사위원인 석산 화백과도 친밀감이 있다.
49. '겨울공화국'의 저자요 저항시인이었던 양성우 국회의원과 교분을 가지고 지내왔다.
50. 특히 한화갑 의원은 서로 손발을 맞춰 함께 일하던 동지(同志)이기도 했다.
51. 치유상담의 일인자로 알려진 정태기 박사와 함께 판소리 명창을 듣기도 하였다.
52. 바둑계의 황태자들인 이창호 구단과 이세돌 구단의 스승인 조훈현 국수(國手)와 만나다.
53. 서편제와 천년학을 작품화한 영화감독(映畵監督) 임권택 선생과 함께 만나다.
54. 연세대학교 동문(同門)의 자랑으로 알려진 김동건 아나운서와 만나게 되었다.

55. 한국 신학계의 거목(巨木)인 박형룡 박사의 자제인 박아론 박사와 오랜 시간 함께 일했다.

56. 자랑스러운 김녕 김씨 종친인 부산 출신 김광일 변호사와 몇 차례 만나게 되었다.

57. 같은 종친으로서 두뇌가 명석하고 판단이 예리하며 의리가 있는 김덕룡 의원을 만나다.

58. 서울 서남 지역에서 국회의원을 지냈던 김영배 선생과 친근한 사이로 지내왔다.

59. 광화문 사무실에서 자주 만난 박세경 변호사는 만나기 쉽지 않은 훌륭한 법조인이었다.

60. 작은 거인이라고 불리우던 여성운동가(女性運動家) 이우정 교수는 지금도 눈에 선하다.

61. 청계노조를 결성해 항거한 전태일 열사의 어머니 김소선 여사와 가족처럼 자주 만났다.

62. 안병무 교수의 부인(婦人)인 박영숙 총재(總裁)와 더러 만남이 있었다.

63. 탤런트 가운데서도 정영숙 권사는 아주 신앙심(信仰心)이 깊은 여성으로 유명하다.

64. 총신대학교 김영우 총장은 모 호텔에서 나를 만나 함께하자고 6시간을 회유하기도 했다.

65. 수차례 국회의원과 장관을 지냈던 농민운동가 김영진 장로와 친밀하게 지냈다.
66. 기독언론의 공로자요 명필진(名筆陣)이기도 했던 한명수 주필과의 대화가 생생하다.
67. 국제변호사 출신으로 신사답고 해박한 식견을 가진 유재건 의원과 간혹 만나기도 하였다.
68. 기독교 방송국의 MC였던 서수남 장로와 '새롭게 하소서'에 몇 번 출연하며 만나게 되다.
69. 불과 27세의 나이에 '청춘'이라는 심오한 노래를 불러 세상에 알린 산울림은 동갑내기다.
70. '새롭게 하소서'에 출연할 당시 민창기 MC와 더블 MC였던 고은아 권사도 만날 수 있었다.
71. 불교에서 25년 동안 승려로 지내다가 개종해 돌아온 김인근 장로와 사귐이 있었다.
72. 쿰란출판사 사장인 이형규 장로와는 책도 여러 권 발간했지만 절친한 친우이기도 했다.
73. 청와대(靑瓦臺)를 습격하여 타격하고자 했던 무장공비 김신조와 만나게 되었다.
74. 한국 초대교회 유명한 부흥사로 사역하던 김익두 목사의 외손인 탈북자 조영호를 만나다.

75. 인기 있는 배우로 활약하던 사람이 성직자가 되어 펼치는 연극장에서 임동진을 만나다.

76. 기독교 예술인의 잔치에서 만나 함께 식탁교제를 나누던 최선자 배우가 생각이 난다.

77. 항공대학교(航空大學校) 우주공학과 교수였던 김두만 박사와 오랫동안 함께 해오다.

78. 노웅래 의원의 부친인 마포의 지킴이 노승환 국회의원과 더러 교제가 있었다.

79. 강원도 출신 박영록 국회의원은 정치가이면서도 맑은 영혼의 소유자로 기억된다.

80. 다산연구소 이사장을 지낸 박석무 의원도 매우 호감이 가는 대화의 상대로 기억하고 있다.

81. 홍사덕 의원은 나중에 우리와는 사돈이 되었는데 지금도 핸섬한 신사로 기억이 된다.

82. 신념이 깊고 의리가 충천하며 올곧은 정치인 가운데 이 철이라는 의원이 있었다.

83. 서울대학교 재적생 이해찬 청년은 한때 재야 사무실을 오고 가는 소박한 심부름꾼이었다.

84. 권노갑, 김옥두 같은 이는 주군(主君)을 잘 만나 국회의원(國會議員)에도 오를 수 있었다.

85. 한국 판소리의 대가(大家)인 명창 박동진 옹을 부친과 함께 만나게 되었다.
86. 정치인 장성민은 불과 나이 32세에 청와대 상황실장을 맡는 기염(氣焰)을 토했다.
87. 한국화의 대가인 소치, 의제, 남농 3대 가운데 남농의 수석 제자였던 청남 화백과 만나다.
88. 풍자시사극 각설이 타령을 소재로 하는 '품바'의 원작자 김시라(金詩羅)와 50차례 만나다.
89. 고문(拷問) 후유증(後遺症)으로 일찍이 세상을 떠난 김홍일 의원이 눈에 삼삼하다.
90. 서울 남부지방법원 집무실에서 양재택 차장검사장과 만나 차를 나누다.
91. 오랫동안 스님 생활을 하고 주지승을 하다가 돌아와 목회자가 된 김진규 목사와 만나다.
92. 한국이 낳은 세계적인 순교자 손양원 목사의 막내딸 손동연 교수와 만나게 되다.
93. 서울역에서 노숙자들을 상대로 사역하던 '나그네 집'의 대부 김홍룡 목사와 만나다.
94. 신문사 사장이었던 권영식 장로와는 가장 아름다운 관계를 끝까지 유지했다.

95. 형님처럼 친근하고 따뜻이 대해주던 부천의 안동선 국회의원은 멋진 신사였다.
96. 평생 성화작가(聖畵作家)로 마치고픈 요한 화백은 나의 신실한 벗이요 신앙동지이다.
97. 맨손으로 '하늘문 추모공원'을 일으킨 주은형 사장은 대단한 CEO로 기억이 된다.
98. 제주도 출신의 김재윤 3선 의원은 참으로 슬픈 소식을 전하고 쓸쓸히 떠난 사람이다.
99. 우리 한국교회를 양어깨에 짊어지고 세무 분야에 혁혁한 공을 세운 정대진 박사가 있다.
100. 모든 시국 출판물을 위험을 무릅쓰고 기꺼이 맡아 준 최규삼 사장의 고마움을 기억한다.
101. 북한에서 자유를 찾아 월남한 이봉춘 화백이 오늘날 한 떠돌이 청년의 장인이 되다.
102. 아들이 전도를 했지만, 마침내 신앙의 거목이 되었던 현암 김태석 부친(父親)을 기린다.
103. 윤인한 사장을 만나 그를 나의 장편소설 '실로암'의 주인공으로 삼아 작품화하다.
104. 1만 권의 시집을 소장하고, 1백 권의 시집을 발표한 용혜원 님을 만나다.

105. 매혹적인 목소리의 주인공 배한성 성우(聲優)를 만나 교제를 나누었다.
106. 격식이 있고 절조가 있는 바른 정치인 김중권 대통령 비서실장을 만나게 되었다.
107. 한국문인협회(韓國文人協會) 이사장이었던 황 명(黃 命) 선생과 교제를 나누다.
108. 국제펜클럽에서 문인들을 위해 일하는 이길원 이사장과 같은 문우(文友)로 사귐을 갖다.
109. 서울검찰청 임채진 검찰총장을 집무실에서 만나 여러 가지 현안을 논의하다.
110. 수원 출신 김진표 종친 국회의원과 교제하며 대화를 나누기도 하였다.
111. 장로이기도 한 김녕 김 씨 종친인 김명규 국회의원과 몇 차례 만나다.
112. 서울대학교 한완상 박사와도 재야(在野)에서 만나 시국(時局)을 염려하며 함께 활동하다.
113. 축구선수 이영무 집사를 초청하여 간증을 들으며 교제를 나누는 시간을 갖다.
114. 당대 최고의 철학자였던 안병욱 교수께서 친히 남헌을 찾아 오시어 함께 교제를 나누다.

115. 100세를 넘긴 노 철학자(老 哲學者) 김형석 교수와 함께 식사를 하며 교제를 나누다.
116. 백령도, 대청도, 소청도 여행길에 장계현 가수와 만나 선상(船上)에서 교제를 나누다.
117. 1954년 동갑(同甲)내기 이영훈 연세대학교 동문과 공항(空港)에서 만남을 갖다.
118. 김인식 야구 감독, 김무종 선수와 호텔에서 만남을 가지게 되었다.
119. 충북 음성의 '꽃동네' 오웅진 신부(神父)와 만나 대화를 주고받았다.
120. 청량리 '밥퍼'의 최일도 목사와 만나 함께 하였고 무엇이 악하고 선함인지를 음미하다.
121. 시인의 대명사로도 불리우는 황금찬 시인을 한국문인협회와 국제펜클럽에서 만나다.
122. 국가조찬기도회에 참석하였을 당시 이명박 대통령 부부와 교제를 나누게 되었다.
123. 이현숙 자매를 만나 결혼하게 되기까지의 과정을 통하여 모든 기쁨을 함께 나눴다.
124. '모닥불', '세월이 가면', '방랑사'의 가수 박인희와 만나 낭만적인 추억의 시간을 보냈다.

125. 영국에 갔을 때 '올 소울스 처치'의 캔달 박사를 만나 감격적인 포옹(抱擁)이 있었다.
126. 성지를 여행하던 중 '론(RON)'이라는 형제를 예루살렘에서 만나 친절한 도움을 입었다.
127. 나를 낳아주신 어머니를 말하지 않고는 사람들과의 만남을 말하기는 어려울 것 같다.
128. '내 잔이 넘치나이다'의 작가 정연희 소설가와의 아름다운 식탁교제가 있었다.
129. 일생을 욕심이나 거짓 없이 살아가는 정말 겸허하고 온순한 사람 윤온유 형제를 만나다.
130. '죽으면 죽으리라'와 '죽으면 살리라'의 살아 있는 순교자 안이숙 여사
131. '강원도 효도마을'의 이무승 원장과 '선한 사람' 임기종 집사

나는 이렇게 사람을 만나기 위하여 그들에게로 갔다. 또한 그들이 내게로 오기도 하였다. 어느 시인의 표현대로 하자면, 자신이 그들에게로 나아가는 일도 소중한 일이겠지만 그들이 내게로 온다는 것도 실로 어마어마한 일이었다. 왜냐하면 그는 그의 과거와 현재와 미래와 함께 오고 있기 때문이다. 우리의 만남을 통해 한 사람의 일생이 내게로 다가오거나 나의 생이 그에게로 다가가기 때문이다. 그

럴 때쯤에는 이미 그대의 일생이 나에게 와 있는 것이고 또한 나의 일생을 그대 앞에 보여드리는 것이다.

그리고 사람들을 대할 때 '그냥 막연히 흘러가는 시간을 보내는 크로노스의 삶'이 아닌 '의미 있고 가능성 있고 긴장미가 있고 게다가 박진감이 넘치는 카이로스적인 시간' 개념을 갖고 천하보다도 더 귀한 한 분, 한 분을 대하며 살아왔는지 반성하지 않을 수 없게 되었다.

여하튼 필자는 적게는 50만 명의 사람들이든, 아니면 대체로 대중과 함께 살아온 탓에 100만 명의 사람들을 만나게 되었든 간에 결코 적지 않는 분들을 만나 교제하고 대화하며 일했다. 그리고 식사하고 노래하고 함께 기뻐하거나 슬퍼하며 지내왔다. 하지만 그분들을 모두 인터뷰 할 수는 없고 대략 약 130여 분을 만나 함께 했던 일들을 엮어 책을 펴내기로 하였다.

이 책은 필자가 "누구를 만났네!" 하며 드러내거나 혹은 전시(展示)하려는 의도가 아니다. 이제 50여 년의 현직 생활을 매듭짓고 은퇴(隱退)를 앞두고 있는 시점에서 '그간의 회고록'이나 '작은 자서전'처럼 기록한 것들이다. 필자는 소년 시절에 '자고 가는 저 구름아!'라든지 '밤이 길어서 남긴 사연' 혹은 '외롭지 않으려고 써버린 낙서(落書)' 같은 에세이집이니 '그래도 인생은 선하고 아름다운 것!'과 같은 철학자의 책들을 접하며 성장해 온 마당에 지금까지 살아온 날들보다 앞으로 살아갈 날들이 훨씬 더 적게 남아 있음을 직감하고 있다. 우리가 살아갈 인생을 '칠박팔일'(七泊八日)로 치자면 지금은 이미 육박이나 칠박을 마치고 한두 밤밖에는 더 남아있지 않았을 것이라는 막연한 추측으로 하루하루를 신중하게 지나가고 있다.

그리하여 필자는 오늘까지 살아온 대로 매일 아침이면 약 100일을 예정하고 지금까지 "내가 만난 사람들"이라는 제목하에 한 분 한 분 소중하게 그리고 정중히 다시 한번 불러 보고자 한다. 그리고 그 옛날처럼 그분들과 또 다른 모습으로 내 나름대로, 내 스타일대로 재회(再會)의 시간을 갖고자 한다. 이 또한 몹시도 긴장감이 흐르고 낭만이 깃들며 흐뭇한 미소를 머금을 수 있는 아름답고 소중한 시간이 되리라고 소망하고 있다.

되도록 그분들과의 또 다른 어떤 해후(邂逅)이긴 하지만 작가(作家)만이 가질 수 있는 상상의 세계가 있는 터라 필자로서 이번 집필을 가능하다면 즐기려고 하기 때문에 내심(內心) 은근히 기대하고 있다. 그리고 혹시 기억에 한계가 있을 때이니 아예 '상상력(想像力)과 사실(寫實)의 통일적 표현으로써 인생(人生)과 미(美)를 산문체로 나타낸 예술인 소설책' 형태를 취하고자 한다. 그래야만 글을 쓰는 자신이나 독자들에게 더욱 유유자적함을 줄 것 같기 때문이다.

애당초 우리는 자녀들이 초등학교를 졸업할 무렵 무엇을 남길까

를 숙고하던 끝에 혜수와 혜리 두 아이들과 아빠가 함께 가족문예집 책을 펴내기로 했다. 이번에도 마찬가지다. 수의에는 주머니가 없다고 했고 죽은 사람이 저 세상으로 가져갈 것은 아무것도 없으니 돈도 명예도 재산도 인기도 모두 죽으면 소용없는 것들임을 직시해 이번에도 나는 책을 남기고 싶다.

내가 하는 중요한 사명이 있어서 전문적으로 매달리지는 못했지만 문학가로서는 국제펜클럽과 한국문인협회에 속한 정회원 작가로서 그래도 단편, 중편, 장편 소설을 써 왔고 시(詩)를 지어왔기 때문에 이번에도 은은히 정리하는 마음으로 책을 쓰고자 한다. 그리고 주님의 뜻이라면 은퇴한 후에는 더욱 책을 펴내는 일에 심혈을 기울여 더 많은 책들을 세상에 내놓고 싶은 마음이 있다.

이제는 내가 세상을 살아올 동안 만났던 분들을, 그들이 듣든지 안 듣든지 소리쳐 불러보며 그처럼 가고프던 아련한 옛 언덕을 찾아서 굽이굽이 지나온 길을 향해 '추억 여행'을 하고 싶다.

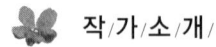 작/가/소/개/

김성락 1954년 8월 18일 출생 (본관/ 김녕)
(총회신학대학, 연세대학교 대학원, 쥬빌리대학교 대학원)

1980년-현재 사회운동, 인권운동, 민주화운동 활약
1988년 소설가로 등단 (정식 작가활동, 月刊文學)
1989년 시인으로 데뷔 (사랑의 頌歌, 月刊文學)
1990년 크리스천문학가협회 회원 (간증문학상 심사위원)
1990년 한국소설가협회 회원, 한국문인협회 회원
1991년 제7273부대 향목, 경찰서 경목 (30여 년 사역)
1992년 국제펜(PEN)클럽 정회원(MEMBERSHIP)
1994년 문학박사(Litt.D) 학위 취득
1999년 대학에서 강의 (대학국어, 비교종교학)
2003년 개혁공보사 주필 겸 편집국장
2005년 개혁신문사 주필 편집장, 한국민주기독자협의회 임원
2008년 기독신문사 총무국장, 공정언론촉구협의회 임원
2011년 MMM (한국목민선교회) 대표, 생활개혁운동본부 임원
2019년 KCUMA (한국기독교연합선교재단) 총재
2022년 성직자 작가 사역 1980-2020에 이름

작품 활동
《사도 바울의 생사관》 (1981, 총회신학대학)
《현대교육의 신화》 (1989, 연세대학교)
《설교문학 입장에서 본 천로역정》 (1994, 쥬빌리대학교)

《외국인과 나그네》 (1994, 쿰란출판사)

《법당에도 계신 예수》 (1994, 장편소설, 성광문화사 발표)

《아름다운 추억이야기》 (1995, 수필단편, 고려병원보 발표)

《천로역정 강해》 (1995, 쿰란출판사)

《천하보다 귀한 생명》 (1996, 쿰란출판사)

《현대 예수》 (1998, 복음신문사)

《하늘로 날아간 내 동생》 (1998, 단편소설, 문학지 발표)

《그날을 기다리며》 (1999, 쿰란출판사)

《어떤 의사의 오진》 (2000, 단편소설, 문학지 발표)

《꿈과 사랑이 열리는 나무》 (2000, 시집, 가족문예집 발표)

《사모곡(思母曲)》 (2000, 시집, 문학지 발표)

《얼마나 있으면 밤이 새랴》 (2000, 쿰란출판사)

《한국기독교100주년 설교집》 (2000, 공저)

《랍비성경》, 《제자성경》, 《목자성경》 (2000, 공저)

《인간의 마음》 (2002, 쿰란출판사)

《하늘 문이 열리던 그날에》 (2003, 중편소설, 문학지 발표)

《여왕과 하인의 사랑》 (2005, 도서출판 새롬)

《젖과 꿀이 흐르는 땅》 (2005, 도서출판 새롬)

《재회(再會)》 (2005, 중편소설, 한국문인협회, 월간문학 발표)

《어떤 해후(邂逅)》 (2006, 중편소설, 국제PEN문학지 발표)

《실로암》 (2011, 장편소설, 쿰란출판사 발표)

《개혁신문》 (2020-, 개혁신문에 시사비평 계속 연재)

《내가 만난 사람들》 (2022, 장편소설, 쿰란출판사) 外 다수

내가 만난 사람들

1판 1쇄 인쇄 _ 2022년 3월 17일
1판 1쇄 발행 _ 2022년 3월 31일

지은이 _ 김성락
펴낸이 _ 이형규
펴낸곳 _ 쿰란출판사

주소 _ 서울특별시 종로구 이화장길 6
편집부 _ 745-1007, 745-1301~2, 747-1212, 743-1300
영업부 _ 747-1004, FAX 745-8490
본사평생전화번호 _ 0502-756-1004
홈페이지 _ http://www.qumran.co.kr
E-mail _ qrbooks@gmail.com / qrbooks@daum.net
한글인터넷주소 _ 쿰란, 쿰란출판사
페이스북 _ www.facebook.com/qumranpeople
인스타그램 _ www.instagram.com/qrbooks
등록 _ 제1-670호(1988.2.27)
책임교열 _ 최진희·김유미

ⓒ 김성락 2022 ISBN 979-11-6143-700-2 03230

책값은 뒤표지에 있습니다.
이 출판물은 저작권법에 의해 보호를 받는 저작물이므로 무단 복제할 수 없습니다.
파본(破本)은 구입처에서 교환해 드립니다.